역 사 철 학

W.H. 월쉬 지음 / 김정선 옮김

서광사

이 책은 W.H. Walsh의 *An Introduction to Philosophy of History*,
제3판(London: Hutchinson University Library, 1967)을 완역한 것이다.

역사철학(수정판)

W.H. 월쉬 지음
김정선 옮김

펴낸이— 김신혁, 이숙
펴낸곳— 도서출판 서광사
출판등록일— 1977. 6. 30.
출판등록번호— 제 406-2006-000010호

(10881) 경기도 파주시 회동길 77-12 (문발동)
대표전화 · (031)955-4331 / 팩시밀리 · (031)955-4336
E-mail · phil6161@chol.com
http://www.seokwangsa.co.kr / http://www.seokwangsa.kr

제1판 제1쇄 펴낸날 · 1979년 8월 5일
수정판 제1쇄 펴낸날 · 1989년 6월 20일
수정판 제9쇄 펴낸날 · 2019년 3월 30일

ISBN 978-89-306-2250-9 93160

제 3 판 머리말

이 증보판의 본문은 몇 군데 사소한 어구 수정을 빼고는, 1958년 판을 위하여 수정했던 그대로이다. 몇몇 보충된 각주는 꺾쇠 괄호 안에 넣었다. 참고 문헌에 관한 각주는 완전히 고쳐 썼다. 이 제3판에서 크게 달라진 점은, 이 책과 같은 일반적 분야에 관해 최근에 발표한 두 편의 논문을 발행인의 호의로 첨가할 수 있었던 점이다. 원래는 1961년 《역사 연구》, 제3권(*Historical Studies* III)에 발표되었다가 이번에 Bowes and Bowes 사의 호의로 여기에 수록하게 된 "과학적 역사학의 한계"(The Limits of Scientific History)는 제2판 부록 II (이번에는 뺐다)에서 간략하게 서술한 논지를 전개한 것이다. 1963년 아리스토텔레스 협회(Aristotelian Society)에 제출된 논문으로서 동 협회의 호의로 여기에 수록하게 된 "역사적 인과 관계"(Historical Causation)는 이전의 나의 논의에서 발견되는 좀 중요한 결함을 보충하려고 쓴 것이다. 이 두 편의 논문은 이 책 자체보다도 역사의 실제를 더 염두에 두고 씌어진 것이라는 것이 분명해질 것이다. 내가 이 책을 다시 쓰게 된다면 이러한 변화를 전편에 관철시키고 싶다.

나는 이 새로운 형태의 책을 나의 친구이며 옥스퍼드의 머튼 대학 학장이고 역사 교수였던 로빈 해리슨(Robin Harrison)에게 바치는 바이다.

1967년

W. H. 월쉬

이 책에서 다루고자 하는 논제의 범위가 제1장의 주제이다. 다소 과장된 점이 있기는 하지만 편리한 대로 문제를 요약하면, 제2장부터 제5장까지는 역사적 사유의 논리에 관한 문제를 다루며, 제6장부터 제8장까지는 역사의 형이상학 또는 형이상학적 해석을 목표로 하는 여러 가지 시도에 관한 비판적 논의가 전개된다. 혹시 어떤 독자가 그처럼 상이한 문제를 단 한권의 책에서 취급하는 데 대해 놀랍게 생각한다면, 나 자신도 그러한 부조화를 알고 있다고 인정하여 그와 타협할 수 있다. 그렇지만 후반부에서 다룬 문제들이 이 책의 전반부에서 다룬 문제들과 전적으로 관계가 없다는 느낌이 그전처럼 그렇게 분명하게 들지는 않는다.

오해를 피하기 위하여, 나의 주된 목적은 철학자들을 위하여 쓰는 것이지 역사가들을 위한 것이 아니라는 점을 분명히 해두고 싶다. 철학 교수들이 그들이 잘 알지도 못하는 자연 과학이나 수학의 논리에 관해서는 학생들이 연구하기를 이의없이 기대하면서도, 역사가의 연

구 과정이나 진술에 관해서는 철학도뿐만 아니라 역사학도인 경우에
조차도 거의 아무런 질문도 하려 들지 않는 경우가 많다는 사실이 나
에게는 자못 이상하게 생각된다. 역사에는 철학자들이 마땅히 주의를
기울여야 할 문제들이 있다는 것을 보여줄 수 있다면 나의 주요 목적
은 달성된 것이다. 물론 역사가들이 나의 말에 흥미를 보여준다면 기
10 쁜 일이다. 그러나 내가 제기한 문제가 본래의 역사 연구에 별로 또
는 전적으로 관계가 없다고 말하더라도, 나는 그것을 대수로운 비난
이라고는 생각하지 않을 것이다. 철학자들이란 성급한 사람들이라는
악평이 자자하지만, 나는 내가 주제넘게도 역사가들에게 그들 자신의
일을 어떻게 처리할 것인가를 이야기하고 있다는 평을 듣지 않기를
바란다.

나는 콜링우드를 전혀 무비판적으로 따르지는 않으려고 노력했지
만, 내가 그에게 많은 신세를 지고 있다는 것은 분명해질 것이다. 나
는 또한 맨체스터 대학의 루카스(P.G. Lucas) 씨와의 토론에서 많은
것을 배웠다. 그는 이 책의 다섯 장 중 네 장의 초고를 읽어 주었는
데, 그의 논평은 몇 가지 조잡하고 단순한 사상에 대해 나의 주의를
환기시켜 주었다. 그러나 아직도 남아 있는 그런 점은 그가 책임질
일이 결코 아니다. 나는 그에게 감사하며, 또한 이 책의 타자 원고
전체를 읽고 특히 제6장의 큰 실수를 모면하게 해준 페이튼(Paton)
교수에게도 감사한다.

1950년 12월

W. H. 월쉬

□ 차 례 □

1. 이 주제에 대한 현대의 의혹

역사 철학에 관한 저술가는, 적어도 영국에서는 먼저 그가 다루려는 주제가 엄연히 존재한다는 것을 정당화하는 데서 시작하지 않으면 안 된다. 사정이 그렇다는 것은 좀 놀라울지 모르나 그것은 분명한 사실이다. 우리가 자연 과학의 방법이나 가정 또는 과학적 지식 자체의 본성이나 조건을 고찰하는 경우에는, 비교적 잘 규정된 일군(一群)의 문제들이 일어나며, 그런 문제들이 자연 과학에 관한 철학에 속한다는 주장을 논박하려는 철학자는 아무도 없다. 과학 철학은 어떤 의미에서는 정당한 과업으로 인정되고 있다. 그러나 역사 철학은 그러한 인정을 못 받고 있는 형편이다. [1]

이러한 상황이 어떻게 해서 야기되었는가를 알아볼 필요가 있을 것

---

1) [이 글은 1949년에 쓴 것인데, 이 책의 끝에 있는 "참고 문헌"에 그 후에 이 문제에 관하여 훨씬 중요한 연구가 이루어졌다는 사실이 소개되어 있다. 그렇지만 영국의 대학에서는 역사 철학은 여전히 최저의 관심을 끌고 있을 뿐이다.]

이다. 왜냐하면 그럼으로써 우리가 다루려고 하는 연구 분야의 주제에 어떤 빛이 비치리라고 기대할 수도 있기 때문이다. 역사 연구는 지난 200여년 동안 영국에서 활발하게 수행되었으나, 역사 철학은 근래에 이르기까지 사실상 존재하지 않았다. 그 이유는 무엇일까?

그 이유의 하나는 틀림없이 유럽에서의 철학 사상의 일반적 정위(定位)에 있다. 근세 서구 철학은 16세기 후반과 17세기 초엽에 이룩
12 된 수리 물리학의 비상한 발전에 대한 반성으로부터 일어났으며, 자연 과학과의 연관성은 그 후로도 끊어지지 않고 유지되어 오고 있다. 데카르트와 베이컨의 시대로부터 칸트의 시대에 이르기까지 거의 모든 중요한 철학자들은, 진정한 지식은 과학의 방법을 통하여 획득된 지식이라고 생각하였다. 이들 사상가 중에서 두 학파가 두드러지게 구별되는 것도 사실이다. 즉 수리 물리학의 수학적 측면을 강조한 사람들도 있었고, 또 물리학의 기초는 물리학에서의 가장 중요한 관찰과 실험에 의지하는 데 있음을 지적한 사람들도 있었다. 그러나 비록 이처럼 두 학파로 갈라지기는 했지만, 이들 사상가들은 형이상학과 신학은 별 문제로 하고, 물리학과 수학이 진정한 지식의 유일한 보고(寶庫)라고 주장하는 점에서는 견해가 같았다. 이들 고전적 철학자들이 저술 활동을 할 당시에는 사실상 이 두 과학만이(형이상학과 신학은 역시 제외하고) 발전된 학문 분야였다는 사실을 감안하면, 그들이 적어도 이런 견해를 가졌다는 것은 놀랄 일은 못 된다.

영국 철학자들이 지금까지 역사에 관하여 거의 언급한 바가 없었다는 사실의 일부는 이처럼 근세 유럽의 철학적 전통의 일반적 성격에 의해서 설명될 수 있다. 이러한 전통은 항상 자연 과학으로부터 그 연구 자료를 기대하는 경향이 있었으며, 무엇을 지식으로 인정하느냐 하는 기준을 과학을 모델로 하여 정하였다. 데카르트는 《방법서설》(*Discourses on Method*) 제 I 부에서 진정한 지식의 영역으로부터 역사를 추방하였는데, 오늘날까지도 그의 후계자들은 역사를 의심스럽게 생각하고 있다. 어쨌든 오늘날 우리가 이해하고 있는 바와 같은 역사학은, 즉 그 자신의 방법과 기준을 가지고 있는 발전된 학문 분야로서

의 역사학은 비교적 새로운 것이다. 사실상 역사학은 19세기 이전에는 거의 존재하지 않았었다. 그러나 이러한 고찰은, 그것이 아무리 타당하더라도 사태 전반을 설명할 수는 없다. 왜냐하면 유럽의 다른 나라들에서는 역사 철학이 당당히 학문의 한 분야로 인정되어 왔기 때문이다. 적어도 독일과 이탈리아에서는 역사적 지식의 문제들이 강렬한 흥미를 불러일으켰으며, 또한 계속 불러일으키고 있다. 그러나 영국에서는 이상하게도 이 문제들에 별로 주의하지 않고 있다. 이러한 태도의 차이는 어떻게 설명될 수 있을까 ?

그 해답은 영국적 정신과 기질의 몇 가지 중요한 특성을 지적함으로써 찾아볼 수 있다고 나는 생각한다. 어떤 독일 사람들은, 이 섬나라 사람들이 좀더 심원한 형이상학적 사변을 별로 좋아하지 않았기 때문에 이들이 가지고 있는 재능 가운데는 철학적 재능이 없다고 믿고 있다. 그러나 이렇게 말하는 것은 로크나 흄과 같은 저술가들이 **비판적** 철학에 기여한 매우 뛰어난 공로, 적어도 다른 어떤 나라의 사상가들의 공로에 뒤지지 않는 공로를 간과하는 것이다. 철학적 분석을 필요로 하는 문제들—과학 지식의 본성 및 그 획득 활동의 조건, 또는 도덕적 행위의 수행에 관하여 반성해 볼 때 제기되는 문제들—을 제기하고 해결하는 데는 영국의 사상가들이 탁월한 재능을 보여주었다. 이러한 문제들은 신중성과 비판적 통찰력을 겸비한 그들의 타고난 재질에 잘 어울리는 것들이었다. 이와는 대조적으로 형이상학은 비교적 그들의 마음을 끌지 못했으니, 그들은 형이상학이란 경험에 관한 어떤 전면적인 해석을 고안해 내거나 모든 것을 포괄하는 단 하나의 체계로써 모든 사물을 설명하려는 기도라고 이해하고 있다. 형이상학을 지지하는 유명한 학자는 몇 명 안 되었으며, 일반적으로 형이상학은 회의와 불신의 대상이 되어 왔다. 이러한 사실들을 일단 알고 나면, 과거에 영국 사상가들이 보여준 역사 철학에 대한 무관심을 좀더 이해하게 된다. 왜냐하면 역사 철학은 전통적으로 의심할 나위 없이 형이상학적 문제라고 생각되어 왔기 때문이다. 우리는 역사 철학의 발전 과정을 일별하면 이러한 사실을 알 수 있다.

누가 역사 철학의 창시자라는 명성을 차지할 것이냐 하는 문제에는
논란의 여지가 있다. 비록 그의 저서가 그 자신의 시대에는 전혀 주
목을 받지 못했지만, 이탈리아의 철학자 비코(1668~1744)에게 그 명
성을 돌릴 수도 있으며, 훨씬더 거슬러 올라가서 성 아우구스티누스
의 저작에, 또는 심지어 구약 성서의 어떤 부분에 돌릴 수도 있다.
그러나 실제로는, 헤르더의 《인류 역사 철학 시론》(*Ideas for a Philoso-
phical History of Mankind*) 제 I 부가 간행된 1784년부터 시작하여 1837
년 헤겔의 유고 《역사 철학 강의》(*Lectures on the Philosophy of History*)가
출판된 직후까지의 시기에 역사 철학이 독립된 주제로서 처음으로 인
정되었다고 주장하여도 무방할 것이다. 그러나 이 시기에는 역사 철
학은 다분히 형이상학적 사변의 문제라고 생각되었다. 이 연구의 목
적은 역사 전체의 과정을 이해하려는 데 있었다. 즉 역사는 여러 가
지 명백한 변칙과 모순에도 불구하고 어떤 전면적인 계획—일단 파
악되기만 하면 사건의 상세한 진로를 해명하기도 하고 역사적 과정
을, 어떤 특별한 의미에서는, 이성을 만족시키는 것으로 볼 수 있게
도 하는 계획—을 구현하는 하나의 통일체를 형성하는 것으로 간주
14 될 수 있다는 것을 보여주려는 데 그 목적이 있었다. 그리하여 그 대
표적 인물들은 이 목적을 실현하려고 한 나머지 사변적 형이상학자들
에게서 흔히 보이는 기질, 즉 분방한 상상력, 독창적인 가설, "단순
히" 경험적인 것에 속하는 사실들을 왜곡하지 않을 수 없는 통일성에
대한 열의 등을 발휘하였다. 그들은 전문적 역사가들이 내놓을 수 있
는 어떠한 것보다도 더욱 심원하고 가치있게 역사를 통찰한다고 공언
했는데, 이 사상가들 가운데 단연 최고인 헤겔의 경우에는 그러한 통
찰의 기초가 역사적 증거물에 관한 어떤 직접적인 연구에 있지 않고
(비록 헤겔이 때때로 오만하다는 말을 들을 정도로 그렇게 사실에 대
하여 오만했던 것은 아니지만) 순수한 철학적 고찰에 있었다. 그리하
여 역사 철학은, 이 사상가들이 그랬던 것처럼 역사의 전 과정을 사
변적으로 논하는 것을 의미하기에 이르렀으니, 그렇게 함으로써 역사
의 비밀을 단번에 벗겨내 보이기를 원했던 것이다.

이 모든 것은 신중한 영국의 지성이 꺼리는 일이었다. [2] 그것은 그 당시의 독일의 형이상학자들을 이미 악명높게 만들었던 자연 철학과 같은 느낌이 너무 강하였기 때문이다. 적어도 비우호적인 비평가의 눈에는, 자연 철학자들은 자연을 이해하는 데 있어서 어떤 지름길, 즉 경험적 탐구라는 끈질긴 일을 수행함이 없이 사실을 발견하는 방법을 기대하는 듯이 보였다. 자연 철학자들은 그들 자신이 인정하듯이, 자연의 과정을 "사변적"으로 다루려는 것이 목적이었다. 그리고 이런 맥락에서 보자면, 사변이란 억측과 쉽사리 구별되지 않는 것이었다. 그들의 연구는 환상적 선험주의(先驗主義)가 그 특징인데, 이러한 선험주의로 인하여 그들의 연구가 진지한 사람의 눈에는 전혀 믿을 수 없어 보인다는 것이 그 가장 심한 예이다. 이처럼 자연 철학은 영국의 사상가들로부터 깊은 불신감을 받아 왔는데, 이들은 자연 철학에 대한 반감을 그대로 역사 철학에로 옮겨, 역사 철학이란 자연 철학자들이 그들의 분야에서 시도하고 있는 것을 역사의 영역에서 시도하려는 것 이외의 아무 것도 아니라고 생각하였다. 두 경우 모두 그 계획과 성과는 다 터무니없는 것으로 여겨졌던 것이다.

이렇게 야기된 역사 철학에 대한 편견은 영국 철학의 불변하는 하나의 특징으로 남아 왔다. 이와 관련해서 이러한 반감은 결코 어느한 학파에 국한된 것이 아니라는 점에 주목할 필요가 있다. 이 분야의 연구를 무시해 온 것은 비단 경험주의자들만이 아니다. 19세기 말엽과 20세기 초엽에 관념론적 기질이 있는 대륙의 철학자들(독일에서는 딜타이와 리케르트, 이탈리아에서는 크로체를 예로 들 수 있을 것이다)은, 역사를 자연 과학이 제공하는 추상적이고 일반적인 지식에 비하면 구체적이고 개별적이라고 여겨질 수 있는 지식의 한 형태를 제공하는 것으로 이해하고, 이러한 구체적·개별적 지식을 제공한다는 사실 또는 그렇다고 상상한 사실을 중심으로 그들의 체계를 수

15

---

2) 물론 Coleridge와 Carlyle의 경우처럼, 이러한 사고 방식이 마음에 드는 사람들도 있었다. 그러나 일반적으로 낭만주의는 영국의 철학에서는 별로 찾아볼 수 없었다.

립하였다. 그러나 영국의 관념론에는 이에 상응하는 움직임이 없었다. 브래들리가 날카로운 논문 "비판적 역사의 전제들"(The Presuppositions of Critical History)을 저술하여 학자로서 첫발을 내딛기 시작한 것은 사실이다. 그러나 그가 자신의 일반적인 형이상학적 견해를 수립하면서 역사에 어떤 특별한 중요성을 부여했다는 것을 보여주는 일이란 아무 것도 없다. 그의 동료 보잔키트는 확실히 그 문제를 의심하지 않았다. "역사는 경험의 잡종 형태로서 아무런 주목할 만한 '존재나 진실성'도 있을 수 없다"[3]고 보잔키트는 말했다. 진정한 관념론은 미학적 혹은 종교적 경험의 사실들 위에 또는 사회 생활의 사실들 위에 세워지지 않으면 안 되며, 대륙의 사상가들이 말했던 구체적 이해를 우리가 기대해야 하는 것은 이러한 영역에 대해서이지 역사에 대해서가 아니었던 것이다. 그리고 보잔키트의 견해는 콜링우드 이전의 모든 영국 관념론자들이 일반적으로 가졌던 생각이다. 역사에 관계하는 사람들에게서 볼 수 있는 경향, 즉 역사는 유일하게 타당한 지식 형태로서 철학 자체를 흡수하지 않으면 안 된다고 주장하는 경향[4] 때문만이기는 하지만, 오늘날까지도 이 학파(영국 관념론)의 사람들 중에는 역사를 의혹의 대상으로 여기는 사람들이 있다.

2. 비판적 역사 철학과 사변적 역사 철학

우리가 다루려고 하는 주제에 대한 영국 철학자들의 일반적인 반응이 이렇다면, 어째서 우리는 그들과 견해가 다르다고 생각해야 하는가 하는 의문이 일어날지도 모른다. 만일 역사 철학이 그처럼 일반적

---

3) *The Principle of Individuality and Value*, pp. 78∼79.
4) 소위 역사주의(이것은 역사 철학과 아무런 본질적 관련이 없다)에로의 경향은 Collingwood의 후기 저작에 잘 설명되어 있는데, 그 자신은 역사주의를 형성하면서 Croce와 Gentile의 영향을 받았다. 역사주의에 대한 현대의 관념론자의 태도에 관해서는, 독자는 Collingwood의 유저 *The Idea of History*에 부친 T.M. Knox 교수의 서문을 참조하기 바란다.

으로 멸시된다면, 왜 그것을 다시 부활시키려고 하는가 ? 그것은 전통적인 형태의 역사 철학이 헤겔의 죽음으로 끝난 것이 아니기 때문이라는 것이 그 한 가지 대답이 될지도 모른다. 전통적인 형태의 역사 철학은, 비록 그 모습은 아주 다르지만 마르크스에 의하여 계승되었으며, 오늘날에도 슈펭글러나 토인비와 같은 저술가들에 의하여 또다시 실행되어 왔다. 실제로 역사 철학은 형이상학의 다른 분야와 마찬가지로, 그 반대자들이 일련의 무의미한 명제에 지나지 않는다고 되풀이하여 떠들어댐에도 불구하고 인간들을 계속하여 매혹시키는 듯 16 하다. 그리고 역사 철학의 전통적인 문제를 계속 탐구하는 데 대한 변호는 이런 방식으로 전개될 수 있을 것이다. 그러나 이 문제에 관해서 나는 적어도 몇 사람의 독자라도 수긍하지 않는 논의에 입각하여 나의 견해를 전개할 생각은 없다. 그보다 내가 원하는 것은, 역사 철학이 하나의 진정한 탐구로 지칭된다는 것을 모든 학파의 철학자들이 용인하는 데는 어떤 의미가 있다는 것을 보여주려는 것이다.

이를 위하여 내가 예비적으로 지적해야 할 것은 "역사"라는 말 그 자체가 애매한 말이라는 단순하고도 평범한 사실이다. 이 말은 (1) 과거의 인간의 행위의 총체와 (2) 그것에 관하여 현재 우리가 구성하는 이야기 또는 설명을 포괄한다. 이러한 애매성은 이로 인하여 역사 철학에는 두 가지 가능한 분야가 동시에 성립된다는 점에서 중요한 의미를 가진다. 역사 철학은 위에서 약술한 바와 같이 그 전통적 형태로는 역사적 사건의 실제적 과정에 관심을 갖는다고 할 수 있겠다. 다른 한편 역사 철학은 역사적 사유의 과정, 즉 둘째 의미의 역사에 이르는 수단을 문제삼을 수도 있다. 그러므로 이 두 가지 중에서 어떤 것을 선택하느냐에 따라서 역사 철학의 내용이 아주 달라지리라는 것은 분명한 일이다.

이러한 구별이 우리의 현재의 목적에 적합하다는 것을 이해하기 위해서는 자연 과학의 유사한 경우로 잠시 우리의 주의를 돌려 보기만 하면 된다. 자연 과학에는 우리가 지금 구별하고 있는 것에 상응하는 연구 분야들을 가리키는 두 가지 용어가—비록 그 용어들이 항상 엄밀히 정확하게 사용되는 것은 아니라 하더라도—실제로 있다. 그 용어란 자연 철학과 과학 철학을 말한다. 전자는 자연 현상의 실제적 과정을 연구하려는 것으로, 우주론을 수립하거나 전체로서의 자연을 설명함을 목적으로 한다. 후자는 과학적 사유의 과정을 반성하거나 과학자들이 사용하는 기본 개념들을 음미하는 따위의 일을 그 임무로 한다. 브로드 교수의 용어로 말하면, 전자는 사변적 분야이고, 후자는 비판적 분야이다. 이러한 연구 분야 가운데에서 전자의 연구의 가능성을 부인하는 철학자가 그렇다고 해서 후자를 부인하는 것은 아니라는 사실은, 별로 깊이 생각하지 않고도 곧 이해할 수 있는 일이다.

자연 철학(어떤 면에서는 자연 과학자가 수행한 연구를 보충하는 자연 현상의 과정에 대한 연구라는 의미에서의)은, 일부의 철학자들이 주장하듯이 부당한 과업일지도 모른다. 사실상 우주론은 과학의 결과를 요약한 것이거나(이 경우에는 우주론을 수립하는 일은 과학자들에게 맡기는 것이 가장 좋을 것이다), 상상력의 헛된 환상일지도 17 모르니 말이다. 그러나 그렇다고 하더라도 과학 철학과 같은 분야의 과목이 없다는 결론이 나오는 것은 아니다. 비록 자연에 관한 우리의 지식의 총체나 자연의 과정에 관한 우리의 이해에 철학자가 어떤 방식으로든 아무 것도 덧붙일 수 없다고 하더라도, 그럼에도 불구하고 철학자는 과학적 사유의 성격과 전제, 과학적 개념의 적절한 분석, 과학의 각 분야 사이의 관계에 관하여 어떤 유용한 발언을 할 수 있으며, 또 철학자의 정통한 논리적 기술은 과학적 작업에서 당면하는 실제적 어려움을 해결하는 데 아마 도움을 줄 수도 있을 것이다. 철학자는 그 자신 과학자들이 하는 일을 어느 정도 잘 알지 못하고는 이런 문제에 관하여 어떤 가치있는 발언이라도 아마 삼가하려 할 것이다. 그러나 그럼에도 불구하고 그가 제기하는 물음은 과학적 물음은 아닐 것이다. 이러한 물음은 사실적 진리나 이해의 직접적 추구— 이것은 과학적 탐구의 대상이다—에 속하는 것이 아니라, 오히려 과학적 활동 그 자체의 본성과 이에 함축된 의미를 숙고하기 시작할 때 생기는 반성의 단계에 속하는 것이다.

처음에 언급한 바와 같이, 과학 철학은 하나의 완전히 당당한 연구 분야로서 일반적으로 인정되고 있다. 반형이상학적 기질이 가장 강한 철학자조차도 이 점은 인정할 것이다. 그러나 그럴 경우, 그는 적어도 한 가지 형태의 역사 철학에 대해서도 또한 그 가능성을 인정하지 않을 수 없다. 왜냐하면 과학적 사유가 두 가지의 가능한 연구 분야, 즉 과학적 연구 활동 그 자체와 관계되는 분야 하나와 과학의 대상과 관계되는 또 하나의 분야를 생기게 하는 것과 꼭 마찬가지로, 역사적 사유도 그러하기 때문이다. "역사 철학"은 사실상 이중의 철학적 문제군(問題群)을 지칭하는 명칭이다. 즉 역사 철학에는 사변적 부문과 분석적 부문의 두 가지가 모두 포함된다. 그리고 이 중에서 전자를 거부하는 사람들이라도 아마 분명히 후자는 용인할 것이다. (또 실제로 용인해야만 한다.)

3. 비판적 역사 철학

지금 우리가 구별한 두 부문의 연구 주제를 탐구하는 사람들이 논의하는 문제란 무엇이며, 또는 무엇이어야 하는가? 비판적 역사 철학부터 보면, 내 생각에는 비판적 역사 철학에는 네 가지 중요한 문제군이 있는 듯하다. 여기에서 그 문제군이 어떤 것들인가를 간단히 지적하는 것이 독자들에게 도움이 될 것이다.

(1) 역사와 그 밖의 다른 지식 형태

첫째의 문제군은 바로 역사적 사유의 본성에 관한 문제들이다. 역사란 어떤 것이며, 다른 학문과는 어떤 관계가 있는가? 여기에서 문제되는 쟁점은 중요한 것이니, 역사적 지식은 **그 자체가 고유한**(sui generis) 것인가 아닌가, 다시 말하면 역사적 지식은 다른 형태의 지식—예를 들어 자연 과학이 추구하는 지식 또는 지각적 지식—과 그 성격이 동일하다고 볼 수 있는가 없는가 하는 데 관한 문제이다. 18

역사에 관한 가장 일반적인 견해는 아마 역사를 지각적 지식과 대등한 것으로 보는 견해일 것이다. 이에 따르면, 현재의 개별적 사실들을 발견하는 것이 지각의 본질적 임무인 것과 꼭 마찬가지로, 역사가의 본질적 임무는 과거의 개별적 사실들을 발견하는 것이다. 또 지각의 소여(所與)가 자연 과학자에게 연구의 소재가 되는 것과 꼭 마찬가지로, 역사가의 소여는 인간에 관한 가장 중요한 과학에 기여함을 그 임무로 하는 사회 과학자에게 소재를 제공한다고 한다. 그러나 역사가에게는 일어난 일을 발견해 내는 임무를 맡기고, 사회 과학자에게는 그것을 설명하는 임무를 맡기는 이러한 정연한 작업 분담은, 우리가 실제로 역사 연구에 착수할 때에는 실패하고 만다. 이때에 바로 우리가 깨닫게 되는 것은, 역사가들이 단순히 과거의 사실들을 발견하는 일에 만족하지 않는다는 사실이다. 즉 역사가들은 적어도 무슨 일이 일어났는가를 이야기하려 할 뿐만 아니라, 그것이 왜 일어났는가를 설명하려고도 한다. 역사는 과거의 사건들의 단순한 기록이 아니라, 나중에 내가 "유의미한" 기록이라고 부르고자 하는 것, 즉 사건들이 함께 연관지어지는 설명이다. 그리하여 그처럼 사건들이 서로 연관된다는 것이 역사적 사유의 본성에 관하여 무엇을 의미하는가 하는 물음이 바로 일어나는 것이다.

이 물음에 관해서 있을 수 있는 하나의 대답은(때로는 이 대답이 유일한 가능한 대답으로 간주되고 있지만), 역사가가 역사적 사실들을 연관시키는 방법은 자연 과학자가 자연 과학적 사실들을 연관시키는 방법—즉 사실들을 일반적 법칙의 예시(例示)로 보는—과 꼭같다고 하는 것이다. 이런 방식의 논의에 따르면, 역사가들은 "A 유형의 상황은 B 유형의 상황을 일으킨다"고 하는 완전한 일반화의 형식을 재량껏 가지고 있어서, 이것을 가지고 역사적 사실들을 설명하고자 한다. 역사적 사유는 실제로는 과학적 사유의 한 형태라고 하는 19세기 실증주의자들의 이론의 배후에는 이러한 신념이 있다. 이들은 자연의 법칙이 있는 것과 똑같이 역사의 법칙이 있다고 강조하면서, 역사가들은 이러한 법칙을 밝혀내는 데 온 힘을 기울여야 한다고 주장하였다. 그러나 실제로는 역사가들은 이러한 계획에 별로 또는 전혀 관심이 없었고 오히려 전처럼 개개의 사건들의 상세한 진행 과정에 주의를 기울였으며, 그러면서도 그 진행 과정을 설명한다고 주장하였다. 그리고 역사가들이 이러한 태도를 취한다는 것은 적어도 역사적 사유는 결국 과학적 사유와 대등하며, 과학적 사유로 환원될 수 없는 그 자체의 사유 형태일 수 있다는 가능성을 암시한다. 우리는 위에서 **19** 말한 다른 이론들에는 일견(一見) 한두 가지의 곤란성이 있다는 사실에 의지해서, 역사적 사유는 그 자신의 사유 형태를 가질 수 있다고 추정할 수는 없다. 만일 역사가 자율적이라면, 역사의 자율성은 분명히 별개의 독립적인 근거 위에서 논증되지 않으면 안 된다. 그러나 그 견해를 옹호하는 어떤 주장이 있다는 것은 부인하기 어렵다.

(2) 역사에 있어서의 진리와 사실

역사적 사유의 지위 및 다른 학문과의 관계에 관한 이러한 문제들은 내 생각에는 모든 학파의 철학자들이 정당한 물음으로 간주해야만 한다. 그리고 비판적 역사 철학에 속하는 둘째 문제군에 대해서도 똑같은 말을 할 수 있으니, 그것은 역사에 있어서의 진리와 사실의 개념을 둘러싼 문제들이다. 여기에서 우리가 다루어야 할 문제들은, 다음에 검토할 역사적 객관성의 문제에서와 마찬가지로 인식론에서 일반적으로 제기되는 것이지만, 그것을 역사의 영역에 관계시켜 고찰할 경우에는 어떤 특별한 특징을 갖게 된다.

이러한 특징들은, 우리가 역사적 사실이란 무엇인가 또는 우리는 무슨 근거로 역사가의 진술들을 참이다 또는 거짓이다라고 말할 수 있는가 하는 물음을 제기할 때에 분명해진다. 어떤 지식의 분야에서 사실들은 어떤 방법으로든 직접 조사될 수 있으며, 각 분야의 전문가들의 진술들은 사실들과의 일치를 통하여 검사될 수 있다고 우리는 생각하기 쉽다. 그러나 이 이론이 다른 곳에서는 아무리 통용된다고 하더라도 역사의 분야에서는 결코 효과적으로 적용될 수가 없다.

역사에서 가장 두드러진 것은 역사가 기술한다고 하는 사실들이 과거의 사실들이라는 점이다. 그런데 과거의 사실들은 이미 직접 조사될 수 없는 것이다. 한마디로 말해서 우리는 독자적으로 알려진 실재에 역사적 진술들이 대응하는지 어떤지를 단순히 알아봄으로써 그 진술의 정확성을 검사할 수는 없다. 그렇다면 우리는 그 진술들을 어떻게 검사할 수 있는가? 이런 질문에 대해서 어떤 역사가든지 답변을 한다면, 그것은 역사적 증거에 의거하여 검사한다고 하는 답변일 것이다. 비록 과거를 직접 조사할 수는 없더라도, 과거는 문서, 건물, 주화, 제도, 회의록 등의 모습으로 그 흔적을 현재에 많이 남겨 놓았다. 그리하여 어떤 자존심 있는 역사가든지 이런 것들을 근거로 하여 역사를 재구성하는 것이다. 역사가의 주장은 모두 직접적으로든 간접적으로든 어떤 증거에 의해 뒷받침되어야 한다는 것이다. 어떤 다른 것(예를 들어 역사가의 독자적인 상상력)에 근거한 소위 역사적 진술들을 믿어서는 안 된다. 그런 것들은 기껏해야 영감에 의한 추측에 불과하며, 최악의 경우에는 한갓 허상일 뿐이다.

이러한 견해는 확실히 역사적 진리에 관한 납득할 만한 이론이기는 하지만, 모든 철학적 의념(疑念)을 만족시켜 주는 것은 아니다. 이 점은 우리가 역사적 증거 자체의 성격을 숙고해 보면 알 수 있다. 현재에서 우리가 이용할 수 있는 과거의 흔적에는, 이미 말한 바와 같이 문서, 주화, 회의록 등과 같은 것들이 포함된다. 그러나 역사적 증거라는 면에서 생각해 보면, 이런 것들은 외관상으로는 아무런 의미도 없고 확실성도 없다. 그러므로 어떤 역사가가 자신이 연구하고 있는 한 시대의 "원(原) 사료" 한두 가지에 나타난 진술을 판독하는 경우에, 그는 그것을 기계적으로 받아들이지는 않는다. 그가 자기의 임무를 알고 있는 사람이라면, 그는 이런 사료에 대하여 늘 비판적인 태도를 취한다. 즉 그는 그것을 믿을 것인가 아닌가, 또 얼마만큼 믿을 것인가를 결정하지 않으면 안 된다. 콜링우드가 끈질기게 주장한 바와 같이, 진정한 역사를 기계적인 편집 업무처럼 생각할 수는 없다. 즉 역사는 역사가가 한 가지 또는 일단(一團)의 전거(典據)로부터 아주 믿을 만한 정보를 약간 선택하여 작성되는 것이 아니다. 역사적 사실들은 어떤 경우에도 확증되지 않으면 안 된다. 즉 역사적 사실들은 결코 단순하게 주어지는 것이 아니다. 그리고 이 말은 단지 역사가의 사유의 완결된 산물에 대해서만 해당되는 것이 아니라, 그 연구의 출발점이 되는 진술들에 대해서도 똑같이 들어맞는다. 뒤에 알게 되겠지만, 그렇다고 해서 이 말이 역사가가 이러한 진술들 중의 어떤 것을 다른 것보다 훨씬더 신뢰한다는 점을 인정한다는 것과 모순되는 것은 아니다.

지금까지 이야기한 것은 이렇게 요약될 수 있다. 즉 역사가는 그의 모든 진술을 유효한 증거에 의거해야 할 뿐만 아니라, 한걸음 더 나아가서 어떤 증거가 유효한가를 결정지어야 한다. 다시 말하면 사료는 역사적 판단의 진리성을 검사할 때에 우리가 의거할 수 있는 최종의 자료가 아니다. 그러나 앞으로 분명해지겠지만, 이로써 역사에 있어서의 사실과 진리에 관한 문제 전체가 다시 시작되게 되는 것이다. 이 문제는 더 깊이 다루어 볼 계획—여기서 이 문제에 관해서는 **어떤** 사료(즉 확실한 기억 판단이 내놓은 증거)는 결국은 반박할 수 없다는 이론과, 모든 역사는 현대사라는(즉 역사적 사유는 실제로는 과거가 아니라 현재를 문제삼는다고 하는) 대립되는 관념론자의 주장을 들 수 있다—이므로 여기서는 다루지 않는다. 이 문제는 뒷장에 가서 논의될 것이다. 그러나 이런 문제들을 곰곰히 생각하기 시작하면 심각한 문제들이 제기된다는 사실을 지적하고, 또 이런 문제들은 철학이 탐구할 진정한 문제라는 점을 분명히 밝히기에는 이것으로 충분할 것이다.

(3) 역사적 객관성

21

우리가 다룰 셋째 문제는 역사에 있어서의 객관성의 개념에 관한 것인데, 이 개념은 비판적 음미를 절실히 요구한다고 말해도 과언은 아니다. 이 개념이 야기하는 난점[5]이 무엇인지는, 명백하게 양립될

---

5) 이하의 논의를 이해하기 위해서는 36~37면을 참조하는 것이 유익할 것이다.

수는 없는 다음 두 가지 주장을 고찰하면 아마 가장 잘 드러날 수 있을 것이다.

(ⅰ) 한편으로는, 훌륭한 역사가는 누구나 그의 연구에는 어떤 종류의 객관성과 공평성이 요구된다는 것을 인정한다. 즉 그는 역사를 선전과 구별하며, 또 마치 자기가 할 일을 모르는 서투른 기술자처럼, 과거를 재구성하는 데 자신의 감정과 개인적 편견이 영향을 미치도록 하는 저술가들을 비난한다. 만일 이 점을 역사가들에게 적용한다면, 대부분의 역사가들은 그들의 업무는 독립적인 대상 즉 과거를 문제삼는 본래 인식적인 활동이요, 그들은 과거의 본성을 그 자체 때문에 탐구하지 않으면 안 된다고 하는 점에 의견이 일치할 수 있을 것이다(비록 그들은 이 대상에 관한 우리의 지식은 항상 단편적이며 불완전하다고 틀림없이 부언하겠지만). 그렇지만 (ⅱ) 다음과 같은 사실, 즉 역사가들 사이의 견해차는 혼히 있는 일일 뿐만 아니라 갈피를 잡을 수 없이 완강하다고 하는 사실과, 이러저러한 약간의 증거로부터 엄밀하게 어떤 결론이 나올 수 있느냐 하는 전문적인 물음이 일단 해결되었다고 생각되면 어떤 시대에 관한 일치된 해석이 나오는 것이 아니라 그 시대에 관한 서로 다르며 분명히 모순된 다수의 해석들―마르크스주의적·자유주의적·가톨릭적·개신교적·"합리주의적"·왕당파적·공화파적 해석 등등―이 전개된다고 하는 사실은 여전히 남는다. 이런 이론들이 주장되고 있는 것은, 설령 그 이론들이 제각기 연구되고 있는 시대에 관한 궁극적 진리는 아닐지라도 그 본질에 있어서는 어쨌든 옳다고 그 지지자들이 생각하기 때문이다. 즉 그런 신념을 가지고 그들은 자기와 대립되는 모든 견해를 절대로 그르다고 거부하는 것이다. 그리고 이러한 사실은 근대의 역사학에 대하여 과학적 지위를 인정하려는 혼히 있는 요구가 적어도 인정될 수 없는 요구라는 것을 공정한 국외(局外)의 관찰자에게 암시할 수 있을 뿐이다. 왜냐하면 역사가들은 역사적 "의식 일반"이라고 부를 수 있는 것, 즉 그 주제에 관하여 연구하는 사람이면 누구나 선뜻 인정하게 될 일련의 일치된 해석의 규준(規準)을 발전시키는 데 분명히 실패하

였기 때문이다.

이러한 상황을 우리는 어떻게 설명해야 할 것인가? 이 문제를 다룰 수 있는 방식에는 주로 다음 세 가지가 있는 것 같다.

첫째로, 우리는 역사가들이 주관적 요인의 영향을 받고 있을 뿐만 아니라 받지 않을 수 없다고 주장하려고 할 것이다. 공평한 역사란 22 하나의 이상이기는커녕 전혀 불가능한 것이다. 이 점을 옹호하기 위해서는 우리는, 역사가는 누구나 어떤 한 관점에서 과거를 보거니와, 누구도 자기 자신의 피부로부터 벗어날 수 없듯이 역사가는 이 관점을 결코 회피할 수 없다는 점을 지적할 수 있을 것이다. 또한 주의깊게 분석해 보면, 역사가들의 견해의 불일치는 논의거리가 되는 문제점 여하에 달려 있는 것이 아니라, 오히려 개인이건 집단이건 논쟁 당사자들의 관심과 욕망에 따라 결정되는 문제점 여하에 달려 있는 듯하다고 우리는 주장할 수도 있을 것이다. 이러한 사고 방식에 따르면 역사적 논쟁은 근본적으로는 무엇이 참된 것이고 무엇이 거짓된 것인가에 관한 것이 아니라, 무엇이 바람직한 것이고 무엇이 바람직하지 않은 것인가에 관한 것이고, 따라서 기본적인 역사적 판단은 엄밀히 인식적인 것이 아니라 "감정적"인 것이다. 이것은 더 나아가 역사와 선전의 구별을 철폐하기에 이르게 될 것이며, 따라서 역사는 참다운 과학적 연구라는(또는 과학적 연구가 될 수 있다는) 주장을 손상시키게 될 것이다.

둘째로 우리는, 역사가들이 객관적 진리에 도달하는 데 과거에 실패했다고 해서, 그것이 곧 그들은 언제나 객관적 진리를 파악할 수 없으리라는 증거가 되는 것은 아니라고 주장하려고 할 것이며, 또 공통적 역사 의식의 전개가 전혀 불가능한 것은 아니라는 점을 지적하려고 시도할 수도 있을 것이다. 그렇게 할 때 우리는 독일의 철학자 딜타이가 출발점으로 했던(딜타이는 나중에 이 점에 관한 그의 생각을 바꿨지만) 19세기 실증주의자들의 입장을 채택하는 것이 될 것이다. 즉 그것은 객관적 역사는 인간의 본성에 관한 객관적 연구에 기초를 두어야 한다는 입장이다. 이러한 기도에는 분명히 커다란 어려움이 따르는데, 이에 관한 실증주의적 견해는 적어도 대체로 너무 단순하다. 그러나 단지 그런 이유만으로 그 견해를 거부해서는 안 될 것이다. 후에 논의하게 되겠지만, 인간의 본성에 관한 일반적 판단들이 역사적 해석과 설명에서 중요한 구실을 한다는 것은 분명히 실증주의적 견해에 유리한 점이다.

끝으로 역사적 객관성의 개념은 과학적 객관성의 개념과는 근본적으로 다른데, 그 차이는 모든 훌륭한 역사가들이 편파적이고 저의가 있는 저작은 비난하지만 전적으로 비개인적인 사유라는 과학적 이상을 그처럼 분명하게 지지하지는 않는다고 하는 사실에서 드러난다고 우리는 주장할 수도 있을 것이다. 역사가의 저작은 예술가의 작품과 마찬가지로 어떤 의미에서는 그의 인격의 표현이라고 생각될 수 있으며, 또 이 점이 우리가 고찰하고 있는 주제에 대해서 극히 중요하다고 주장하는 것도 그럴 듯한 일이다. 왜냐하면 비록 예술을 전적으로 실제적인 활동이라고 처리해 버리는 것이 유행이지만, 우리가 흔히 예술도 어떤 의미에서는 또한 인식적이거나 한 듯이 말하는 것도 사실이기 때문이다. 예술가는 그의 감정을 가지고 있고 또 그것을 표현하는 것만으로는 만족하지 않는다고 우리는 말한다. 즉 예술가는 또한 자기가 사물의 본성에 대한 어떤 시각 또는 통찰이라고 여기고 있는 것을 전달하기를 원하며, 바로 그러한 이유로 해서 자기 작품에 대하여 진실성과 객관성을 요구하려고 한다. 그리고 역사적 객관성의 문제를 다루는 최선의 방법은, 역사적 사유를 이런 점에서 예술가의 사유에 견주는 것이라고 주장할 수도 있을 것이다. 그렇게 되면 역사는 일련의 서로 다르지만 모순되지는 않는 과거의 초상화들을 우리에게 제시해 주는데, 그것들은 제각기 서로 다른 관점에서 과거를 반영한다고 말할 수 있을 것이다.

이 이론에는 앞의 두 가지 이론에서와 마찬가지로 분명한 난점들이 있지만, 이 자리에서 그것을 논의할 수는 없다. 내가 이러한 간단한 고찰로써 성취했으면 하고 바랄 수 있는 것은 무엇보다도, 역사에 있어서의 객관성의 개념이 비판적 음미를 필요로 한다는 나의 처음의 주장이 명백히 참이라는 것을 보여주고, 독자의 주의를 이 문제에 관한 어떤 사유의 방향으로 돌리도록 했다고 하는 것이다. 지금은 이 문제는 이쯤 해두고, 비판적 역사 철학의 문제군 중 네번째이자 마지막인 문제로 넘어가기로 한다.

(4) 역사에 있어서의 설명

이러한 문제군에서 중심적인 문제는 역사적 설명의 본성에 관한 문제이다. 여기에서 문제되는 것은 역사가가 그가 연구하는 사건들을 설명하는(또는 설명하려고 시도하는) 방식에는 어떤 특질이라도 있는가 하는 것이다. 역사에서 우리는 단지 과거에 일어난 일뿐만 아니라 그 이유도 이해하는데, 역사란 전형적으로 그렇게 해서 정리된 과거의 행위에 관한 이야기라고 주장할 근거가 있음을 우리는 이미 알았다. 이제 우리가 물어야 할 것은, 역사에는 "이유"의 어떤 종류 또는 종류들이 포함되어 있는가 하는 점이다.

이 물음에 접근하는 가장 좋은 방법은 설명의 개념이 자연 과학에서는 어떻게 사용되고 있는가를 고찰하는 것이다. 과학자들은 자기들이 다루는 현상을 어떠한 궁극적인 의미로도 설명하려 하지 않는다는 사실은 철학적으로는 진부한 일이다. 즉 과학자들은 왜 사물들이 자연의 배후의 목적을 드러내 보일 만큼 그렇게 있는지를 설명하려 하지 않는다. 그들은 관찰된 제일성(齊一性)의 체계를 수립한다는 훨씬 신중한 작업으로 만족하며, 이 제일성으로써 자기들이 검토하려는 어떠한 상황이건 설명하기를 원한다. 그런 상황이 주어졌을 때 과학자들이 그것을 처리하는 방식은, 그 상황이 하나 또는 그 이상의 일반적 법칙들의 한 실례이며, 또 이 일반적 법칙들 그 자체는 보다 광범위한 성격의 다른 법칙들로부터 이끌어 내어지거나 또는 그와 관련될 수 있다는 것을 보여주는 것이다. 이러한 처리 과정의 주요한 특색 24 은, 첫째로 이 과정은 특수한 사건들을 일반적 법칙의 사례들로 전환시킨다는 것이요, 둘째로는 이 과정은 고찰되고 있는 현상의 외관 밖에는 그 이상 아무 것도 포함하고 있지 않다는 것(과학자는 현상의 배후의 목적을 드러낸다고 공언하지는 않으므로)이다. 그리하여 그것은 실은 "추상적"이라고 할 이해에 그친다고 말할 수 있겠다. 그런데 역사 철학에 관한 많은 저술가들은, 역사적 이해는 그처럼 추상적인 것이 아니라, 어떤 의미에서는 구체적이라고 주장해 왔다. 이러한 주장에 일리가 있는가 어떤가 하는 문제는, 역사가들이 역사적 사실들을 설명하는 방식이 자연 과학자들이 자연적 사실들을 설명하는 방법과 똑같은가 어떤가, 또는 역사가들은 자기들의 주제에 대한 어떤 특별한 통찰력을 가지고 있어서 그 주제의 개별적 본성을 파악할 수 있다는 것을 보여줄 수 있는가 어떤가에 달려 있다는 것은 아주 명백한 일이다.

부정적인 답변을 하려고 이러한 문제를 그저 제기하는 철학자들이 있다. 이들은, 설명에는 오직 한가지 형태 즉 과학적 사유에서 사용되는 형태만이 있으며 또 있을 수 있다고 주장한다. 설명의 과정은 본질적으로 연역의 과정이며, 따라서 그 중심에는 일반적 술어(術語)로써 표현될 수 있는 그 무엇이 언제나 있다는 것이다. 그러나 이러한 근거에서 역사에는 아무런 특별한 설명의 개념도 있을 수 없다고 결론내리는 것은 설득력이 있기는커녕 그와 정반대이다. 이 문제에 접근하는 올바른 방법은, 역사적 사건 또는 사건들을 해명하려 할 때에 역사가들이 실제로 취하는 단계를 검토하는 일부터 시작하는 것이라고 할 수 있을 것이다. 그리고 그럴 때, 우리는 곧 역사가들이 과학자들과 똑같은 방식으로 일반화를 사용하는 것 같지는 않다는 사실을 발견할 것이다. 외관상으로는 적어도 역사가들은 특수한 상황을 그와 동일한 유형의 다른 상황에 조회하여 해명하려고 하지는 않는다. 역사가가 취하는 최초의 절차는 어쨌든 전혀 다르다. 그러므로 어떤 특수한 사건—가령 1926년의 영국의 총파업—을 설명하라고 하면, 역사가들은 이 사건과 이 사건이 내적으로 관계를 맺고 있는 다른 사건들(지금의 경우에는 영국의 산업 관계의 역사에서 전에 있었던 어떤 사건들)과의 연관 관계를 추적하는 일부터 시작할 것이다. 이때 밑에 깔려 있는 가정은 서로 다른 역사적 사건들이 함께 모여서 하나의 단일한 과정 즉 하나의 전체를 형성하는 것으로 간주될 수 있으며, 각 사건들은 이 전체의 모든 부분들로서 특별히 밀접한 방식으로 함께 이 전체 안에 속한다고 하는 것이다. 그리고 역사가가 어떤 사건을 설명하도록 요구를 받는 경우에, 그의 제일의 목적은 그 사건을 그러한 과정의 부분으로 보고 그 밀접한 관계가 있는 다른 사건들을 언급함으로써 그 사건을 그 맥락 안에 위치시키는 일이다. 25

이제 이러한 과정을 우리는 "총괄"(總括, colligation: 이 말은 19세기의 논리학자 휴웰*의 용법에 따른 것이다)의 과정이라고 부를 수 있을 터인데, 이것은 확실히 역사적 사유의 한 특색이고, 따라서 우리가 역사적 설명의 본성을 탐구할 때에 매우 중요한 것이다. 그러나 우리는 이것을 지나치게 중시하려고 해서는 안 된다. 이 문제에 관한 어떤 저술가들은 우리가 어떤 역사적 사건들 사이의 내적 연관을 확증할 수 있다고 하는 명제로부터 역사는 전적으로 이해 가능하다고 하는 훨씬 일반적인 주장으로 비약하고, 따라서 역사는 자연 과학보다 우월하다고 주장하고 있는 듯하다. 이것은 분명히 잘못이다. 사실은 비록 역사적 사유가 이처럼 그 나름의 어떤 특이성을 가지고 있더라도, 그것이 과학적 사유와 전적으로 다른 것은 아닌 것 같다. 특히 과학자가 하고 있는 것과 똑같이 역사가도 일반적 명제들을 명백하게 밝히고 있지는 않지만, 역사가도 과학자와 마찬가지로 그의 연구 과정에서 일반적 명제들에 호소하고 있다는 점은 부인하기 어렵다. 역사가 자연 과학과 다른 점은, 일반 법칙의 체계를 수립하는 것이 역사가의 목적이 아니라는 데 있다. 그러나 이것은 그러한 법칙이 역사적 사유에서 예상되고 있지 않다는 것을 의미하지는 않는다. 내가 나중에 자세하게 설명하겠지만, 사실상 역사가는 부단히 일반화를 이용하고 있으며, 특히 여러 가지의 다른 상황에 대한 인간의 서로 다른

---

* William Whewell(1794~1866)은 영국의 철학자 및 교육학자로서, 그의 귀납법 연구는 J. S. Mill에게 큰 영향을 주었다. 그는 colligation이라는 말을, 따로따로 관찰된 사실들의 집합을 하나의 개념에 의하여 총괄하는 정신 작용을 뜻하는 말로 사용하였다―역주.

반응 방식을 일반화하는 것이다. 그러므로 역사는 인간의 본성에 관한 일반적 명제를 전제하는 것이요, 또 역사적 사유에 관한 어떠한 설명도 이러한 사실에 대한 올바른 이해 없이는 결코 완전한 것이 못될 것이다.

비판적 역사 철학의 주요 문제라고 생각되는 것에 관한 예비적인 서술은 이쯤 해둔다. 지금까지의 고찰로써 다음 두 가지 점, 즉 비판적 역사 철학에는 진정으로 어려운 문제들이 많이 있다는 점과, 이런 종류의 문제들이 분석 철학자들이 전통적으로 다루어 온 문제(비록 이런 문제를 영국 철학자들은 최근까지 전혀 주의깊게 고찰하지 않았지만)라는 점이 분명해졌을 것이다. 이런 문제들에서 주요한 곤란점은, 아마도 이 문제들이 특히 밀접하게 서로 연관되어 있는 것으로 보인다고 하는 점일 것이다. 그래서 하나의 문제군—예를 들어 역사적 객관성에 관한 문제군—을 다루는 경우에도 우리는 전혀 다른 문제군에 속하는 문제들—예를 들면 역사와 과학과의 관계에 관한 문제들, 또는 역사적 설명에 관한 문제들—을 제기하지 않을 수 없게 된다. 그러나 이러한 곤란은 역사 철학에서는 심각한 것이기는 하지만, 그것이 결코 이 주제에만 국한된 것은 아니다. 우리는 이 문제를 다루기 위하여 우리가 할 수 있는 바를 다해야 하거니와, 우리가 문제들을 모아서 분류한 것은 그 자체가 어떤 고유한 가치를 지닌 것으로 생각하기 위한 것이 아니라, 다만 한꺼번에 너무 많은 문제를 제기하는 것을 방지하기 위하여 마련된 한갓 방법론적인 조치에 지나지 않는다고 하는 점을 기억해야 할 것이다.

4. 사변적 역사 철학

이제 역사 철학의 사변적 또는 형이상학적 부분에 속하는 문제들로 눈을 돌리면서, 우리는 처음부터 이런 문제들이 진정한 문제가 되는

지 어떤지에 관하여 많은 사람들이 의견의 일치를 보지 못하고 있다는 사실을 인정하지 않으면 안 된다. 어떤 철학자들은 역사 철학이 다루어야 할 주제는 오직 앞에서 서술한 종류의 분석적 문제들뿐이며, 그 이상의 모든 탐구(헤겔 같은 저술가들이 추구한 탐구와 같은)는 사실상 아무 쓸데없는 것이라고 말할지도 모른다. 그러나 역사적 사유의 본성에 관한 문제뿐만 아니라 역사의 진로에 관한 문제도 제기하려는 강력한 경향이 어쨌든 있다는 사실이 인정되지 않으면 안 된다.

우리는 그러한 문제들을 두 개의 문제군으로 구분할 수 있겠다. 첫째 문제군에는, 앞에서 분명히 밝힌 바와 같이 내가 전통적 역사 철학이라고 부르고 있는 것에서 다루어진 모든 형이상학적 문제들이 포함된다. 이들 철학자들이 관심을 가졌던 기본적인 논점은 역사 과정 전체의 의미와 목적을 발견하려는 것이라고 말할 수 있다. 평범한 역사가들의 눈에는 역사는 아무 연관도 없는 사건들의 연속에 불과한 것이요, 전연 조리가 서지 않는 것처럼 보였다. 소위 "경험적" 역사에는 실제로 일어난 일을 넘어서서 그 배후에 있는 계획에 이르려는 시도, 밑바닥에 놓여 있는 역사의 책략(策略)을 드러내려는 시도는 없었다. 전통적 역사 철학자들은, 만일 역사가 전적으로 불합리한 것으로 여겨질 수가 없다면 역사에는 그러한 책략이 있다는 것이 명백한 일이라고 생각했고, 따라서 그들은 그것을 발견하고자 노력하였다. 역사 철학의 과제는 역사적 사건들의 상세한 과정을 그 "진정한" 의의와 "본질적" 합리성이 드러나도록 설명하는 것이라고 그들은 생각하였다. 우리가 이미 살펴본 바와 같이, 그러한 기도를 비판하는 것은 아주 쉬운 일이다. 그리고 사실상 이런 계획은 전문적 역사가들(이들은 이런 계획에는 그들의 직업을 빼앗으려는 의도가 들어 있다고 보았다)과 반형이상학적 철학자들(이들은 이것이 전혀 실현 불가능하다고 생각하였다)이 모두 비난하는 것이었다. 그러나 이러한 계 27 획이 제기하는 이 기본적인 문제—노골적인 명칭으로 부르면, 역사의 의미에 관한 문제—는 분명히 거듭하여 관심을 끄는 문제이며,

지금 우리의 주제를 개관하면서도 이 문제를 전혀 무시할 수는 없을 것이다.

둘째 문제군은, 비록 마르크스주의의 유행 덕분에 일반 대중이 거의 통상적으로 역사 철학이란 이런 문제들을 다루는 것이라고 생각하고 있기는 하지만, 아마 엄밀하게는 전혀 철학적이지 못한 문제들이다. 소위 마르크스주의의 역사 철학은 여러 측면을 가지고 있다. 예를 들어 역사의 진로는 계급없는 공산주의 사회의 창조를 지향하고 있다는 것을 보여주려고 기도하는 한, 마르크스주의의 역사 철학은 거의 전통적인 종류의 역사 철학에 가깝다. 그러나 그 주요 목적은 역사적 해석과 역사적 인과 법칙의 이론을 제시하려는 것이다. 만일 마르크스가 옳다면, 역사를 움직이는 주요 요인은 모두 경제적인 것이다. 그리고 사건의 상세한 진로에 대한 어떠한 해석도 이 점을 인지하지 못한다면 아무 가치가 없다. 그런데 먼저 말해 두어야 할 것은, 역사를 움직이는 주요 요인이 무엇이냐 하는 물음은 철학적이라고 생각되지 않는다는 점이다. 그것은 역사의 현실적 인과 관계에 관한 연구를 통해서만 답변될 수 있는 물음이다. 그런데 어째서 특별히 철학자가 그러한 연구를 할 채비를 갖추었다고 생각되어야 하는지 그 이유가 분명하지 않다. 그것은 분명히 총명한 전문적 역사가가 훨씬 더 효과적으로 수행할 수 있을 것이다. 더욱이 그것은 자명한 진리가 아니라 경험적 가설을 정식화(定式化)하는 데 그칠 것이며, 이 가설은 개개의 역사적 상황을 밝히는 그 유효성 여하에 의해서 검토된다. 이것이 사실인 한, 역사적 해석의 이론을 만들어 내는 일은 역사 철학에보다는 차라리 역사학 자체에 속하는 듯이 보인다. 그것은 마치 물질계에서 어떤 인과적 요인이 가장 중요한가를 결정하는 일이 과학에 속하는 일이지 과학 철학에 속하는 일이 아닌 것과 꼭 마찬가지이다.

그러나 이런 문제들에 관한 마르크스 자신의 견해에는 그러한 문제들에 관하여 철학적 견해가 가지는 특성 이상의 것이 있다고 보는 데는 몇 가지 해명할 일이 있다. 역사 해석에 관한 마르크스주의의 이론이 제시하는 주요 논지가 한갓 경험적 가설이 아니라 **선험적** 진리와 같은 그 이상의 어떤 것인 한, 우리는 그 이론을 철학적이라고 할 수 있다. 마르크스의 견해를 주의깊게 살펴보면 알 수 있지만, 그는 경제적 요인이 **사실상** 역사의 진리를 결정하는 가장 유력한 힘이라는 것만을 주장하고 있는 것 같지는 않다. 그는 더 나아가서, 사물은 어디 28 까지나 사물인 만큼, 그러한 요인들은 모든 역사적 상황에서 기본적 요소이며 **또** 기본적 요소임에 **틀림없다**고 주장하고 있는 듯하다. 마르크스주의자들이 그들의 명제를 어떻게 사용하고 있는가를 숙고해 보기만 하면, 그들이 그 명제를 경험적 가설로 여기는 경우에 인정되는 것보다도 더 큰 타당성을 그 명제에 부여하고 있다는 사실을 우리는 알게 된다. 사실 그들이 하고 있다고 여겨지는 일은, 사적 유물론의 원리는 어떠한 미래의 경험도 그것을 논박할 수 없을 정도로 필연적인 진리라는 것을 주창하는 일이다. 그리고 만일 이것이 참으로 옳다면, 그들의 조처는 확실히 철학자의 주의를 끌 만하다.

　이러한 단평(短評)이 함축한 의미를 오해해서는 안 된다. 나는 역사적 해석의 일반적 이론을 제시하려는 마르크스주의나 다른 사람들의 시도가 어쨌든 온당하지 못하다는 것을 시사하고 있는 것이 아니다. 그와는 반대로 그것은 역사의 연구에 종사하는 모든 사람들이 흥미를 가지지 않을 수 없는 일이라고 나는 생각했던 것이다. 이 문제에 관해서 내가 주장하는 요지는, 그러한 이론을 제시하는 과제는 철학자의 일이 아니라 역사가의 일이라는 것이다. 사실 역사의 이해에 끼친 마르크스의 공헌은 전혀 진정한 의미의 역사 철학에 대한 공헌이 아니었다. 그러나 마르크스주의의 이론이 철학자의 관심을 끄는 것은, 마르크스가 자신의 주요 원리에 어떤 종류의 중요성을 부여하고 있다고 보이기 때문이다. 이 원리에 마르크스가 부여한 무제한의 타당성은 그것을 한갓 경험적 가설로 보는 견해와 모순된다(그것이 경험에 의하여 **시사되었다**는 것과는 모순되지 않지만). 그리고 이 원리를 그렇게 생각하는 것을 어떻게 정당화할 것인가 하는 문제는 확실히 면밀히 고찰할 만한 문제이다.

　이러한 모든 점들은 나중에 자세하게 논의될 것이다. 지금까지의

설명은, 역사 철학이 다루는 또는 다룬다고 생각될 수 있는 문제의
종류를 보여주는 데 그 목적이 있을 뿐이다. 만일 철학자가 역사의
진로에 관하여 어떤 특별한 관심을 가진다고 말할 수 있다면, 그것은
전체로서의 진로 즉 역사 과정 전체의 의미에 관한 관심임에 틀림없
다고 우리는 요약하여 말할 수 있을 것이다. 우리의 연구의 이 둘째
부분은 사실상 형이상학적이거나 또는 비현존적(非現存的)이다.[6] 그
리고 이렇게 말하면 틀림없이 어떤 독자는 이 부분의 연구에 반대하
는 어떤 편견을 가지게 될 것이다. 그러나 그러한 편견이 일반적으로
나 또는 우리의 눈 앞에 있는 특수한 경우에 정당화될 것인지는 분명
하지가 않다. 아무런 토의도 없이 그렇다고 추정하는 것은 거의 정당
화될 수 없는 일일 것이다.

5. 이 책의 계획

이 책에서는 역사 철학을 지금까지 구별한 두 부분으로 나누어서
취급하게 될 것이다. 첫째 부분에서는 주로 역사적 사유의 본질에 관
하여 비교적 길게 다루게 될 것이다. 우리는 역사적 사유의 가장 두
드러진 특징들을 서술하거나 또는 서술하려고 시도할 것이며, 또 그
러한 특징들 중에서 역사적 사유를 다른 종류의 사유와 구별짓는 특
징들을 찾아내려고 노력할 것이다. 우리는 역사적 사유의 전제에 관
하여 토론하고, 그 성과의 인식론적 성격을 검토하게 될 것이다. 그
럴 때에 우리가 취하는 조치는 순수하게 반성적이다. 즉 사람들이 역
사적 문제들에 관하여 사고하고 있다는 사실로부터 출발하여, 그들이

---

6) 이 점은 "진보", "역사적 사건", "역사적 시대"와 같은 개념들을 설명
하는 것이 역사 철학의 기능의 한 부분이라는 이유로 부정될는지도 모
른다. 그러나 나 자신은 그렇다는 것을 확신하지 않지만, 만일 그렇다
면 이 문제는 분명히 위의 3절에서 언급한 문제들과 밀접한 연관을 가
진 것이다.

하고 있는 일이 엄밀히 무엇인지를 알아내려는 것이 우리의 목표이다. 그렇게 함으로써 우리는 위에서 비판적 역사 철학에 속한다고 말했던 문제들을 모두 언급할 수 있게 될 것이다. 이 책과 같은 기초적인 저작에서는, 제기되는 주요 문제들이 어떤 것인가를 지적하고, 그 문제들에 관한 가장 분명한 한두 가지 해답을 다소 독단적으로 논의하는 것 이상의 일은 할 수 없으리라는 것은 두말할 필요도 없다. 그러나 이와 같이 등한시되어 온 주제에서는 그렇게 하는 것조차도 필요한 일일 것이다.

역사 철학의 전통적인 문제들을 다루는 우리의 둘째 탐구 부분은 어쩔 수 없이 좀더 개략적일 수밖에 없게 될 것이다. 사실 여기에서 우리가 할 수 있는 일은 고작 형이상학적 특성의 역사 철학을 수립하려는 한두 가지의 유명한 시도를 대강 검토하는 일과, 또 그것을 숙고함으로써 그러한 기도 전체의 실현 가능성에 관한 어떤 결론을 끌어내는 일이다. 이 둘째 부분에 덧붙여, 나는 사적 유물론을 간단히 고찰하여 그것에 관하여 이 장에서 논의된 몇 가지 논점들을 전개해 볼 생각이다. 이 문제를 간단히 다룬 데 대하여 만일 독자가 불만이라면, 나로서는 미안할 따름이다. 그러나 내가 보기에는, 이 이론의 타당성에 관한 최종적인 결정은 철학자에게 달려 있지 않고 역사가 자신에게 달려 있다는 것을 분명히 해둘 수밖에 없다.

1. 역사의 예비적 성격 규정. 역사와 감관 지각

앞장에서 우리는 역사적 사유라고 불리는 하나의 독특한 사유가 있다고 가정하고, 그것이 언뜻 보기에 그럴 듯한 몇 가지 문제들을 제기하는 것처럼 보인다는 점을 지적한 바 있다. 이제 우리는 우리의 가정을 검토하여, 역사적 사유라는 것이 어떤 종류의 것이며, 또 그것이 다른 종류의 사유, 예를 들어 자연 과학에서의 사유와 어떻게 다른가에 대해 좀더 정확하게 이야기해 보지 않으면 안 된다. 그럼으로써 역사적 지식의 지위에 관한 문제 전체가 드러나게 될 것이며, 또 역사가 과학적 연구라고 주장할 수 있는가, 또 어떤 의미에서 그럴 수 있는가를 탐구함으로써 제기되는 난문(難問)들을 논급하게 될 것이다.

이러한 문제에 접근하는 가장 좋은 방법은, 아마 역사가가 탐구하고자 노력하고 있는 것이 무엇이며 또 발견해 내려고 하는 것이 무엇인가를 알아보는 일일 것이다. 가장 먼저 떠오르는 대답은 역사가의 목표는 과거를 지적으로 재구성하는 일이라고 하는 뻔한 대답이다.

그리고 이 대답 자체로써 역사는 독립된 지식의 한 분야로서 구분될 수 있다고 생각될 것이다. 자연 과학은 우리를 둘러싼 세계에 관심을 갖는다고 생각하는 것은 어렵지 않다. 자연 과학은 그 자료를 감관 지각(感官知覺)에 의존한다. 이와는 대조적으로 역사는 과거에 관심을 가지며, 따라서 기억 인상(記憶印象)이 그 소재의 불가결한 부분을 이룰 수밖에 없다. 그러나 사실은 역사와 자연 과학의 차이는 그처럼 뚜렷한 것이 아니다. 우선 과학자가 과거는 배제하고 현재에만 관심을 31 갖는다는 것은 사실이 아니다. 기억 지식(記憶知識)이 대상에 관한 현재의 모든 지각 판단(知覺判斷)에 관여한다는 사실은 차치하더라도, 지질학이나 고생물학과 같은 학문이 있다는 것을 상기하기만 하면, 현재보다는 오히려 과거를 연구하는 과학적 탐구 분야가 있다는 것을 알 수 있다. 또한 역사는 무조건 과거의 연구라고 주장할 수도 없다. 통상적으로 이해되고 있는 역사가 전혀 알 수 없는 과거의 부분도 아주 많다. 예를 들면 인간이 현재와 같은 모습으로 진화하기 이전의 모든 시대가 그렇다.

그러므로 역사를 과거에 관한 **고유한** 연구로 규정하고, 이 점을 하나의 지식 형태로서의 역사의 자율성의 근거로 삼으려는 시도는 지지될 수 없다. 그러나 물론 어떤 의미에서는 역사는 과거에 관한 **한** 연구이다. 어떤 과거인가? 그 대답은 인간의 과거라는 것이다. 역사가 관심을 가지기 시작하는 과거는 인류가 처음 나타나기 시작한 이후의 과거이다. 역사의 주요 관심사는 인간의 경험과 행위이다. 물론 역사는 인간이 한 일과 겪은 일만을 기록하는 것이 아니라, 과거에 있었던 상당히 많은 **자연적** 사건들—지진, 홍수, 한발 따위—도 기록한다. 그러나 이러한 사건들에 대한 역사의 관심은 전혀 부차적이다. 역사가는 그의 작업의 어떠한 부분에서도 자연 그 자체에 관심을 가지지 않고, 오직 인간의 활동의 배경으로서의 자연만을 문제삼을 뿐이다. 역사가가 자연적 사건을 언급한다면, 그것은 그가 서술하려는 경험을 하고 있는 남녀들의 생활에 그 사건들이 영향을 미쳤기 때문이다. 자연적 사건들이 그러한 영향을 미치지 않았다면, 역사가는 그 사건들을 언급하지 않았을 것이다.

이것이 단순한 독단이 아니라는 것은, 실제의 역사책을 검토해 보면 독자 스스로 알 수 있을 것이다. 세계에 관한 역사는 통상 우주의 기원에 관한 사변으로부터 시작하는 것도 아니며, 한때 이 지구상에 살았던 동식물의 변이(變異)에 관한 설명을 포함하는 것도 아니다. 역사의 유효 거리는 훨씬더 짧다. 역사는 비교적 짧은 기간에 걸쳐 알려진 인간의 활동에 주의를 집중한다. 그리고 만일 이것은 역사가들의 근시안에 불과한 것이요, 역사가가 받은 교육의 반과학적인 경향을 반영하는 것이라고 생각하고, 웰즈는 《세계사 개관》(*Outline of History*)에서 훨씬 포괄적인 것을 제시하고 있다는 점을 지적하는 사람이 있다면, 그 경우에는 웰즈도 본래 그의 저서에서 인간의 활동에 관심을 가졌으며, 외견상으로는 그 목적이 무엇이든간에 사실은 그것이 인간의 본성을 밝혀준다고 그가 생각했기 때문에 처음 몇 장을 끼웠다고 말하는 것이 적절할 것이다. 인간의 행위에 대한 자연적 배경을 얼마만큼 강조하고 이러한 행위를 인간의 동물적 본성과 얼마만큼 관련시키느냐 하는 것은, 개개의 역사가들 자신이 결정해야 할 문제이다. 웰즈는 멀리까지 거슬러 올라가고자 했지만, 그렇게 해서 역사의 본질을 변화시킨 것은 아니다. 32

그러므로 역사가의 연구의 일차적 대상은 인간의 과거라는 점에 의견이 일치된 것으로 하자. 다음에 고찰할 문제는 역사가가 목표로 하는 이해가 어떤 유형의 이해인가 하는 점이다.

여기에서 우리는 두 가지의 가능성을 생각할 수 있다. 첫째는, 역사가가 하는 일은 일어난 일을 정확하게 기술하는 데, 즉 과거의 사건에 대한 단순한 이야기라고 할 수 있는 것을 구성하는 데 국한된다(또는 국한되어야 한다)는 것이다. 다른 하나는, 역사가는 그러한 단순한 이야기를 넘어서서, 일어난 일을 단지 이야기할 뿐만 아니라 (어떤 의미에서는) 그것을 설명하는 것이 목적이라는 것이다. 이 둘째 경우에서 역사가가 구성하는 이야기는 "단순하다"고 하기보다는 "유의미하다"고 할 수 있는 성질의 것이다.

여기에 제시된 이 구별이 적절하다는 것은 이와 유사한 문제를 고찰해 보면 알 수 있다. 일정한 기간에 걸쳐 일정한 지역의 기후를 연구하는 데는 분명히 두 가지 수준이 있을 수 있는데, 이 경우에는 좀 불공평하지만 그것을 아마추어와 전문가로 나누어 볼 수 있을 것이다. 아마추어의 경우에는 관측자는 기압, 온도, 풍향 및 풍력, 강우량 등을 모두 자세하고 정확하게 기록하는 데 전념할 것이며, 그렇게 함으로써 그 지역의 기후에 관한 단순한 연대기를 만들어 내려고 할 것이다. 전문가의 경우에는 관측자는 그러한 연대기로 만족하지 않고 기록할 뿐만 아니라, 그의 자료가 허용하는 한 기상학이 확립한 일반적 법칙이 그가 다루고 있는 사건들에서 어떻게 작용하고 있는가를 추적함으로써 그 사건들을 이해하려고 노력할 것이다.

역사가가 과거의 사건들에 관하여 단순한 이야기를 구성하는가 또는 내가 말하고 있는 유의미한 이야기를 구성하는가 하는 문제는, 역사가가 취하는 조처가 위에 예시된 아마추어의 조처와 흡사한가 또는 전문적 기상학자의 조처와 흡사한가 하는 문제이다. 그러나 이 문제가 오해되어서는 안 된다. 지금의 논점은 역사적 사유와 과학적 사유와의 궁극적 동일성을 따지는 문제가 아니다. 이것은 더 뒤에 가서야 제기되는 문제이다. 오히려 문제는 역사 연구가 진행되는 수준이 단순한 지각(知覺)의 수준에 비교될 수 있는 것인가 과학의 수준에 비교될 수 있는 것인가 하는 점이다. 만일 전자가 옳은 설명이라면, 역사가의 진정한 임무는, 랑케의 유명한 말처럼 "정확하게 무슨 일이 일어났는가"를 우리에게 알려 주는 것이라고 말해도 좋을 것이며, 문제를 그 쪽에 맡겨도 좋을 것이다. 만일 후자가 옳다면, 우리는 역사가가 구성해야 하는 이야기의 종류는 "유의미한" 이야기라고 하는 점에 동의해야 할 것이며, 남는 문제는 그것이 어떻게 그럴 수 있는가(즉 그 유의미성이란 무엇인가)를 뒤이어 탐구하는 일이다.

그런데 진정한 역사가 인간의 과거의 경험에 관한 단순한 이야기보다는 오히려 유의미한 이야기를 포함하고 있다는 사실을 보여주는 일은 어려운 일이 아니라고 나는 생각한다. 역사가는 무엇이 일어났는가를 단순히 우리에게 알려 주는 것으로 만족하지 않는다. 역사가는 그것이 왜 일어났는가도 우리에게 알려 주고자 한다. 바꾸어 말하면, 앞에서도 말한 바와 같이 역사가는 과거를 지적으로 또 이해 가능하게 재구성하는 일을 목표로 한다. 역사가가 이러한 높은 수준에 도달하지 못하는 일도 종종 있는 것이 사실이다. 즉 적절한 재구성을 하는 데 필요한 증거나 통찰력이 역사가에게 결여되어서, 그 결과 사실들을 조리있는 설명 속에 짜맞추어 넣지 못하고 고립된 사실들을 열거할 수밖에 없는 때도 있다. 그러나 역사가들이 그렇게 하는 것은 역사가들이 작업할 때에 당면하는 일반적인 어려움을 증명할 뿐이지, 역사학의 이상에 내재하는 어떤 약점을 증명하는 것은 아니다. 역사가 흔히 생각되는 것보다는 훨씬 어려운 주제라는 것은 사실이며, 또 그것을 성공적으로 추구하는 데는 수많은 조건이 충족되어야 하는데, 그것이 모두 역사가 자신들의 능력 안에 있는 것은 아니라는 것도 사실이다. 그러나 역사적 진리가 달성되기 어렵다는 사실이 그것의 특성을 부정할 이유는 되지 못한다.

크로체는 《역사 기술의 이론과 역사》(*Theory and History of Historiography*)의 첫머리에서 어떤 구별을 하고 있는데, 이 구별이 우리의 문제에 관해서 어떤 빛을 던져 줄 것이다. 크로체는 그곳에서 진정한 역사를 연대기와 대비시키고, 연대기가 그 자체로는 죽은 것이며 이해하기 어려운 것임에 반해, 진정한 역사는 과거에 관한 살아 있는 사상이라고 서술하고 있다. 크로체 자신은 이 구별을 모든 역사는 현대사라고 하는 그의 이론을 위하여 이용했다는 사실을 여기에서 우리가 개의할 필요는 없다. 그러나 우리는 그의 구별이 역사적 이해의 수준들에 있어서의 실제적 차이에 부합한다는 사실을 인정하지 않으면 안된다고 나는 생각한다. 크로체 자신의 예를 들면, 고대 그리스의 회화(繪畵)의 역사에 관한 우리의 지식은 예를 들어 19세기 유럽의 정치사에 관한 우리의 지식과는 그 종류가 매우 다르다. 사실상 그 차이는 너무나 커서, 이 지식들은 거의 서로 다른 장르에 속한다고 말할 수 있을 정도이다. 이것은 우리가 19세기 정치사의 경우에는, 직

34 접적인 증거가 별로 남아 있지 않은 그리스의 회화사를 다룰 경우보다 훨씬 많은 연구 자료를 가지고 있기 때문만이 아니다. 그것은 또한, 우리는 19세기에 좀더 가까운 시기에 살고 있기 때문에 그 시대의 사상과 감정에 훨씬 쉽게 젖어들 수 있으며, 그래서 우리가 가진 증거를 훨씬 효과적으로 이용할 수 있다는 사실에 연유한다. 19세기 정치사에 관하여 우리가 구성할 수 있는 이야기는 충실하고도 조리가 서는 것이다. 즉 정치사에 있어서의 사건들은 그 전개가 질서 정연하여 이해 가능한 것처럼 보이도록 서술될 수 있다. 이러한 종류의 역사는 면밀하게 짜여진 것이며 일관성이 있다. 그러나 이것에 비하면 그리스의 회화사나 또는 그와 같은 역사로 여겨지는 것은 빈약한 것이어서, 몇몇 유명인의 이름과 대략의 연대, 그리고 고대의 저술가들이 기록해 놓은 그들의 작품의 명칭 외에는 별 것이 없다. 이러한 역사로는 고대 세계에서 회화가 실제로 어떻게 발전했는가를 알 수가 없으니, 그것은 사실상 불충분한 연대기일 뿐이며 역사의 잔해에 지나지 않는다.

　내가 주장하려는 요지는 다음과 같은 것이다. 즉 기록된 모든 역사에는 연대기와 진정한 역사라는 두 가지 수준이 있을 수 있다고 하더라도—가장 복잡한 역사에서도 연대기의 요소를 찾아볼 수 있으며, 가장 소박한 연대기에서도 진정한 역사의 요소를 찾아볼 수 있다고 하더라도—역사의 이상은 언제나 연대기의 단계를 벗어나서 역사 그 자체의 단계에 도달한다는 것이다. 모든 역사가가 찾는 것은 연관없는 사실들의 단순한 열거가 아니라, 모든 사건들이 말하자면 그 당연한 자리를 제대로 차지해서 이해될 수 있는 전체에 속하게 되는 유창한 이야기이다. 이런 면에서 보면, 역사가의 이상은 원칙적으로 소설가나 극작가의 이상과 동일하다. 훌륭한 소설이나 훌륭한 연극이 일련의 고립된 삽화로 이루어지는 것이 아니라 그것이 출발하는 복잡한 상황의 질서 정연한 전개로 이루어지는 것과 꼭 마찬가지로, 훌륭한 역사에는 줄거리나 논지의 어떤 통일성이 있는 것이다. 그러한 통일성을 찾아내지 못하는 경우에 우리는 불만을 느낀다. 즉 우리는 우리

2. 역사와 과학 45

가 탐구하고자 하는 사실들을 이해해야 할 만큼 이해하지 못했다고
믿는 것이다.

　이제 만일 지금까지 말한 것이 전적으로 옳다면(독자는 이것이 마
지막 분석으로서 제시된 것이 아니라, 역사가가 실제로 취하는 조치
와 포부에 대한 외견상의 기술로서 제시된 것에 지나지 않는다는 점
에 주의해야 한다), 우리는 역사를 단순히 감관 지각과 동등한 것으
로 보려는 어떠한 시도도 잘못된 것임에 틀림없다고 하는 결론을 확
실히 내릴 수 있다고 나는 생각한다. 만일 역사가의 사유가 지각의
수준에서 움직이는가 또는 과학적 수준에서 움직이는가를 묻는데, 선
택지(選擇肢)가 이 둘뿐이라면, 우리가 할 수 있는 대답은 한 가지뿐　35
이다. 그러나 그 대답을 하는 것이 역사적 사유의 지위에 관한 문제
를 해결하는 것은 아니다. 왜냐하면 그 대답은 곧 어떠한 의미에서
(만일 그러한 의미가 있다면) 역사적 사유와 과학적 사유를 동일시하
는 것이 정당한가 하는 문제, 즉 어떤 의미에서 뷰어리의 유명한 말
대로 "역사는 과학이요, 그 이하도 그 이상도 아니다"라고 말하는 것
이 정당한가 하는 문제를 제기하기 때문이다. 이제 우리의 주의를 이
문제로 돌리지 않으면 안 된다.

2. 과학적 지식의 특징

　우리가 일단의 지식을 과학이라고 부르는 것은 무슨 의미인가? 우
리가 의미하는 것은 첫째로, 지식을 닥치는 대로 모은 토막 정보와
구별한다는 것이다. 내가 어제 배운 모든 사실들을, 어떤 상상할 수
있는 목적을 위하여 모두 함께 모아 고찰할 필요가 있을는지 모른다.
그러나 아무도 그것들이 과학을 이룬다고 생각하지는 않을 것이다.
그러한 집합체의 구성 성분과 비교해 볼 때, 한 과학의 여러 명제들
은 체계적으로 관계를 맺고 있다. 과학은 그것이 어떤 과학이든간에
일정한 주제를 조직적인 방법으로, 즉 일련의 확정적인 지도적 원리

에 따라서 연구하려는 시도의 결과로서 획득된 일단의 지식이다. 그리고 우리는 우리가 획득하는 결과에 통일성과 체계성을 부여하는 그와 같은 일단의 원리를 염두에 두고 소재에 접근하는 것이 사실이다. 여기에서 중요한 점은, 우리는 어떤 일정한 전제들로부터 질문을 제기하고, 또 바로 그렇기 때문에 우리의 대답들은 서로 연관된다는 사실이다. 덧붙여 말해야 할 것은, 과학의 탐구자들이 그들 자신의 전제를 의식하지 못하고 있는 경우도 종종 있다는 사실로 인해서 이러한 주장의 진리성이 어떤 영향을 받지는 않는다는 점이다. 즉 우리가 어떤 원리를 우리의 사유에 사용할 수 있기 위해서는 그 원리를 반드시 명백하게 염두에 두고 있어야 하는 것은 아니다.

따라서 과학은 적어도 질서 정연한 방법으로 정돈되어 체계적으로 연관지어진 일단의 지식으로 이해되어야 한다. 그러나 이로써 충분한 정의가 내려진 것일까? 그렇지 않다는 것이 지적된 바 있다.[1] 왜냐하면 만일 그렇다면 우리는 열차 시간표나 전화 번호부가 과학 교과서의 표본이라고 인정해야 할 것이기 때문이다. 그러한 책에 있는 정보는 조직적인 조사를 통하여 획득되어서 질서있게 정돈된 것이지만, 통상 그것을 과학적 정보라고 말하지는 않는다. 무엇 때문에 우리는 그렇게 부르기를 거부하는가? 그 대답은 우리는 "과학적"이라는 말을 일단의 **일반적** 명제와 관계할 때에만 사용하려고 한다는 것이다. 과학은 특수한 진리들의 집합이 아니라 보편적 진리들의 집합이요, 이러한 보편적 진리들은 "~할 때면 언제나"(whenever), "~이기만 하면 항상"(if ever), "모든"(any), "아무 것도"(no)와 같은 말들로 시작되는 문장으로 표현될 수 있는 것이다. 흔히 과학자들은 특수한 것 그 자체에 관심을 갖는 것이 아니라, 그것이 어떤 종류의 특수한 것, 즉 일반적 원리의 사례로서의 특수한 것일 경우에만 관심을 갖는다고 말한다. 과학적 지식에 관한 이러한 설명은 아리스토텔레스가 한 것인데, 오늘날까지도 과학적 방법에 관한 교과서에서 반복되고 있다.

36

---

1) Cohen and Nagel, *Introduction to Logic and Scientific Method,* 축소판의 p. 81을 참조.

우리가 과학적이라고 부르는 명제의 일반적 성격에 관한 이러한 점은 또 다른 점과도 밀접히 연관되어 있다. 우리는 과학적 지식을 항상 어느 정도 유용한 지식, 즉 우리에게 현재를 조정하거나 미래를 예언할 수 있도록 해준다는 점에서 유용한 지식이라고 생각하는 경향이 있다. 이 말을 오해해서는 안 된다. 이 말의 요점은, 그 유용성이 즉시 나타날 수 없는 연구에 대해서는 과학이라는 명칭을 거부해야 한다는 것이 아니다. 과학의 분야 가운데는, 우리가 거기에서 기대해도 좋을 어떠한 실제적 결과도 고려함이 없이, 언뜻 보기에 그 자체를 위하여 추구되는 듯이 보이는 분야도 많이 있다. 이 말의 요점은 오히려 우리가 과학적 지식을 가지면, 예를 들어 지질학의 추상적 성과가 채광 작업(採鑛作業)에서 또는 역학의 추상적 성과가 교량 건설에서 실제적인 이익이 되는 것처럼, 우리는 항상 그것이 실제적 이익이 될 수 있으리라고 생각한다는 것이다. 그런데 이러한 성과를 가능하게 하는 과학적 진리의 특징은 바로 그 진리의 일반적 성격이며, 이 일반적 성격이 진리를 예언이라는 목적에 사용될 수 있도록 하는 것이다. 과학자는 그가 연구하는 사건들에 대하여 개별적 사건으로서가 아니라 어떤 유형의 사례로서 관심을 갖고 있기 때문에, 그의 지식은 그로 하여금 자기의 직접적 경험의 한계를 넘어서서 미래에 일어날 일을 예측할 수 있게 하고, 그리하여 어쩌면 그것을 조정할 수 있게도 한다. 과학이 우리로 하여금, 데카르트의 명언대로 "자연의 지배자이며 소유자"가 되게 할 수 있는 것은, 과학이 일반화를 하여 예언을 하게 하기 때문이다.

　과학적 사유의 마지막 특징으로서 널리 알려진 것이 하나 있는데, 이 모든 특징이 역사의 지위에 어떻게 관계하는가 하는 문제로 넘어가기 전에 이 마지막 특징을 언급하는 것이 당연하다. 내가 말하는 것은, 과학적 가설의 진위(眞僞)는 그 가설을 세운 사람들의 개인적인 상황이나 사적인 견해와는 상관이 없다고 일반적으로 생각되고 있다는 사실이다. 이 해석에 따르면, 과학적 언명은 보편적 승인을 당당히 요구한다. 과학적 언명은 어떠한 당파성도 나타낼 적절한 자리

가 못 된다. 이렇게 말하는 것이 곧 과학적 성과에 관해서는 어떠한
논의도 있을 수 없다는 터무니없는 주장을 하는 것이 아님은 물론이
다. 어떠한 과학의 내부에서도 논쟁은 있을 수 있고 또 있어야 하며,
이미 승인된 성과일지라도 새로운 증거가 나타나거나 또는 낡은 증거
에 대한 새로운 해석 방법이 안출(案出)되면 수정을 받아들이지 않으
면 안 된다. 그러나 이 모든 일은, 과학자가 그의 기본 원리, 즉 그
가 도달하는 결론은 다른 관찰자들도 음미할 수 있고 또 공유할 수
있는 기초 위에서 획득된다고 하는 기본 원리를 포기하지 않고도 가
능한 일이다. 과학의 이론과 논증은 문외한이 이해하기에는 어려울지
도 모른다. 그러나 그것이 과학이라는 이름으로 불릴 만한 것이라면,
그것은 결코 어떤 소위 개인적 통찰력에만 의존하거나 또는 어떤 특
권을 가진 사람들의 집단을 위해서만 지탱된다는 그러한 나쁜 의미에
서 비교적(祕教的)이어서는 결코 안 된다. 우리가 과학적이라고 자부
하는 점성술을 거부하고, 또 심령 연구라는 명칭 아래 한데 묶을 수
있는 연구들 가운데 적어도 몇 가지 연구에 대해서 그 완전한 과학적
성격을 의심하는 것은 이런 기준에 의한 것이다.
　우리는 지금까지 과학과 과학적 지식의 일반적 개념의 주요한 특징
들을 간략히 설명하려고 시도해 왔거니와, 그 성과를 다음과 같이 요
약할 수 있을 것이다. 우리가 "과학"이라는 술어를 적용하는 지식은
다음과 같은 지식들이다. (1) 조직적인 방법으로 획득되고 체계적으로
연관된 지식, (2) 일단의 일반적 진리로 이루어졌거나, 또는 적어도
그것을 포함하는 지식, (3) 성공적인 예언을 가능하게 함으로써 미래
의 사건의 진로를 적어도 어느 정도는 조정할 수 있게 하는 지식, (4)
편견이 없는 관찰자는 누구나 그의 개인적 편애나 개인적 사정이 어
떻든간에, 증거가 있으면 승인하지 않으면 안 된다는 의미에서 객관
적인 지식.

3. 역사와 과학적 지식

이상의 고찰을 염두에 두고, 이제 역사가 과학인가 아닌가 하는 문제를 재정(裁定)하도록 해보자.

역사는 그 자신의 방법과 기술에 따라서 추구되는 연구라는 의미에서 하나의 과학적 연구라고 하는 사실은 부정될 수 없을 것 같다. 역사가들이 확증하려고 하는 결론은, 분명하게 한정된 주제—과거의 인간의 행위와 고난—를 탐구자의 세대가 계속됨에 따라 점점 엄밀해진 규칙들에 따라서 검토함으로써 도달되는 것이다. 이 문제에 관해서는 심각하게 논의할 여유가 없다. 우리는 연구 자료를 다루는 능력이 보통 사람의 능력과는 전혀 다른 전문적 역사가들의 집단이 있다는 사실을 숙고해 보기만 하면 된다. 고급의 역사를 가르치는 일은, 그런 경험이 있는 사람이면 누구나 알다시피, 사실들을 전달하는 일이라기보다는 사실들을 확증하고 해석하는 일정한 기술을 알려 주는 일이다. 그런데 이 기술은, 이미 말했듯이 시대가 지남에 따라서, 특히 지난 2세기 동안에 대폭적으로 향상되었으므로, 과거에는 아주 능숙한 저술가들도 범했던 잘못을 이제는 웬만한 능력만 갖춘 학자들도 능히 피할 수가 있다.

이렇게 말하는 것은 역사적 이해의 곤란성을 과장하는 것이라고 하는 이의가 여기에서 제기될 것이다. 역사가들의 연구 성과를 과학자들의 그것과 비교해 볼 때 가장 두드러진 점이라고 생각되는 것은, 확실히 전자는 아무런 전문적 훈련도 받지 않은 사람들에게도 이해될 수 있는 데 반하여, 후자는 전문가 이외에는 누구에게도 이해될 수 없는 전문적 용어로 가득차 있다는 사실이라고 말할 수 있을 것이다. 그러나 역사가 그 자신의 고유한 용어를 발전시키지 못하고 일상적인 언어로 씌어진다는 사실로부터 어떠한 바보라도 역사를 쓸 수 있다는 결론이 나오지는 않는다. 다른 학문의 분야에서와 마찬가지로 역사에 있어서도 아마추어와 전문가—양자의 구별이 역사에서는 다른 경우에 비해 덜 분명하기는 하지만—의 접근 방법 사이에는 엄청난 차이가 있는 것이 사실이다. 역사에서는 아마추어와 전문가의 구별이 덜 분명하다는 것은, 우리는 누구나 일상 생활에서 절박한 형편에 처하면 역사가의 수법을 어느 정도 사용하지 않을 수 없다는 사실을 들어 설명할 수 있다. 우리는 일간 신문을 읽을 때 거기에 실린 정보의 신뢰성에 관하여 따져 묻지 않고는 지적으로 읽을 수가 없다. 즉 우리 모두는 역사가의 가장 중요한 임무 가운데서도 증거를 평가하는 일을 하지 않으면 안 되는 것이다. 이 점은 분명하다. 그러나 우리가 모두 그 일을 역사가와 똑같이 능숙하게 해낼 수 없으며, 또 역사적 방법의 훈련을 받은 사람은 믿을 것이라고는 훈련되지 않은 지성밖에 없는 사람보다 이런 일에 있어서 훨씬 유리하다는 것도 똑같이 분명하다. 그것을 의심하고, 역사는 상식적인 일 이외의 다른 아무 것도 아니라고 생각하는 사람이 있다면, 그의 생각을 실제로 시험해 보라고 권유해도 좋을 것이다. 즉 예를 들어 제1차 세계 대전의 발단을 다룬 문서 뭉치를 가지고, 그것을 기초로 하여 제1차 세계 대전으로 이끈 사건들의 역사를 구성해 보라고 말이다. 그 사람은 자기가 직면하게 될 어려움에 아연해 할 것이며, 또 어떤 전문적 역사가라도 지적해 낼 자기의 사유의 단순성에 깜짝 놀랄 것이다.

그러므로 나는 역사는 어쨌든 한 가지 면에서는, 즉 그 자신의 승인된 방법—이것은 원하는 사람은 누구든지 숙달할 수 있는 방법이다—을 가진 하나의 연구라는 점에서는 과학적이라고 할 수 있다고 생각한다. 이제는 역사는 위에서 언급된 다른 세 가지 특징과는 어떤 관계에 있는가 하는 문제가 제기된다.

우리가 지적한 둘째 특징에 관해서 보면, 역사와 과학 사이에는 명백한 차이가 있는 것 같다. 왜냐하면 역사적 저작에 관하여 아무리 엉터리 식견을 가진 사람이라도 그것이 일련의 명백한 일반화로 끝나지 않는다는 것은 충분히 확증할 수 있기 때문이다. 역사는 어떤 "교훈"을 시사한다고 때때로 주장된다는 것은 사실이며, 이런 교훈은 확실히 일반적 진리의 형태를 취하고 있다. 즉 "모든 권력은 부패하며,

절대적 권력은 절대적으로 부패한다"고 하는 액튼 경의 유명한 격언이 그 한 예이다. 그러나 그런 종류의 판단들이 역사적 저작들에서 때때로 발견되기는 하지만, 그것이 역사가의 주된 관심사라고 할 수는 없다.

역사가의 중심적인 주요 임무는 일반성에 관한 것이 아니라 개별적 사건들의 정확한 경로에 관한 것이라고 하는 사실은 의심할 수 없을 듯하다. 즉 개별적 사건들의 경로가 바로 역사가가 자세히 이야기하고 이해시키려고 원하는 것이다. 앞에서도 말한 바와 같이, 역사가는 무슨 일이 일어났는가를 정확하게 이야기하기를 원하며, 또 그렇게 하면서 왜 그 일이 그렇게 일어났는가를 설명하고자 한다. 그리고 이것은 그가 조사하는 직접적인 대상인 사건들에 그의 관심을 집중하지 않으면 안 된다는 것을 의미한다. 즉 과학자와는 달리, 역사가는 언제나 이러한 사건들을 넘어서 사건들이 예시하는 일반적 원리를 고찰하는 데까지 이르는 것은 아니다. 예를 들면 역사가는 1789년의 프랑스 혁명이나 1688년의 영국 혁명, 또는 1917년의 러시아 혁명에 관심을 가지지만, 혁명 그 자체의 일반적 성격에는 (부수적인 경우를 빼고는) 관심이 없다. 이런 이유로 웬만한 역사서는 저자가 문제삼고 있는 시대에 대한 설명을 끝마치면 그것으로 끝난다. 만일 역사가의 관심이 과학자의 관심과 똑같다면, 문제되고 있는 사건들의 주요한 교훈을 일반적 술어로 설명하는 또 다른 장이 역사서에 마련될 것이며, 이것이 그 책에서 가장 중요한 장이 될 것이다.

어떤 회의적인 독자는 지금까지 논의한 것의 정당성을 두 가지 이유로 납득하지 못하고 있을지도 모른다. 그 한 가지 이유는, 역사적 저작 속에는 액튼 경의 격언의 예가 보여준 종류의 명백한 일반화가 있다는 것이다. 이러한 일반화에 대해서는 나중에 다시 언급하겠다. 나머지 다른 이유는 더욱 쉽게 다루어질 수 있는 것인데, 이는 역사적 사유는 일반성의 어떤 요소를 포함하고 있으나, 위의 설명은 이것을 배제하고 있는 것 같다고 하는 이유이다.

이것은 역사가들이 어떤 주어진 시대의 사건들을 차례대로 이야기

하는 것으로 만족하지 않는다는 사실을 가리키는 것이다. 즉 역사가
들은 더 나아가서, 예컨대 전(全) 시대나 전(全) 민족의 기질과 특성
40 을 설명하는 것이 그들의 임무라고 생각한다는 것이다. 그리하여 역
사가들은 중세의 영국이나 프랑스의 계몽주의, 또는 빅토리아 시대와
같은 것을 논제로 하여 저술하고, 그들의 저작을 통하여 그러한 시대
와 지역에서 살았던 사람들의 **일반적** 성격에 관하여 우리들에게 많은
것을 말해 주려고 한다. 그러나 이러한 역사가들의 활동이 매우 중요
하고 또 확실히 역사가들의 고유한 분야에 속하는 것이라 하더라도,
이것이 바로 역사적 사유를 과학적 사유와 혼동할 근거는 되지 못한
다. 왜냐하면 그러한 활동이 제시하는 판단은, 비록 개별적 사실들에
관한 진술에 비하면 일반적이기는 하지만 진정한 의미에서의 보편적
판단은 아니기 때문이다. 그런 판단은 특수한 사건들을 고도로 요약
한 개요에 지나지 않는 것이다.

　이것은 역사적 조처를 진정한 과학적 조처와 간단히 비교해 보면
분명해질 것이다. 물리학자가 움직이는 물체의 동작에 관한 법칙들을
공식화하는 경우에, 물리학자는 이 법칙들이 저 술어〔움직이는 물체
라는〕의 정의를 만족시키거나 만족시킨, 또는 만족시킬 어떤 것에나
적용되도록 의도하는 것이다. 논리학의 용어로 말하자면, 그러한 법
칙들은 "개방" 부류(open class)를 지시하는 것인데, 개방 부류란 그
구성 요소의 수가 가능적으로 무한하기 때문에 그 구성 요소가 결코
매거(枚擧)될 수 없는 그런 부류이다. 그러나 역사가들이 가령 18세
기 프랑스의 교양인들의 견해에 관하여 논의하는 경우에는, 역사가들
은 "폐쇄된" 부류(closed class), 즉 그 구성 요소가 원칙적으로 매거될
수 있는 부류를 지시하고 있는 것이다. 역사가들은 과학자(예컨대 사
회학자)가 하듯이 어떤 특성을 가진 과거, 현재, 미래의 모든 사람에
관해서 이야기하고 있는 것이 아니라, 일정한 시대와 일정한 지역에
서 실제로 살았던 **바로 그** 모든 사람들에 관해서 이야기하고 있는 것
이다. 그리고 이 두 가지는 아주 다른 것이다.

　나는 역사에서의 일반화에 관한 이 문제가 다루기 힘든 문제로서,

좀더 많은 설명을 필요로 하리라는 사실을 숨기고자 하지 않는다. 그러나 독자는 지금까지의 설명으로도 역사를 일반화와 연관하여 자연과학으로부터 구별하는 데는 적어도 일견 그럴 듯한 근거가 있다는 것을 기꺼이 인정할 것이다. 그리고 우리가 역사에서의 예언(prediction)의 문제를 고찰하기에 이르면, 아마 이러한 생각이 옳다는 것이 확증될 것이다. 위에서 보았듯이, 성공적인 예언을 할 수 있는 과학자의 능력은, 그가 탐구하는 사건들에서 전형적인 것 또는 일반적인 중요성을 갖는 것에 몰두한다는 사실에서 직접 나온다. 이와는 반대로, 적어도 표면상으로는 역사가들은 결코 예언에 관심이 없다는 사실을 보면, 사실들에 대한 역사가들의 기본적인 태도는 과학자들이 취하는 태도와는 전혀 다르다고 하는 것이 입증될 것이다.

　역사가들이 과거를 연구하는 것은 과거 그 자체 때문이지, 그 연구가 사건들의 미래의 진로를 밝혀 준다고 기대될 수 있기 때문이 아니라고 하는 사실은 일반적으로 진부한 이야기라고 생각될 것이다. 그 41러나 사태는 이 말이 뜻하는 것처럼 그렇게 단순한 것 같지는 않다. 우선 우리는 역사가의 과거에 대한 관심이 언뜻 보기처럼 그렇게 공평한 것인지 어떤지를 묻지 않을 수 없다. 우리가 과거를 연구하는 것은 그 연구가 현재를 조명해 주리라고 생각되기 때문이며, 만일 그렇게 믿지 않는다면 우리는 과거를 연구하지 않을 것이라고 하는 주장은 확실히 터무니없는 주장이 아니다. 만일 과거가 현재와 전혀 관련이 없다면, 우리는 과거에 대체 어떤 흥미를 가질 것인가? 그런데 이것을 인정할 수 있다고 해서 역사가가 예언자로 되는 것은 아니라는(왜냐하면 현재는 어쨌든 미래가 아니니까) 점을 지적한다면, 우리는 그에 반격하여, 어떤 나라나 어떤 운동의 역사에 관한 연구로 우리는 그 미래를 예언하기에 더 좋은 위치에 놓이는 것이 사실이 아니냐고 물을 수 있을 것이다. 예를 들어 독일의 역사에 관하여 많이 아는 사람은 독일사를 전혀 모르는 사람보다는, 적어도 어떤 면에서는, 독일이 미래에 어떻게 발전할 것 같은가에 대해 더 잘 말할 수 있다. 역사가들은 예언자는 아닐지 모르지만, 그러나 때로는 예언도 할 수 있는 위치에 있다.

이와 관련하여 고찰되어야 할 문제가 또 하나 있다. 미래를 예언하는 일은 확실히 역사가들의 임무는 아니지만, 과거를 "소언"(遡言, retrodict)[2]하는 일, 즉 현재의 증거를 기초로 하여 과거가 어떠하였음에 틀림없다고 확정하는 일은 바로 역사가의 임무라고들 말해 왔다. 또 "소언"을 함에 있어서 역사가가 취하는 조처는 예언을 함에 있어서 과학자가 취하는 조처에 정확하게 상응한다고 주장된다. 왜냐하면 이 두 경우에 논증은 개별적 전제들(지금 사실은 이러이러하다고 하는)과 일반적 진리와의, 즉 과학의 경우에는 자연 법칙들과의, 역사의 경우에는 이러저러한 상황에서 인간의 행동을 지배하는 법칙들과의 연언(連言)으로부터 나오기 때문이다.

이러한 고찰은 역사적 사유에서의 일반화의 위치에 관한 문제 전체를 재검토하는 것이 된다. 그러나 지금의 맥락에서는 그 이상 제기되는 문제들은 추구하지 않으려고 한다. 우리는 상술한 둘째와 셋째 논점에 관련시켜 볼 때 역사와 과학 사이에는 표면상의 차이가 있다는 점을 재확인하는 것으로 만족하지 않으면 안 된다. 위에서 본 바와 마찬가지로, 과학자들은 일차적으로 일반적 진리에 관심을 가지며, 또 예언하는 것을 그들의 임무로 삼는다. 이에 비하여 역사가들은 일차적으로 개별적 사건에 종사하며, 그들의 연구 과정에 참으로 보편적인 결론들을 표현하는 일이 거의 없다. 이처럼 역사가가 개별적으로 일어난 일에 전념한다는 것은 아마, 역사가는 그들의 연구로 해서 역사적 지식이 없는 사람보다는 낫지만 예언을 하지는 못한다는 데 대한 변명이 될 것이다. 그러나 이 문제와 "소언"에 관한 문제는 나중에 더 토론하기로 하고 접어 둘 수밖에 없다.

과학적 사유의 넷째 특징 ― 과학적 사유의 객관성 ― 으로 인하여 역사에 제기되는 문제들은 너무 복잡하기 때문에 그것만을 다룰 한 장

---

2) 내가 믿기로는, 이 유용한 술어는 G. Ryle 교수가 제안한 것이다. [이 책 초판의 한 서평에서 H. B. Acton 교수는 "retrodiction"이라는 말은 일찌기 1895년에 J. M. Robertson이 사용하였다는 점을 지적하였다.]

(章)이 따로 필요하다. 지금으로서는 독자들에게 제 1 장에 있는 간략한 논의를 참조하라고 하는 수밖에 없다. 거기에서 독자는 역사적 진술과 해석이 그 저자에게 참된 것으로 또는 거짓된 것으로 이해되고 있다는 이유만으로도 역사가 객관적 연구라고 하는 주장에 일리가 있다는 것을 추론하게 될 것이다. 그러나 만일 이 문제에 대한 결론을 어떤 간단한 문구로 진술하려고 하면, 이 문제는 터무니없이 잘못 전달되고 만다. 그리하여 이 문제에 관해서는 충분한 토론이 가능할 때까지 판단을 보류하는 것이 좋을 것이다. 이 장에서 논의할 주요 논제에 대해서 이미 행해진 결정을 저버리지 않고 이 문제를 뒤로 미룰 수 있게 된 것은 다행한 일이다.

4. 역사적 사유에 관한 두 가지 이론

이제까지의 논의에서 밝혀진 견해를 현 단계 그대로 요약해 보도록 하자. 역사는 감관 지각과 대등하다(즉 역사는 현재의 경험을 과거로 거슬러 연장한 것에 불과하다)고 하는 견해를 거부한 다음, 우리는 역사와 과학의 관계를 고찰하였다. 우리는 과학적 사유의 여러 가지 특징들을 열거하고, 역사에서 이 특징들에 상응하는 것을 찾아볼 수 있는지를 알아보았다. 그런데 우리가 얻은 결과는 약간 어정쩡한 것이었으니, 상술한 특징들 중의 하나는 역사가 가지고 있다는 것을 알았지만, 다른 특징들에 관해서는 확신을 갖기가 쉽지 않았기 때문이다. 그러나 과학자의 목적은 보편적 법칙을 정식화하는 것임에 반하여 역사가는 원래 과거에 개별적으로 일어난 일에 관심을 가진다는 점에서, 역사가의 사고의 정위(定位)는 전적으로 과학자의 그것과 다르다는 것이 명백했다. 그리고 설령 역사적 사유에 분명히 드러나 있지는 않았지만 일반적 진리가 전제되어 있다는 것이 판명된다 하더라도 이러한 차이는 여전히 남게 될 것이다. 적어도 이런 종류의 진리에 도달하는 것을 그의 주요 목적으로 삼는 역사가는 아무도 없

다. [3]

이러한 사태에서 우리가 배울 점은 무엇인가? 결국 철학자들은 이로부터 전혀 다른 두 가지 결론을 끌어내었고, 위에서 제시된 여러 43 가지 문제점에 대처하려고 역사적 사유에 관한 두 가지 아주 다른 이론을 내놓았다. 나는 서로 대립하는 이 이론들을 약술하고, 각각의 장점과 단점 몇 가지에 관하여 간략히 논의하는 것으로 이 장을 마치려고 한다.

첫째 이론은 지난 세기 말엽에 독일에서 시작되어, 조금 후에 이탈리아의 철학자 크로체가 뒤를 잇고, 다시 그의 신봉자 콜링우드를 통하여 영국 철학으로 넘어 온 이론인데, 이는 역사적 지식에 관한 모범적인 관념론적 설명이다. [4] 이 이론은 대충 다음과 같은 것이다. 역사는 조직적으로 획득되고 서로 연관된 일단의 지식을 제공하므로 하나의 과학이다. 그러나 그것은 특별한 종류의 과학이다. 그것은 추상적인 과학이 아니라 구체적인 과학이며, 일반적 지식으로 끝나는 것이 아니라 개별적 진리에 관한 지식으로 끝난다. 역사의 이런 점(만일 그 주장이 옳다면)은 역사의 약점으로 볼 것이 아니라 오히려 장점으로 보아야 한다. 이것은 다음과 같은 점들을 숙고해 보면 알 수 있는 일이다. 즉 (1) 모든 판단의 궁극적 목적은 실재의 특이성을 상세히 기술하자는 것이다. 그런데 (2) 추상적 과학(이것은 영어로는 보통 과학(the sciences)이라고 부르는 것, 즉 자연 과학이라고 이해하면 된다)은 분명히 이런 목적을 달성하지 못한다. 왜냐하면 오래 전에 데카르트가 과학적 방법에 관하여 논의하면서 알아차렸던 바와 같이, [5] 이런 과학은 구체적 사실을 기술하는 것이 아니라 단순한 가능성만을 다루는 것이기 때문이다. "만일 p 이면, 그러면 q 이다"라는 것이 이런 과

---

3) Toynbee 교수는 이 말에 대한 하나의 예외인 듯이 보인다. 그의 견해의 간단한 논의에 관해서는 제8장 뒷부분을 참조.
4) 하지만 영국의 관념론자들 모두가 이 이론을 받아들이려고 한 것은 아니다. 앞의 pp. 14~15를 참조.
5) *Discourse on Method*, pt. VI.

학의 결론이 취하는 형식인데, 이런 가언 명제는 설사 문제되고 있는 결합 관계의 현실적 사례가 없다고 할지라도 구성될 수 있으며, 더구나 참일 수도 있다. 이 말이 귀납적 과학은 지각의 소여에 관한 숙고에 기인하며 또 부단히 그 숙고에 귀착한다는 점에서, 귀납적 과학은 어쨌든 실재와의 접촉점을 가진다고 하는 명백한 진리를 부인하는 것은 아니다. 오히려 이것은, 그런 과학은 보편적 결합 관계를 진술하려고 한다는 바로 그 이유로, 그런 과학이 도달하는 결과는 하나도 사실에 관하여 정언적으로 참된 것이 없다는 것을 강조하는 것이다. 논리적 용어로 말하면, 그런 과학의 결과는 존재 해석(existential import)*이 없는 명제들로 정식화된다. 이런 명제들은 현실적으로 사실인 것을 진술하는 것이 아니라, 어떤 조건이 충족되면 있게 될 것을 진술하는 것이다.

　과학적 명제에 관한 이러한 설명은 관념론적 견지에 일반적으로 공감하지 않는 철학자들도 곧잘 받아들일 것이다. 상술한 이론의 다른 부분, 즉 역사는 우리에게 개별적인 것에 관한 지식을 제공한다는 부분은 어떤가? 여기에서 우리는 역사가에게는 매우 본질적인 어떤 것이 주장되고 있다는 것을 분명히 해두지 않으면 안 된다. 요컨대 역사적 사유는 추론적이 아니고, 다시 말하면 일반적 개념을 특수한 사례에 적용함으로써 그 결론에 도달하는 것이 아니고, 어떤 의미에서는 직관적이라고 주장되고 있는 것이다. 그리고 이 이론의 지지자의 말을 믿는다면, 이런 주장의 논거는 역사가 다루는 주제의 특별한 성질을 고찰함으로써 발견될 수 있다.

　우리는 위에서 역사가의 진정한 대상은 과거의 인간의 행위와 경험이라고 주장한 바 있다. 이 명제는 모든 학파의 철학자들이 받아들이지 않으면 안 되는 명제로서 제시된 것이다. 그러나 솔직히 말하여

44

---

* 판단이나 명제의 주장 내용이 어떤 사물의 존재 또는 비존재를 의미상 내포하고 있는가에 착안하여 그 판단이나 명제를 해석하는 것. 예컨대 전칭 긍정 명제 $a \subset b$ 는 (ab)의 존재를 의미하는 것이 아니라 (a $\bar{b}$)의 비존재 [a $\bar{b}$ = 0]를 의미하는 것으로 해석된다―역주.

이것은 특히 관념론자들의 마음에 드는 것이다. 그들은 인간의 행위와 경험은 정신의 행위와 경험이며, 우리가 그것을 그 구체적인 세목까지 파악할 수 있는 것은 바로 우리 자신이 정신을 가졌기(또는 정신이기) 때문이라고 말하는 것이다. 자연은 우리가 외부로부터 관찰하지 않으면 안 되지만, 사상과 경험은 내부로부터 접근할 수 있다. 우리는 그러한 사상과 경험을 특이한 방법으로 파악할 수 있는데, 왜냐하면 우리는 현재나 과거에 그것을 먼저 생각했거나 경험한 사람들의 처지에 우리 자신이 놓여 있다고 상상해 봄으로써 그것을 추사유(追思惟, re-think)하거나 추체험(追體驗, re-live)할 수 있기 때문이다. 상상적인 추체험이라는 이러한 과정은 역사적 사유에 있어서 중심적인 것이며, 또 이로써 다른 과학이 마련하지 못하는 개별적 지식을 역사가 제공할 수 있는 이유도 설명된다고 한다.

지금 개괄한 이론의 강점은 분명히, 그것이 심리적 사실에 명백하게 대응한다는 데 있다. 일상 생활에서 우리는 누구나 적어도 어느 정도는 스스로 다른 사람들의 처지에 설 수 있고, 또 그렇게 함으로써 그들의 사상과 감정 속에 들어갈 수 있다는 것을 알고 있다. 이러한 공감적 이해의 과정에 의해서 우리는 다른 사람들의 마음을 간파할 수 있으며, 또 왜 그들이 그렇게 행동하는가 하는 이유를 알아차릴 수 있다. 그리고 적어도 표면상으로는, 이 과정은 논증의 과정은 아니다. 분명히 아파하는 어떤 사람을 보고 우리는 속으로 이렇게 말하지는 않는다. "여기에 어떤 사람이 얼굴을 찡그리고 울며 신음하고 있다. 이렇게 하는 사람들은 아픈 사람이다. 그러므로 이 사람은 아픈 사람이다." 우리는 그가 아파한다는 것을 **단번에** 알며, **즉각적으로** 그에게 동감한다. 그런데 만일 우리의 동시대인들을 이해하는 데 있어서 이런 것이 사실이라면, 이것을 **준용하여**(mutatis mutandis) 과거의 사람들의 사상과 경험을 이해하는 데까지 확장하는 것은 당연한 것으로 보인다. 왜냐하면 이 두 경우에 있어서 원리상의 차이는 없기 때문이다. 과거의 경우에 있어서도 우리의 이해는 어떤 의미에서는 45 즉각적이고 직관적인 것 같다. 이 점은 우리가 상상력을 성공적인 역사가가 지녀야 할 자질 가운데 상위에 속하는 것으로 꼽을 때에 분명해진다.

그러나 그 이론이 이렇게 금방 사람의 마음을 끄는 것이라면, 그것에 대한 반대도 분명히 있다는 것을 인정하지 않으면 안 된다. 역사는 본래 인간의 경험에 관심을 갖는다고 하는, 우리가 이미 받아들였던 최초의 명제에 관한 비판은 접어 두고서라도, 우리는 과연 사실과 분명히 대응한다는 것이 관념론자의 강령의 주요 조항에 대한 충분한 보증이 되는지를 물을 수 있다. 가령 우리가 다른 사람에게 즉각적으로 동감하는 것처럼 보이고, 또 명백하게 논증함이 없이도 그들의 생각에 공감하는 것처럼 보인다고 할지라도, 거기에는 확실히 아무런 추리도 숨어 있지 않은 것일까? 만일 그 과정이 어떤 관념론자들이 말한 것만큼 즉각적인 것이라면, 왜 그 과정은 때로는 그릇된 결론에 도달하는 것일까? 그리고 정신 과학이라고 일컬어지고 있는 심리학이 성공을 거둔 것은 오직 연구자들이 직관적인 방법을 포기하고 자연 과학의 전제들을 가지고 그들의 주제에 접근했을 때뿐이었다는 사실을 우리는 어떻게 설명할 수 있을 것인가? 또한 역사적 논의에 때때로 일반적 명제가 나타나는 것을 우리는 어떻게 설명할 것인가? 그런 일반적인 명제들을 내놓는 역사가들이 단지 그릇된 철학 이론에 물들었기 때문일까, 아니면 그런 명제들이 나타나는 데는 다른 이유가 있을까? 우리가 위에서 "소언"에 관하여 한 이야기는, 그 과정이 지금 이야기한 공감적 이해에 남김없이 흡수된다는 이유로 완전히 무시되어도 좋을 것인가?

이런 물음에 대하여 관념론의 유파는 자기들의 답변을 가지고 있지만, 우리는 여기에서 그것을 논의하지는 않겠다. 우리의 목적은 단지 역사적 사유의 자율성을 특별히 극단적인 형태로 강조하는 이론을 예비적으로 대충 설명하려는 것이었기 때문이다. 이제는 이와는 전혀 다른 견해를 고찰할 차례이다.

이 둘째 이론은 그 기원을 19세기의 실증주의에 두고 있으니만큼, 이것을 실증주의적 입론(立論)이라고 부르는 것이 편리할 것이다. 대부분의 형태의 실증주의의 주요한 목표의 하나는 과학의 통일성을 입증하는 일, 즉 수학이나 형식 논리학과 같은 순수하게 분석적인 학문을 제외하고 학문이라고 부를 수 있는 모든 분야의 지식은 관찰, 개념적 반성 및 검증이라는 동일한 기본적 방법 절차에 의존한다는 것을 증명하는 일이었다. 이러한 기도는 분명히 역사에 관한 관념론적 설명 같은 것은 무엇이든 배격하며, 또 역사를 어떠한 중요한 의미에서든 자율적 학문 분야라고 보는 견해도 사실상 거부하고 있다. 관념론적 설명과는 반대로, 이 이론은 역사가 취하는 방법 절차는 원칙적으로 자연 과학의 그것과 다르지 않다고 주장한다. 두 경우 모두 일반적 진리에 호소함으로써 결론에 도달하는데, 그 차이는 오직 과학자는 그가 호소하고 있는 일반화를 명백히 밝히는 데 반하여 역사가는 흔히 그렇게 하지 않는다는 것뿐이라고 한다.

여기에서 우리는 실증주의 학파 내의 분파에 주목하지 않으면 안 된다. 오귀스트 콩트를 따르는 고전적 실증주의자들은 한편으로는 역사가 그들이 인정하는 형태의 과학이 아니라는 점에 동의하면서도, 그럼에도 불구하고 역사를 과학의 위치로 끌어올리기를 원했다. 만일 역사가들이 개별적 사실들로부터 그 사실들이 예시하고 있는 원리로 주의를 돌린다면, 즉 만일 역사가들이 단순한 사실 천착(事實穿鑿)을 포기하고 역사의 교훈이나 법칙을 세우는 데로 나아간다면, 그러한 과학에로의 진전이 가능하다고 그들은 생각하였다. 역사가들이 그렇게 한다면 역사는 과학의 수준까지 끌어올려질 것이며, 사회학이라는 과학과 동일하게 될 것이라고 콩트는 생각하였다. 그러나 앞에서도 말한 바와 같이, 이 제안은 전문적 역사가들의 호응을 얻지 못했으며, 보다 최근의 실증주의의 동조자들은 역사에 대하여 이와 다른 태도를 취하였다. 오늘날에는 역사가는 개별적 사건들을 문제삼는다는 것이 인정되고 있으며(예를 들면 칼 포퍼 경에 의해서[6]), 또 콩트처럼 보다 높은 것을 위하여 개별적 사건들을 버리라고 역사가들에게

---

6) *The Open Society*, vol. II, pp. 248~252, 342~344 참조.

재촉하는 사람도 없다. 그러나 역사가가 이러한 양보를 받는 데에는, 역사는 과학만 못한 것이라는 점을 인정한다는 대가를 치러야만 하는 것이다. 역사는 진정한 과학과는 비교될 수 없고, 공학과 같은 실제적 활동에나 비교될 수 있다. 역사나 공학의 두 경우에는 일반적 지식이 내포되어 있고 또 응용되고 있지만, 두 경우 모두에서 그 관심의 중심은 검토되고 있는 특수한 사례에 있다. 그리고 여기에서 말하는 일반적 지식이란 어떤 것이냐고 묻는다면, 그 대답은 그것은 역사의 종류에 달려 있다고 하는 것이다. 역사가들은 그들의 주제에 따라서, 사소하건 전문적이건간에 모든 종류의 일반적 지식을 이용한다. 그러나 그들이 일반적 명제에 전혀 호소하지 않고 결론에 이르는 경우는 없다.

이 견해의 매력은 모든 실증주의가 가지고 있는 매력인데, 그것은 신비에 몰두하는 일을 피한다는 것이다. 어떤 철학자들이 역사에 관하여 말하는 방식으로부터 판단을 내린다면, 역사는 우리 모두가 특히 엄숙하게 대하지 않으면 안 되는 것인데, 왜냐하면 다른 과학들이 추구해 보았자 헛수고인 개별적 지식을 역사가 제공하기 때문이다. 그러나 실증주의의 이론, 특히 그 후기의 형태는 그와 같은 엄숙성의 근거를 모두 배제해 버린다. 이 이론은 역사가는 개별적 사건에 관계한다는 사실에서 아무런 특별한 것도 인정하지 않는다. 우리는 모두 47 일상 생활에서 개별적 사건들에 관계하고 있기 때문이다. 또 이 이론은, 어떤 연역적 논증에서도 일반적 진리가 논급되고 있는 것과 똑같이, 역사적 이해에도 바로 일반적 진리가 논급되고 있다고 주장한다. 그러므로 역사적 사유는 그 자신의 아무런 특성도 가지고 있지 않고, 원리적으로 과학적 사유와 하나라고 볼 수 있다. 역사는 과학이 아니지만, 그러나 마찬가지로 지식의 초과학적 원천도 아니다.

이것은 도달할 수 있는 고무적인 결론임에 틀림없거니와, 특히 우리가 과학적 기질을 가지고 있을 경우에 그렇다. 그러나 이런 결론을 내리게 된 추리가 전적으로 유효한가를 물을 수가 있을 것이다. 이 점에 관해서는 실증주의 철학 전체가, 형이상학에 반대하는 학파로서는 역설적이게도, 형이상학에 대한 강렬한 선험적 기미를 풍기고 있다는 점을 지적하는 것이 적절할 것이다. 실증주의자들은, 모든 지식은 한 가지가 아니면 안 된다고 미리 결정해 놓은 다음에, 무엇이 과학적 지식과 과학적 논증의 구성 요소인가 하는 공식을 정하고, 그런 다음에 현존하는 모든 학문을 이 프로크루스테스의 침대*에 맞출 수 있는 그 학문의 능력에 따라 검사한다. 그들은 형이상학이나 신학과 같은 어떤 학문은 무의미한 명제로 구성되어 있다고 이야기한다. 역사는 좀더 공손하게 다루지만, 그래도 아직 어느 정도 위압적이다. 우리는 또 일반적 이론에서가 아니라 역사가들의 실제적 방법 절차를 음미하는 데서 시작하여 이 역사의 문제에 접근하는 어떤 다른 방법이 있어서, 그 접근법이 실증주의자들이 말하는 것을 모두 지지하게 될 수 있지 않을까 하고 생각할 수도 있을 것이다. 관념론자 중에는 높은 수준의 역사 연구를 몸소 경험해 본 사람들이 많아서, 적어도 표면상으로는 이 문제에 관한 관념론자들의 견해가 전적으로 잘못된 것 같지는 않다. 그러나 관념론자들과 실증주의자들 사이에서 어떤 결정을 내리기 위해서는 우리는 역사적 설명의 주제 전반을 이야기하지 않으면 안 되는데, 이 문제는 장을 달리하여 다루고자 한다.

---

* Procrustes 는 그리스 신화에 나오는 괴적으로, 행인을 붙잡아 쇠침대에 눕히고, 신장이 길면 다리를 잘라 버리고, 짧으면 늘여서 침대의 길이와 같게 만들어 죽였다. "프로크루스테스의 침대"란 억지로 어떤 기준에 맞추려고 하는 것을 비유하는 말이다—역주.

역사적 설명

3

48

1. 콜링우드의 역사 이론

나는 앞장의 끝에서 간략히 언급했던 역사적 사유에 관한 관념론적 이론을 더 충분히 고찰하는 것으로써 이 주제에 관한 논의를 시작하려고 한다. 내가 이렇게 하는 것은, 관념론자들은 역사에 있어서의 설명에 관하여, 이 주제를 다루는 사람이면 누구나 틀림없이 타협할 뚜렷하고 명쾌한 해명을 하지 않으면 안 되기 때문이다. 그리고 역사철학에 관한 가장 명료하고 예민한 문체의 저술가 가운데 한 사람인 콜링우드가 관념론적 이론의 한 형태를 옹호했던 만큼, 영국의 저술가로서는 이 이론에 한층더 유의할 필요가 있다. 콜링우드 자신은 그가 1943년 요절하기 전에 이 주제에 관해서 여러 해 동안 계획하였던 방대한 저작을 완성하지는 못하였다. 그러나 그가 남겨 놓은 강의와 논문들을 편집한 그의 유작 《역사의 인식》(*The Idea of History*)을 그의 초기의 출판물들과 함께 보면, 그가 확립하려고 노력했던 견해가 무엇인지를 충분히 알 수 있다.

우선 말할 수 있는 것은 관념론적 역사 이론의 골자는 두 가지 명

64

제로 되어 있다는 것이다. 첫째는 역사는 어떤 의미에서는(어떤 의미
인가는 앞으로 상론될 것이다) 당연히 인간의 사상과 경험에 관여한
다는 것이고, 둘째는 바로 그렇기 때문에 역사적 이해는 특이하고 직
접적인 성격을 갖는다는 것이다. 역사가는 그가 연구하고 있는 사건
들의 내적 본질을 간파할 수 있으며, 그 사건들을 말하자면 내부로부
터 파악할 수 있다고 주장한다. 이것은 자연 과학자는 결코 누릴 수
49 없는 장점이니, 자연 과학자는 결코 역사가가 율리우스 케사르가 어
떤 사람이었는지를 알 수 있듯이 물리적 대상이 어떤 것인지를 알 수
는 없다. 콜링우드는 다음과 같이 말한다.

> 과학자에게 자연은 항상 그리고 단순히 "현상"에 불과한데, 실재성에
> 있어서 불완전하다는 의미에서가 아니라 그의 관찰에 나타난 광경이라
> 는 의미에서 그렇다. 이에 반해 역사의 사건들은 결코 단순한 현상,
> 응시하기 위한 단순한 광경이 아니다. 그것은 그 안에 담겨진 사상을
> 찾아내기 위해 역사가가 바라보는 것이 아니라 꿰뚫어보는 것들이다.
>
> (《역사의 인식》, 214면)

역사가 이런 방법으로 이해될 수 있는 것은 역사가 정신의 현시(顯示)
이기 때문이다. 우리는 자연이 실제로 정신을 현시하는지 어떤지에
대해서는 말할 수 없다. 그것은 형이상학적 문제로서 지금까지 견해
의 일치가 있을 수 없었던 문제이다. 그러나 적어도 우리는 자연 과
학자는 자연을, 마치 정신을 현시하는 것이 아닌 것처럼 취급하지 않
으면 안 된다는 것을 알고 있다. 고대와 중세에 물리학이 메말랐었다
는 사실은, 자연이 정신을 현시한다고 가정함이 실제로 불가능하다는
것을 증명하는 것이었다.

여기에서 지적해야 할 것은, 이 두 가지 명제 중에서 둘째 명제는
첫째 명제가 참이 아니면 참되다고 할 수 없을 것이지만, 첫째 명제
는 설령 둘째 명제가 거짓이라도 참될 수 있다는 점이다. 모든 역사
는 어떤 의미에서는 사상의 역사라고 할 수 있지만, 그렇다고 해서

3. 역사적 설명 65

역사적 이해는 특이하고 직접적이라고 하는 것이 귀결되는 것은 아니다. 그러나 그 점에 관해 언급하기 전에, 우리는 첫째 명제와 특히 그 관건이 되는 "사상"이라는 말에 주의해야 할 것이다.

역사는 본질적으로 "사상"에 관여한다고 말하는 것은 무엇을 가리키는 것일까? 이 사상이라는 용어는 넓은 의미와 좁은 의미를 모두 가질 수 있는데 이 애매성은 관념론적 이론을 지지하는 사람들 사이의 어떤 중요한 의견 대립에 반영되어 있다. 독일의 철학자 빌헬름 딜타이(1833~1911)에 있어서는 역사는 예컨대 법학, 경제학, 문학 비평 및 사회학과 더불어 그가 정신 과학(Geisteswissenschaften)이라고 불렀던 학문군(學問群)에 속한다. 자연 과학(Naturwissenschaften)과 대비되는 이런 학문들의 특색은, 그 주제가 "체험된다"(erlebt)거나 내부로부터 알려질 수 있다고 하는 것이다. 그런데 딜타이의 의미에서 "체험될" 수 있는 것은 이 용어가 가장 넓게 사용될 때의 인간의 경험이다. 즉 그것은 인간의 사유와 추리는 물론이요, 그들의 감정, 정서 및 감각이다. 그러므로 딜타이에 있어서, 역사는 본래 인간의 사상에 관여한다고 말하는 것은, 역사는 인간의 경험에 관여한다고 말하는 것과 같은 말이 될 것이다. 즉 "사상"이라는 말은, 데카르트 50 의 철학에 있어서 사유(cogitatio)라는 말이 그렇듯이* 총칭적으로 사용된다. 만일 모든 역사는 사상의 역사라고 하는 말이 엄밀한 사유의 역사를 의미하는 것으로 이해된다면, 딜타이는 그런 개념은 대체로 너무 좁고 주지주의적이어서 사실에 맞지 않는다고 생각하고 그 말을 부인했을 것이다.

그러나 딜타이의 이론을 확실히 잘 알고 있었던 콜링우드는 일부러 이 좁은 견해를 택하였다. 그가 모든 역사는 사상의 역사라고 말했을 때, 그는 역사는 본래 지적 작업에 관여한다는 것을 의미하였다. 모든 사유는 감정과 정서를 배경으로 일어나지만, 역사가가 관여하는

---

* R. Descartes에 있어서 cogitatio 라는 말은 의심하고, 이해하고, 긍정하고, 부정하고, 의지하고, 상상하고, 감각하는 등의 모든 의식 활동을 포괄하는 넓은 의미로 사용되고 있다―역주.

것은 이 배경이 아니라고 그는 설명하였다. 역사가는 이 배경에 마음을 쓸 수가 없는데, 왜냐하면 그는 이 배경을 추체험하기를 기대할 수가 없기 때문이다. 다시 소생될 수 있는 것은 엄밀한 의미에서의 사상뿐이고, 그리하여 사상만이 역사의 주제가 될 수 있는 것이다.

독자는 어떻게 해서 콜링우드가 이와 같은 분명히 극단적이고 역설적인 이론을 주장하기에 이르렀는지 이해하기 어려울 것이니, 아마도 이 대조적인 견해를 좀더 자세히 고찰하는 것이 좋을 것이다.

정신 과학의 자율성에 관한 딜타이의 이론을 뒷받침하는 것은 정신 작용이 어떻게 알려지는가에 관한 그의 설명이었다. 이 설명의 중심이 되는 것은 "표현"과 "이해"라는 그의 개념이었다. 그에 의하면 우리의 모든 정신적 경험들—감정, 정서, 사유—은 어떤 양식으로든 외적으로 표현되려는 경향이 있다. 예를 들면 사유에는 보통 말이나 글 또는 어떤 다른 기호가 수반되며, 슬픔에는 어떤 종류의 표정과 신체적 행동이, 기쁨에는 또 다른 종류의 표정과 행동이 수반되며, 다른 경우도 이와 같다. 다른 사람들의 마음을 이해하려는 과정은 이러한 표현을 해석하는 과정이며, 그 점에 있어서는 우리 자신의 마음을 이해하는 과정도 마찬가지이다. 그러나 딜타이는 이것이 추론의 과정이 아니라는 것을 강조하였다. 우리는 표현에 대한 앎으로부터 그것이 표현하고 있는 것에 대한 앎에로 **직접** 옮아간다고 딜타이는 생각하는 듯하다. 아니 오히려 우리는 그 원래의 경험 자체에 도달하지는 못하지만 원래의 경험과 정확하게 닮은 경험을 우리 자신 안에 가지고 있다고 그는 생각하는 듯하다. 그리하여 온갖 고통스러운 빛을 보이는 어떤 사람을 보면, 나 자신이 곧 고통스러워진다. 나는 그 사람이 어떤 사람인가를 알게 되는데, 그것은 나의 정신 상태가 그의 정신 상태와 정확하게 대응하기 때문이다.

이런 설명에는 두 가지 비판이 가능하다. 첫째로, 그 과정이 직접적인 것이지 추론적인 것이 아니라고 하는 딜타이의 생각이 옳다면, 왜 우리는 그 과정이 잘못되었다고 생각할 때도 있느냐고 물을 수가 있다. 우리가 다른 사람들의 사상과 감정을 잘못 해석하는 일이 흔히

있다는 것은 부인할 수 없다. 그리고 우리가 잘못 해석하는 경우에
는, 우리는 우리가 입수하고 있는 증거—즉 딜타이가 말하는 표현—
로부터 그릇된 결론을 끌어내고 있는 것이라고 말해도 지극히 당연한
것으로 보인다. 그런 경우에는 그 과정은 결국 추론의 과정이다. 그
리고 둘째로, 딜타이의 이론은 결국 근본적으로 회의주의적 입장이
되고 만다고 말할 수 있을 것이다. 만일 우리가 어떤 표현을 일으킨
실제적인 경험에 도달할 수 없다면, 우리는 우리 자신의 경험이 딜타
이가 보증하듯이 그 실제적인 경험과 정확하게 같다는 것을 어떻게
알 것인가? 이 점에서 딜타이는 전형적인 인식 이론의 공통적 난점
에 빠져 있으며, 그 난점을 어떻게 피할 것인가에 관해서 충분히 숙
고하지 않은 것처럼 보인다.

콜링우드는 비록 딜타이의 견지에 대체로 동조하였고, 또 표현의
이론이 역사에 대하여 매우 중요하다는 것도 알고 있었지만, 상술한
두 가지 점이 모두 설득력이 있다고 생각하였다. 그러나 그는 역사적
지식에 관한 회의주의를 피하고자 했으며, 또 그 일환으로서 우리는
과거의 사람들의 마음을 포함하여 다른 사람들의 마음에 관해서는 다
소간에 근거가 충분한 추측만을 할 수 있을 뿐이라고 주장하지 않으
면 안 된다는 것도 피하고자 하였다. 그런데 그가 이러한 결과에 도
달하는 유일한 길이라고 생각한 것은, 우리가 다른 사람들에 관해서
알 수 있는 것은 엄밀한 의미에 있어서의 그들의 사유와 추리뿐임을
논증하는 일이었다.

우리가 그만큼은 알 수 있다고 콜링우드가 주장하는 근거는, 사유
의 활동은 그 활동이 일어나면서 느껴진 배경과는 반대로, 어떤 간격
을 두고 난 후에도 본래 재생이 가능하다는 데 있다. 예를 들어 만일
내가 수년 동안 생각하지 않았던 어떤 일에 관하여 생각하기 시작한
다면, 지금 내가 생각할 때 배경이 되는 정서와 감정은 그전에 생각
할 때와는 다를 것이지만, 나는 능히 그 일에 관한 나의 이전의 생각
을 되살릴 수 있을 것이다(물론 언제나 그런 것은 아니겠지만). 또
만일 내가 율리우스 케사르에 관한 역사를 생각한다면, 나는 그의 사

상도 역시 되살릴 수 있을 것이다. 케사르의 사상이 전에 나의 정신의 경력의 한 부분을 이룬 일이 없었다고 하는 사실은 그의 사상을 되살리는 데 아무런 장애도 되지 않는다. 두 개의 서로 다른 정신의 계열에 동일한 사유 활동이 끼어 들어가는 것을 방해하는 "인격의 동일성에 관한 조리있는 이론"은 없다고 콜링우드는 주장하였다. 그러므로 넓은 의미로 이해된 역사는 그렇지 않지만, 엄밀하게 사유의 역사에 한정된 역사는 충분히 실행 가능한 기획이라는 것이다. [1]

52   따라서 콜링우드에게는 역사의 중심 개념은 행위의 개념, 다시 말하면 외적 행동으로 표출되는 사상의 개념이다. 역사가들은 단순히 물리적인 것 또는 그 단순히 물리적인 것에 관한 기술로부터 출발하지 않으면 안 되지만, 그들의 목적은 그 배후를 꿰뚫어 그 밑에 깔려 있는 사상을 간파하는 것이라고 콜링우드는 믿었다. 그러므로 역사가들은 율리우스 케사르라고 불리는 한 사람이 (또는 좀더 정확하게는 한 육체가) 기원전 49년 어느 날 이러저러한 병력을 이끌고 루비콘 강을 건넜다고 하는 단순한 사실로부터 출발할 것이다. 그러나 역사가들은 거기에 그치는 것으로 만족하지 않는다. 그들은 더 나아가서 케사르의 마음 속에 무엇이 있었으며, 이러한 육체적 움직임의 배후에 어떤 생각이 있었는가를 알아내려고 한다. 콜링우드 자신의 용어로 말하자면, 그들은 그 사건의 "외부"(outside)로부터 그 "내부"(inside)에로 옮겨가고자 한다. 그리고 일단 이러한 전이를 하고 나면, 그 행위는 역사가들에게 완전히 이해할 수 있는 것이 된다고 콜링우드는 주장한다.

역사에서 발견되어야 할 대상은 단순한 사건이 아니라 그 안에 표현된 사상이다. 그 사상을 발견한다는 것은 이미 그것을 이해한다는 것이다. 역사가 사실들을 확인하고 난 다음에는, 그 원인을 탐구하는 그 이상의 과정이란 없다. 역사가가 무엇이 일어났는가를 알 때에는, 그

1) 이 난해한 논의에 관해서는 *The Idea of History,* pp. 282 이하와 본서의 pp. 90~92를 참조.

는 이미 그것이 왜 일어났는가를 아는 것이다.

((역사의 인식), 214면)

콜링우드가 즐겨 사용하는 예를 들어 말하자면, 만일 내가 넬슨*이
트라팔가 전투에서 무엇을 했는지를 알고 있다면 나는 또한 그가 왜
그런 일을 했는지도 아는 것인데, 왜냐하면 내가 그의 사상을 내 것
으로 만들어서 나 자신의 사유에서처럼 하나의 사상에서 다른 사상으
로 옮겨가기 때문이다. 나는 이러한 이해에 도달하는 데에, 해전에서
제독들이 하는 행동에 관한 어떠한 일반적 지식도 필요로 하지 않는
다. 사실상 그것은 추론적 지식의 문제가 아니라 직접적 지식의 문제
이다. 그런데 그럴 수밖에 없는 것은 사상이, 그리고 사상만이 문제
되고 있기 때문이다.

2. 콜링우드의 이론에 대한 비판

우리는 우리의 당면한 목적을 위해서는 관념론적 이론에 대한 콜링
우드의 이설(異說)을 그 이론의 전형적 형태로서 받아들이는 데 동의
해도 좋겠지만, 이제는 그에 대한 논평도 해야겠다. 나는 우선 역사
에 있어서 가장 중요하다는 행위의 개념에 관한 그의 주장이 무엇인
가 하는 것과, 역사가가 취하는 조처를 과거의 사상에 대한 추사유라
고 하는 그의 서술에 관하여 집중적으로 논평할 생각이다.

이러한 견해들에 대해서는 여러 가지 근거에서 이의가 제기될 수
있을 것이다. 그리하여 (1) 역사적 해석에 관한 유물론적 이론을 지지 53
하는 사람들은 틀림없이 이러한 견해에는 역사적 사건들에 대한 자연
적 배경이 가소롭게도 경시되고 있다고 비웃을 것이다. 모든 역사는

---

* H. Nelson(1752~1805)은 영국의 제독으로 트라팔가 앞바다에서
Napoleon의 프랑스, 스페인 연합 함대를 격파하고 전사하였다―역주.

사상의 역사라고 말하는 것은, 적어도 인간이 자연의 힘이 결정하는 것에 구애됨이 없이 그들 자신의 역사를 만든다는 것을 암시한다. 이보다 더 터무니없는 일이 있을까? 그러나 이러한 비판이 날카로운 것처럼 들리기는 하지만, 사실은 그렇지도 않다. 콜링우드가 말하는 사상은 행위에서의 사상이지 추상적 사변의 사상이 아니라는 점을 깨닫기만 하면, 우리는 이런 비판의 예봉을 꺾게 될 것이다. 왜 우리는 콜링우드는 그런 사상이 인간의 힘은 물론 자연적 힘의 배경으로부터 전개되며, 또 이 배경에 대응하여 전개된다는 사실을 알지 못했다고 생각해야 하는가? 만일 그의 이론이 이런 사실을 무시했다면, 그의 이론은 틀림없이 어이없는 이론일 것이다. 그러나 우리는 그의 이론이 이런 사실을 무시했다고 생각할 무슨 이유라도 가지고 있는가?

(2) 이 점은 제쳐 두고 우리가 다음으로 생각할 수 있는 비판은, 인간의 아주 많은 행위는 숙고된 것이 분명히 아니지만, 만일 인간의 모든 행위가 숙고된 것이라면, 오직 그 경우에만 콜링우드의 견해는 타당할 것이라고 하는 비판이다. 콜링우드는 역사가 해야 할 일은 외적인 사건으로부터 그 사건을 만들어 낸 사상으로 뚫고 들어가서 그 사상을 추사유하는 것이라고 말한다. 그러나 역사가가 탐구하는 많은 행위들은 어떤 돌연한 충격에 대응하여 순간적으로 행해진 것이다. 그런데 이런 행위에 관해서 콜링우드의 구상이 어떻게 실행될 수 있는지는 즉각적으로 분명하지는 않다.

(3) 이러한 비판과 연관시켜서, 우리는 콜링우드의 이론은 어떤 일정한 유형의 역사가 고찰되는 한에서만 그럴 듯한 이론이라고 하는 또 하나의 다른 비판을 생각할 수 있다. 우리가 전기(傳記)나 정치사와 군사사를 주의해 볼 때에는 콜링우드의 이론이 충분히 합리적인 것처럼 생각된다. 그러나 우리가 예를 들어서 경제사를 고찰하게 되면, 그 이론을 적용하기는 훨씬더 어려워진다. 예컨대 물가의 역사를 다루는 사람은 본질적으로 인간의 행위에 관계하는 것이고, 또 그의 진정한 임무는 그러한 행위를 한 행위자들의 사상을 추사유하는 일이라고 말하는 것이, 도대체 〔역사의〕 해명일 수 있는가? 여기에서 문

제되고 있는 것은 어떤 행위이고 누구의 사상인가 하는 것이다.

　이러한 두 반론 중에서 첫째 것은, 충동적인 많은 행위들, 충동적인 만큼 "무사상적"(無思想的)인 듯한 많은 행위들도 좀더 자세히 연구해 보면 역시 사상의 표현임이 밝혀질 수 있다고 하는 의견에 의해서 아마도 반박될 수 있을 것이다. 만일 내가 어떤 사람을 홧김에 때린다면, 나의 행위는 틀림없이 숙고된 것은 아니다. 그러나 그 행위의 배후에는 우리의 주장처럼 어떤 생각이 있었다는 것을 부정한다면, 그것은 어리석은 일일 것이다. 아무리 내가 어떤 분명한 계획을 내 마음의 전면에 드러내어 갖고 있었던 것은 아니더라도, 나는 그 사람을 때려서 나의 불쾌감을 표현하기를 원했던 것이다. 그리고 역사가는 충동적 행위를 연구함에 있어서, 또 그 행위의 배후의 사상을 드러내려고 노력함에 있어서 어떤 점에서는 심리 분석가의 임무와 비교되는 어떤 임무를 가지고 있다는 주장은 꽤 그럴 듯한 주장일 수가 있거니와, 겉보기에 비합리적인 행위의 배후에 면밀하게 세워진 계획이 있음을 폭로한 심리 분석가가 거둔 성공은 우리가 고찰하고 있는 주제에 딱 들어맞는 예임이 확실하다.

　둘째 반론의 설득력도, 예의 사상이 행위자 개개인의 마음 속에서 일어나는 숙고된 사유 행위에 구체적으로 표현되는 때에만 그 이론은 타당할 것이라고 하는 가정에 의존하고 있다. 경제사가 다루는 행위들은 수많은 행위자들—요컨대 연구되고 있는 경제 과정에 참여하는 모든 사람들—의 행위이다. 그리고 경제사가가 파악하려고 노력하는 사상은 오랜 기간에 걸쳐서 여러 사람들—그들 중에는 그 움직임 전체의 방향을 아는 사람은 혹 있다 해도 극히 소수일 것이다—이 수행한 일련의 복잡한 행위에 때로는 충분히 표현되어 있다. 여기에서 어떤 숙고된 계획을 발견해 낸다는 것은 아마 불가능한 일일 것이다. 그러나 이것이 관념론적 이론에 대한 극복할 수 없는 반론이 되는가? 어떤 생각은 그 당사자의 마음의 전면에 계속적으로 드러나 있지 않고도 지속적으로 영향을 미칠 수 있다고 하는 말에는 그다지 혁명적인 것은 확실히 아무 것도 없다. 말하자면 생각에는 어떤 뒤에

54

숨어 있는 취의(趣意)가 있을 수 있으나, 이 취의에 대해 분명하게 드러내 놓고 생각해 본 일이 없는 사람은 자기가 그것을 가지고 있다는 것을 의식하지 못하는 것이다. 그리고 나는 왜 이것이 경제사의 영역에는, 가령 정치사나 문화사의 영역에처럼 적용되어서는 안 되는지를 알 수가 없다.

이 두 비판이 가지는 설득력은 어떤 사람이 **마음 속에**(in mind) 가지고 있는 것과 **자기의 마음 전면에**(before his mind) 가지고 있는 것을 잘못하여 동일시하는 데서 나오는 것이다. 우리가 역사가들은 분명히 드러난 인간의 행위의 배후에 숨어 있는 사상을 간파하지 않으면 안 된다고 말할 때, 우리는 모든 행위에는 두 부분, 즉 먼저 생각하고 다음에 물리적으로 행한다고 하는 두 부분이 있다는 의미가 내포되어 있다고 잘못 생각하고 있는 것이다. 이럴 때 지금까지 우리가 논의해 온 난점들이 생기는데, 그것은 방금 말한 형식이 들어맞지 않는 경우가 분명히 많이 있기 때문이다. 그러나 이와 관련한 콜링우드의 어투 (특히 과거의 사상을 **추사유**할 필요성에 대한 그의 강조)가 애매하지 않은 것은 아니지만, 그가 반드시 이러한 부당한 가정을 했다고 해석할 필요는 없다. 사유가 분명히 드러난 행위에 선행하지 **않는** 경우일지라도, 물리적인 행동의 배후에 있는 사상을 발견하는 일을 운위하는 것은 이치에 닿는 일이다. 그리고 실제로 우리는 일상 생활, 예를 들면 법정에서 이와 같은 일을 하려고 자주 시도하고 있는 것이다.

55   (4) 이것은 또한 행위에 적용된 내외 이분법(inner/outer dichotomy) 에 대하여 라일 교수가 《마음의 개념》(*The Concept of Mind*)에서[2] 가한 정면 공격에 대한 우리의 답변도 될 것이다. 라일 교수가 이 술어에 반대하는 이유는, 만일 우리가 인간의 겉으로 드러난 행위**와** 그 행위가 표현하는 사상의 **두 가지 모두**를 들어 말하고, 또 전자로부터 후자로 옮아가는 것이 역사가의 임무라고 주장한다면, 여기에서 말하는 사상이란 정의상(定義上) 그 사상을 가지고 있는 사람에게 사사로운

---

2) pp. 56~58.

3. 역사적 설명 73

것이고 다른 사람은 아무도 이에 접근할 수 없는 것이기 때문에, 우리는 불가능한 과제를 역사가에게 부과하게 된다고 하는 데 있다. 그렇게 할 때, 우리는 타인의 마음에 관한 인식의 문제라는 전통적인 철학적 문제에 빠져들게 되거니와, 이 문제는 단순히 터무니없는 오해에 기인한 것이기 때문에 만족스럽게 해결될 수 없다는 것이다. 만일 라일 교수가 말하듯이, "겉으로 알 수 있는 동작은 정신의 작용을 해명할 단서가 아니라 바로 정신의 작용이다"[3]라는 것을 우리가 인정하기만 한다면, 오해와 문제는 다함께 사라지고 만다.

그러나 이 내외(內外)라는 술어는, 라일 교수가 이 술어의 지지자들의 주장에 내포되어 있다고 보고 있는 함의(含意)를 용인하지 않더라도 옹호될 수 있다. 이 술어가 용인될 수 있는 것은, 이 술어가 경험적으로 해명력이 있다고 하는 이유, 즉 이 술어는 역사가, 법률가, 정치가와 일반인이 그들의 정상적인 사유 과정에서 행하는 일을 설명해 준다고 하는 훌륭한 이유 때문이다. 때때로(역사에 관한 한 더욱 빈번하게) 그들은 어떤 행위자들의 물리적 행동에 관한 단순한 기록에 직면한다. 그리고 이러한 상황에서 그들은 문제의 행위자들이 분명하게든 아니든 "마음 속에" 가지고 있었던 생각이나 사상이나 또는 의도를 발견하려고 노력한다. 이러한 상황에서 그들은 어떤 행위나 일련의 행위들의 "외적" 측면으로부터 "내적" 측면으로 들어가려고 노력하고 있다고 말하는 것은 은유를 사용하는 것인데, 이 은유가 철학자들에게는 위험한 오해를 불러일으킬지도 모르지만, 그러나 역사가나 빈틈없는 사무가는 이 은유에 현혹되지는 않을 것이다. 왜냐하면 결국 이것은 다음과 같은 정치계의 시사적인 사건에서 우리 모두가 하고 있는 것과 같은 일이기 때문이다. 즉 예를 들면 스탈린(Stalin)은 비신스키(Vyshinsky)를 워싱턴에 보내면서 무엇을 "생각하고" 있는가라고 묻는다든지, 소련군 대부대가 폴란드를 지나 동쪽에서 서쪽으로 이동하고 있다고 하는 어느 정도 증거가 충분한 물리적

---

3) 같은 책, p. 58.

사실의 "배후에 있는" 것이 무엇인가를 추정한다든지 할 때, 우리는 모두 그렇게 하고 있는 것이다.

56   라일 교수가 한 일은, "추사유"라는 콜링우드의 용어가 그것이 의도한 목적에 적합하지 않은 것으로서 오해를 초래하는 성질의 것임을 뚜렷하게 드러내고 있다. 확실히 역사가는 자기가 탐구하는 행위를 행한 사람의 마음의 전면에 명백히 드러나 있었던 사상을 추사유하는 일 이상을 하지 않으면 안 되거니와, 그 행위가 신중히 숙고된 것이었던 경우에조차도 그렇다. 역사적 인물들은, 헤겔이 지적한 바와 같이 가끔 자신들이 아는 것 이상을 성취(뿐만 아니라 이를 기도)하는데 이 점은 역사적 사유에 관한 어떠한 가능한 설명에서도 참작되지 않으면 안 된다. 그러나 나 자신은 관념론적 이론의 맥락 안에서는 그 점을 참작한다 해도 그 이론의 주요한 주장이 파괴되지 않을 수 있다고 생각한다. 4)

결국 우리는 라일 교수의 의견에도 불구하고, 표현에 관한 관념론적 이론을 본질적으로 옳은 것으로 받아들여야만 한다. 우리는 앞에서, 수많은 진정한 역사 연구를 한 것으로 명성이 나 있는 관념론자들(세 사람만 들자면, 딜타이와 크로체 그리고 콜링우드는 모두 노련한 역사가들이었다)이 역사적 사유의 본성을 전적으로 잘못 생각했던 것 같지는 않다고 말한 바 있다. 그런데 이 점이 지금의 논거에 의해서 입증되는 것이다. 이 이론들의 나머지 측면에 관한 우리의 견해야 어떻든간에, 우리는 관념론자들이 자연 과학자가 그 탐구하는 사실들

---

4) [이 난제는 A.C. Danto 씨가 그의 *Analytical Philosophy of History*, 제 VIII 장에서 밝힌 바와 같이, 여기에서 알려지고 있는 것보다 훨씬 뿌리 깊은 것이다. Danto 는 "Aristarchus*는 Copernicus 를 기다렸다"와 같이, 사건들을 그 결과에 비추어서 서술하는 "설화체 문장"이 역사에 자주 나타난다는 점에 주목한다. 그의 말처럼 행위자가 마음 속에 가지고 있던 것을 언급하는 것은 그러한 서술을 위한 적합한 기초가 결코 될 수 없을 것이다. 나는 p. 63 에 인용된 논문에서 몇 가지 보충 설명을 하고 있다.]

＊ Aristarchus 는 기원전 3세기의 그리스 천문학자로 지구는 태양의 주위를 돈다고 주장하였다—역주.

에 대하여 취하는 태도와 역사가들이 그들의 사료에 대하여 취하는 태도와의 차이를 강조한 점은 정당하다는 것을 부인할 수가 없다.

그 차이는 콜링우드가 앞에서 인용된 구절에서 잘 설명하고 있거니와, 그곳에서 그는 역사가는 역사적 현상을 바라보는 것이 아니라 꿰뚫어보아 그 안에 있는 사상을 판별해 낸다고 말하고 있다. 우리는 이것을, 또다시 콜링우드를 좇아서 고생물학자와 고고학자가 각각 그들의 "발견물"에 대하여 취하는 조치를 비교함으로써 예증할 수 있다. 전자는 그가 발견한 유물을, 그 유해를 남겨 놓은 동물들의 육체적 외양과 특성을 재구성할 수 있게 하는 증거로, 그리고 지금은 멸종된 종(種)의 진화를 풀어낼 수 있게 하는 증거로 삼는다. 그러나 후자는, 어떤 취락이나 야영지의 유적을 발견하면, 그곳이 실제로 취락이나 야영지였을 때에 보여주었음에 틀림없는 물리적 외양을 재구성하는 것으로 만족하지는 않는다. 그는 더 나아가 그 유적을 당시 그곳에서 살았거나 또는 싸웠던 사람들의 사상과 경험을 밝혀 주는 증거로 사용하고자 한다. 다른 말로 하자면, 자연은 외관뿐이지만(괴테가 자연에는 "껍질도 알맹이도 없다"고 수수께끼 같은 말을 했듯이), 역사는 내면과 외면을 모두 가지고 있다. 그리고 역사가들이 본래 관심을 가지는 것은 그 내면이다. 57

그러나 우리는 이처럼 관념론적 이론의 첫부분을 선뜻 옹호하겠지만, 그렇다고 우리가 역사적 설명에 관한 관념론적 해명 전부를 받아들인다는 결론이 나오는 것은 아니다. 역사가들은 그들이 연구하는 현상의 배후를 통찰해야 한다고 말하는 것과, 그러한 통찰은 어떤 직관적 행위에 의하여 얻어진다고 주장하는 것은 전혀 다른 것이다.

우리는 그처럼 지나친 견해를 받아들여야 할 무슨 이유라도 발견할 수 있는가? 이미 살펴본 바와 같이, 콜링우드는 딜타이가 모든 정신적 경험에로 기꺼이 확대하였던 공감적 이해를 엄밀한 의미의 사유 행위에 국한시켰다. 그러나 이 점에 있어서까지 그의 견해를 따라도 좋을지는 의문이다. 어떤 사료를 연구하면, 우리는 넬슨이 트라팔가에서 무엇을 생각했으며, 또 왜 그런 생각을 했는가 하는 두 가지를 단 하나의 행위에서 파악할 수 있게 될 것이며, 또 이러한 지식은 제독들의 행동에 관한 어떠한 일반적 명제에도 의거함이 없이 얻어진다고 콜링우드가 말할 때, 우리는 그가 자신이 든 예에 속은 것이 아닌지 의아하게 생각할지도 모른다. 우리는 이 이론이 넬슨이나 율리우스 케사르와 같은 사람들에게 적용될 때에는 아무런 중요한 어려움도 없다고 생각하는데, 이는 우리가 모두 넬슨과 율리우스 케사르는 우리들 자신과 꼭같은 사람들이라고 너무 쉽게 믿기 때문이다. 그러나 만일 우리가 그 이론을 아프리카의 마법사나 바이킹 두목의 행위에 적용하려 한다면, 우리는 그 이론에 관해서 몇 가지 심상치 않은 의혹을 가지기 시작할지도 모른다. 우리는 그러한 사람들의 행동에 관하여 무엇인가를 알기 위해서는 공감적 이해 이상의 어떤 것이 필요하다고, 즉 그들이 처해 있는 상황에 대하여 그들이 보통 보여주는 반응 양식에 관한 직접적이거나 간접적인 경험이 필요하다고 주장하려고 할 것이다.

그러나 관념론자로서는 이를 용납하는 것은 곧 자기의 주장을 통째로 포기하는 처사인데, 왜냐하면 그런 경험을 갖는다는 것은 어떤 일반적 진리를 명백하게든 은연중에든 안다는 것이 되기 때문이다. 무슨 말이냐 하면, 결국 그런 행동을 해석하는 과정은 통상적인 의미의 추론의 과정이라는 것이다. 그런데 만일 이 말이 마술사의 경우와 같은 생소한 경우에 적용된다면, 그것은 익숙한 경우에도 적용되어서는 안 되는 것일까? 넬슨에 관한 우리의 이해는 주로 해전의 수행에 관하여 우리가 대체로 무엇인가를 안다는 데 달려 있다는 것은 사실이 아닌가? 만일 우리가 그러한 지식을 가지지 않았다면, 우리는 그의 행위를 조금이라도 이해할 것인가?

나는 콜링우드의 주요 명제는 면밀히 검토하면 지탱될 수 없으리라고 단정한다. 과거의 사람들의 사상을 직관적 통찰이라는 단 한번의 행위로 파악하고 이해한다는 것은 옳지 않다. 우리는 우리 앞에 있는 증거를 해석함으로써 그들이 무엇을 생각하고 있는가를 밝혀내고, 또 왜 그들이 그것을 생각하였는가를 찾아내지 않으면 안 되는데, 이러한 해석의 과정에서 우리는 은연중이나마 일반적 진리에 의거하고 있는 것이다. 확실히 역사가는 과학자와는 다른 그 무엇을 하지 않으면 안 되지만, 역사가는 그를 도와서 그 과제를 수행하게 하는 특별한 통찰력을 가지고 있는 것은 아니다. 역사가는 고도의 상상력을 필요로 하지만, 그러나 또한 경험도 필요로 한다. 역사가는 자기 자신을 그가 연구하는 사람들의 처지에 놓아 봄으로써 그의 과제를 수행할 수 있다고 하는 말은 사실에 부합하는 듯이 보이기는 하지만 궁극적인 해명은 못 된다. 왜냐하면 자신을 다른 사람의 처지에 놓아 보는 과정 그 자체가 더 자세히 분석할 여지가 있기 때문이다.

나는 역사적 설명에 관한 물음에 못지 않게 역사적 진리에 관한 물음에 관계되는 위의 논의에서 일어나는 몇 가지 더 나아간 문제들은 나중에 다루려고 한다. 지금으로서 한마디만 더 해둘 필요가 있는 것은, 관념론적 이론에 관한 콜링우드의 이설(異說)을 반대해야만 역사의 분야를 아주 좁게 정한 그의 규정을 용납하게 한 어떠한 유인(誘因)도 제거된다고 하는 점이다. 콜링우드 자신이 역사를 진정한 의미의 사상에만 국한하려고 한 것은, 그가 사유만이 그가 말하는 독특한 의미에서 이해될 수 있다고 믿었기 때문이다. 즉 우리가 개별적이고 직접적인 지식을 가질 수 있는 것은 오직 사유에 관해서뿐이라는 것이다. 그러나 우리는 그의 견해를 반대할 만한 이유를 알았으며, 따라서 우리는 우리가 처음에 출발했던 보다 넓은 정식(定式) —즉 역사는 과거의 인간의 행위와 경험에 관계한다고 하는 정식—에로 주저 없이 되돌아갈 수 있다. 역사가는 과거의 사상을 되살리려고 노력한다고 하는 것이 우리의 여전한 주장이다. 그러나 역사가는 진정한 의미의 사상에만 관심을 갖는 것이 아니라 그러한 사상이 가지고 있는 감정과 정서의 배경에도 역시 관심을 가진다. 역사가가 어떤 시대의 정신을 드러내려고 시도할 때에, 그가 간파하고자 하는 것은 단지 그 시대의 지적 생활만이 아니다. 그는 또한 그 시대의 정서적 생활도 파악하고자 한다. 콜링우드가 주의했듯이, 역사가가 그 과제를 완수하는 데에는 어려움이 있다는 것은 의심할 여지가 없지만, 어렵기는 양쪽이 다 마찬가지이다. 만일 역사적 회의주의가 정당화된다면, 그 것은 감정과 마찬가지로 사상에도 적용된다. [5]

3. 역사에서의 "총괄"

59   우리는 지금 역사적 설명에 관한 관념론자들의 주요한 주장을 거부 하고, 그들의 주장은 일반적 진리에 의거하고 있다는 것을 입증한 입 장에까지 도달하였다. 이렇게 되면, 우리는 아무 어려움 없이 어떤 종류의 실증주의의 명제(앞의 45~47면)에 가담하게 되는 것으로 보 일지도 모른다. 그러나 그러한 결론을 받아들이기 전에, 우리는 아마 역사가들의 실제적인 업무를 좀더 자세히 살펴보아야 할 것이다. 그 렇게 해보면, 우리는 역사가들이 사용하는 방법적 절차는 실증주의적 이론보다는 관념론적 이론에 더 알맞는 절차라는 사실에 놀라지 않을 수 없을 것이다. 이것은 어떤 사건을, 다른 사건들에 대한 그 사건의 본질적 관계를 추적하여, 그 사건을 그 역사적 맥락 속에 위치시킴으 로써 설명하는 절차이다. 이것은 제1장에서 "총괄"(colligation)의 과 정이라고 불렀던 과정이거니와, 이 총괄의 본질과 중요성을 고찰하는 것은 확실히 보람있는 일이 될 것이다.

만일 어떤 역사가가 특수한 역사적 사건을 설명하라는 요청을 받으 면, 내가 생각하건대 그는 흔히 문제의 그 사건은 그 시대에 진행되 고 있었던 일반적인 움직임의 한 부분으로 볼 수 있다고 주장함으로 써 그의 설명을 시작하는 경향이 있다. 그리하여 1936년 히틀러 (Hitler)의 라인 지방 재점령은, 그가 권력을 잡았을 때부터 추구해 온 자기 주장과 영토 확장이라는 독일의 일반적 정책에 관련시켜 설 명될 수 있을 것이다. 이러한 정책을 언급하고 또 그 정책을 수행하

---

5) [콜링우드의 이러한 해석에 대한 비판에 관해서는, 이 장의 끝에 붙인 추가 주해를 참조.]

면서 취한 전후의 조치들, 즉 일방적 군비 축소의 거부, 국제 연맹으로부터의 독일의 탈퇴, 오스트리아 합병과 수데텐 지방*의 통합 등을 상술하는 것은, 우리가 이야기를 시작한 저 고립적 행위를 좀더 이해할 수 있게 하는 데 실제로 도움이 된다. 그리고 이러한 것들이 그러한 도움이 되는 것은, 그렇게 함으로써 우리는 그 행위를 그 전후 맥락 속에 위치시킬 수가 있으며, 또 다소간에 일관된 정책을 실현하는 한 조치로서 이해할 수가 있게 되기 때문이다. 그러한 종류의 정책을 파악하고, 개별적 사건들이 그 정책의 실현에 어떻게 기여했는가를 이해하는 것은, 적어도 여러 경우에 역사적 설명을 하는 데 통상적으로 관련이 있는 것의 한 부분이다.

이제 설명의 이러한 형식을 사용하는 역사가의 능력은 그가 다루는 주제의 특수한 성격에 달려 있다는 것을 깨닫는 것이 중요하다. 역사가가 도대체 이런 식으로 생각할 수 있다는 것은, 오로지 관념론자들이 올바로 강조하다시피 역사가가 행위에 관심을 가지고 있기 때문이다. 모든 행위에는 사상의 측면이 있어서, 이것이 모든 일을 가능하게 한다는 것은 사실이다. 행위는 대체로 말해서 목적의 실현이기 때문에, 그리고 단 하나의 목적이나 정책이 일련의 행위 전체에서─한 사람이 행한 행위이건 여러 사람이 행한 행위이건간에─표현될 수 60 있기 때문에, 우리는 여러 역사적 사건들이 서로 본질적으로 관련되어 있다고 분명하게 말할 수 있다. 역사적 사건들이 이렇게 관련되어 있는 까닭은 문제되는 일련의 행위들이 하나의 전체를 이루기 때문인데, 이 전체에 관해서는 뒤의 항이 앞의 항에 의하여 결정된다고 말할 수 있을 뿐만 아니라, 또한 그 결정은 상호적이어서 앞의 항 자체도 뒤의 항이 미리 예상되었다는 사실에 의하여 영향을 받는다고 말할 수도 있는 것이다. 이것은 자연에서는 보지 못하는 상황인데,[6] 자

---

* 수데텐 지방(Sudetenland)은 체코슬로바키아 서북부의 산악 지방으로 1938년 독일에 양도되었으나 1945년 다시 반환되었다─역주.

6) 유기체들의 존재는 이러한 진술이 거짓임을 증명하는 듯이 보인다. 그러나 설령 목적의 개념을 도입하지 않고서는 유기체를 설명할 수 없다

연적 사건에는 적어도 과학적 목적을 위해서는 "내면"이 없으며, 따라서 오직 외적 관계만이 인정되기 때문이다.

우리가 주장하고 있는 것은, 역사적 사유는 역사가의 주제의 본성 때문에 가끔 목적론적 견지에서 진행된다고 하는 사실이다. 그러나 이에 대해서는 그러한 주장은 역사를 실제로 그러한 것보다도 훨씬더 의도적이며 정연한 것으로 보이게 하기 쉽다는 반박이 있을 것이다. 역사가들이 특정한 시대를 특징짓는 일반적 운동들, 가령 계몽주의, 낭만주의 운동, 19세기 영국의 개혁 시대, 독점 자본주의의 대두 등에 관해서 이야기하는 것은 틀림없다. 그러나 이러한 운동들이 모든 경우에 하나의 일관된 정책을 표현하려는 의도적인 기도라고 주장하는 것이 그럴 듯한 일일 수 있을까? 이러한 운동들 중에는 적어도 그와 같은 어떠한 주장도 참이 아님이 명백한 운동들도 많이 있다. 역사에는 미리 짜여진 계획을 실행하려는, 본질적으로는 의도적인 기도인 여러 운동들—지난 세기초 영국에서의 법률 개정을 위한 운동이 한 예일 것이다—도 있다는 것은 의심할 나위가 없다. 그러나 그런 것들은 역사에 있어서 통례(通例)이기보다는 이례(異例)라고 생각된다. 그 반대의 증거를 위해서는, 우리는 독점 자본주의의 대두나 낭만주의 운동 그 자체를 누가 계획했는가를 묻기만 하면 된다.

이러한 반론이 설득력이 있다는 것은 틀림없이 곧 시인될 것이다. 역사는 일련의 의도적으로 계획된 사건들로 이루어져 있다고 하는 가정 위에서 역사를 설명하는 것은 불합리한 일일 것이다. 인간은 그처럼 계산적이 아니며, 또 설사 모든 경우에 인간이 어떤 주의깊게 짜여진 정책에 따라 행위하려고 노력한다 할지라도, 인간은 인간적 및 자연적 상황들이 때로는 그에게 힘에 벅차다는 것을 알게 될 것이다. 그러나 나는 우리 이론의 주요 논지를 희생하지 않고도 이 모든 것이 용인될 수 있다고 생각한다.

───────

고 할지라도(기계론적 생물학자들은 이것을 부정한다), 유기체의 행동을 인간의 행동이 목적적인 것과 **똑같은 의미에서** 목적이라고 볼 수 없음은 확실하다.

왜냐하면 첫째로, 만일 역사를 일련의 의도적인 운동으로 보는 것
이 불합리하다면, 인간이 때로는 일관된 정책들을 추구하는 일도 있 61
다는 사실을 무시한다는 것도 똑같이 불합리한 일이기 때문이다. 나
치스는 결국 유럽 정복을 계획하였고, 1933년부터 1945년까지의 역
사는 그들의 계획을 언급하지 않을 수가 없을 것이다. 그처럼 어떤
간단한 목적론적 설명은 몇몇 역사적 사건들에 대해서는 전적으로 타
당한 것이다. 그리고 둘째로, 그처럼 단순한 형태의 설명에 의지하는
일은 종종 불가능하다고 하더라도, 역사가들이 역사적 사건들을 운동
과 일반적 경향 아래에 함께 분류해 넣으려고 한다는 사실은, 그들이
이러한 설명을 대신할 어떤 것을 갈망하고 있음을 보여주는 것이다.
설령 그들이 뚜렷한 목적론적 견지에서 사고할 수 없다고 하더라도,
그들은 여전히 준목적론적(準目的論的)인 조처를 취하는 것이다. 역사
가들은 결국 사건들이 구체적으로 표현하고 있는 사상을 지적해 내
고, 또 그 사건들과 밀접하게 연관되어 있는 다른 사건들을 열거함으
로써 그 사건들을 설명하는 것이니, 설령 역사가들이 그 행위자들 중
에는 문제의 사상을 의식적으로 자각하지 못하고 있는 사람들이 많다
는 것을 알고 있는 경우라도, 역사가들은 그렇게 설명하는 것이다.
그리고 역사가들의 이와 같은 조처는, 이미 말한 바와 같이, 사상은
그 사상에 따라 행위하는 사람들의 마음의 전면에 지속적으로 나타나
있지 않는 때일지라도 그 사람들의 행위에 영향을 미칠 수 있다고 하
는 사실에 의하여 정당화된다. 그리하여 영국이 제국주의적 사명을
갖고 있다는 사상은 그 당시 영국에서는 아주 소수의 사람들만이 분
명하게 주장하였음에도 불구하고, 빅토리아 시대 말기에는 영국의 외
교 정책 수행에 가장 중요한 영향을 끼쳤으니, 당시의 외교 정책을
설명하면서 그러한 사상에 관하여 아무 언급도 없을 수는 없다. 비록
당시에 권력을 쥐고 있던 대다수의 사람들이 제국주의의 정책을 의식
적으로 받아들였거나 의도적으로 추구한 것은 아니라 할지라도, 영국
의 정치사에는 두드러지게 제국주의적인 단계가 있었음은 사실이다.
   내가 보기에는, 휴웰의 용어를 쓰자면, 사건들을 "적절한 개념" 밑

에 "총괄"하는 이러한 과정이 역사적 사유의 중요한 부분을 이루고 있다는 것은 분명하거니와, 나 자신은 이것을 앞 장의 첫머리에서 말했던 것, 즉 역사가의 목표는 그가 연구하는 사건들로부터 하나의 일관된 전체를 만들어 내는 것이라고 말했던 것과 연관시키고자 한다. 역사가가 취하는 그러한 조처는, 그가 다루는 사실들을 밝힐 어떤 지배적 개념들이나 지도적 관념들을 찾고, 이 관념 자체들 사이의 연관 관계를 조사하며, 그런 다음에 문제되는 시대의 사건들에 관한 "유의미한" 이야기를 구성함으로써 지엽적인 사건들이 그러한 연관 관계에 비추어서 어떻게 이해될 수 있는가를 보여주는 것이라고 하는 점을 상기해 주기 바란다. 이러한 기도가 어떠한 구체적인 경우에도 부분적인 성공밖에 거둘 수 없는 기도라는 것은 의심의 여지가 없다. 즉 62 우리는 올바른 주요 관념도 발견하지 못하고, 또 그것을 지엽적인 사건들에 적용하는 통찰력도 갖지 못할지도 모르며; 한편 우리가 추구하는 이해 가능한 것이라는 것도 단지 임의로 정해진 어떤 시대 내에서의 이해 가능한 것에 지나지 않을 수도 있다. (만일 역사가가 그의 연구를 위하여 일련의 사건들을 구획지어 놓지 않는다면, 사건들을 총괄하는 일을 시작조차 할 수 없다.) 그러나 이런 점들을 용인한다 하더라도 이 절차는 역사가들이 취하는 절차이며, 따라서 역사적 설명에 관한 어떠한 기술(記述)도 이 절차를 받아들여야 한다는 주된 논지는 변하지 않는다.

그러나 내가 지금까지 서술한 이 절차의 의의는 과대 평가되기가 쉬운 것이니, 그 점에 대하여 몇 마디 더 하고 나의 토론을 끝맺으면 여러 독자들의 의심도 누그러질 것이다. 내가 분명히 해두어야 할 것은, 첫째로 우리가 역사적 사건들을 그것들이 구체적으로 표현하고 있는 사상들을 언급함으로써 설명한다고 주장한다고 해서, 그것이 곧 그 의미는 논의의 여지가 있겠지만 어쨌든 역사는 합리적 절차라고 주장하는 것은 아니라고 하는 점이고, 둘째로 나는 이것이 역사가들이 채용하고 있는 유일한 설명 절차라고 주장하고 있는 것은 아니라고 하는 점이다.

(1) 나는 앞에서 총괄은 역사에 관한 실증주의의 견해보다는 관념론의 견해에 더 잘 들어맞는다고 설명한 바 있거니와(총괄은 분명히 모든 역사는 사상에 관한 것이라고 하는 명제와 연관되어 있다), 미심쩍어하는 사람들은 틀림없이 총괄에 관한 나의 이러한 옹호에는 관념론을 다시 끌어들이려는 어떤 기도가 들어 있다고 생각할 것이다. 그들은 나에게 이렇게 물을 것이다. 당신의 지배적 개념은 헤겔의 구체적 보편이 변장한 것이 아니고 무엇이며, 역사는 이해 가능한 전체라고 설명하려는 기도는 지금은 불신되고 있는 합리주의의 부활이 아니고 무엇이냐? 나는 이것은 전혀 그러한 것이 아니라는 점을 분명히 해두고 싶다. 나는 역사가는 적절한 사상에 따라서 사건들을 총괄함으로써 역사에서 이해될 수 있는 것을 찾아내려고 시도한다고 말하면서, 역사에 있어서의 궁극적인 동력에 관해서는 아무런 이론도 제시하지 않고 있다. 나는 역사가가 포착하는 사상의 **기원**에 관해서는 아무 말도 하지 않는다. 나로서는 그러한 사상이 역사가가 서술하고 있는 그 시대에 영향력이 있었다는 것으로 충분하다. 그리하여 나의 이론이 추정하는 역사적 절차에 있어서의 유일한 합리성은 일종의 표면상의 합리성이다. 즉 그것은 이런 사건, 저런 사건, 그리고 또 다른 사건이 모두 함께 어떤 단일한 정책이나 일반적인 운동의 일부로서 분류될 수 있다는 사실이다. 이런 정책이나 운동은 그 자체가 더 넓은 의미의 이성의 산물인가 어떤가 하는 보다 광범위한 문제에 관해서는, 나로서는 여기에서 할 말이 아무 것도 없다.

그러므로 나의 이론은 나쁘게 생각될지도 모르는 의미로 합리주의적인 것이 아니라, 오히려 모든 학파의 저술가들이 받아들일 수 있는 이론이라는 결론이 나온다. (나는 왜 마르크스주의자들조차도 이를 거부해야 하는지 모르겠다.) 그러나 이렇게 말하는 것 자체는, 만일 역사적 설명이 완전하려면 총괄은 그 이상의 절차로써 보충될 필요가 있다는 것을 시사하는 것이다.   63

(2) 역사적 사건을 사상에 의하여 설명한다는 것은, 왜 그런 사상이 채택되었으며(그 사상을 특별히 마음에 들도록 한 것은 무엇이며),

또 그 사상의 주창자들이 자연적 및 인간적 장애에 직면하여 그 사상을 얼마나 효과적으로 사용했느냐 하는 것 같은 중요한 문제에 관해서는 이 설명이 아무 것도 말하는 것이 없다는 이유만으로도 부분적일 수밖에 없다. 완전한 설명은 분명히 이런 문제들을 제기하지 않으면 안 되지만, 총괄 이론은 이런 문제들을 간파하고, 오직 그 연구 대상인 행위의 내용에만 주의를 집중한다. 이러한 추상이 용인되는 한, 그렇게 하더라도 나쁠 것이 없다. 말썽은 이러한 제한을 무시하고, 이 이론이나 그와 비슷한 어떤 이론을 전적으로 진리라고 내세울 때에만 생긴다. 그럴 때에는 우리는 위에서 검토한 바 있는 관념론자들의 터무니없는 생각에 빠지게 된다. 그러나 이런 사실을 마음 속에 잘 간직하면, 그런 터무니없는 생각에 빠질 필요가 없다.

역사가들은 총괄 이외에 어떤 다른 설명의 절차에 호소하고 있는가? 그것은 분명히 의사 과학적(擬似科學的) 유형의 설명에 대한 호소로서 개별적 사건에 대한 일반적 원리의 적용을 포함하는 것임에 틀림없는 것으로 생각된다. 그리하여 우리는 관념론에 관한 토론의 끝에서 그랬던 것처럼, 역사적 사유에 관한 실증주의적 이론과 비슷한 것에로 다시 돌아오게 된다. 이 장의 나머지 부분에서 우리는 이 이론의 중심이 되는, 역사에 있어서의 일반적 명제에의 의거에 관해서 음미하지 않으면 안 되거니와, 어떠한 설명도 이 의거를 인정하지 않으면 안 되는 듯이 생각된다. 7)

4. 역사와 인간의 본성에 관한 지식

우리는 어떤 역사적 상황을 이해하기 위해서는 그 상황에 적용할 어떤 일반적 지식을 제시하지 않으면 안 된다는 점을 인정하였거니

---

7) [나는 이 절의 주제에 관한 좀더 자세한 논의를 Studies in the Nature and Teaching of History, ed. W.H. Burston and D. Thompson (1967)에 수록된 "Colligatory Concepts in History"에서 전개한 바 있다.]

와, 여기에서 물어야 할 첫째 문제는 분명히 이러한 일반적 지식은 무엇인가 하는 것이다. 근대 실증주의자들은, 앞에서 본 바와 같이 이에 대하여 단순한 대답을 가지고 있다. 요구되는 일반적 지식은 역사적 상황에 따라 다르기 때문에, 역사가들이 호소하는 특별한 일반화 따위는 없다는 것이 그 대답이다. 그리하여 대규모의 인구 이동을 다루는 역사가는 다른 여러 가지 진리 가운데서 지리학자와 경제학자의 연구 결과에 의지할 것이다. 고전 학문의 역사를 연구하는 학도는 잉크와 종이의 화학적 성질에 관하여 좀 알고 있지 않으면 안 된다. 전기 작가는 심리학적 법칙들을 숙지하지 않으면 안 되며, 그 밖의 경우도 이와 같다. 각 유형의 역사가마다 각각 제나름의 특수한 관심 64 사가 있으며, 각기 적용할 적절한 일반적 지식을 제시하지 않으면 안 된다.

이 이론은 실증주의 학파의 지지자들이 흔히 제시하는 견해와 관련되는데, 그 견해란 어쨌든 역사를 어떤 특수한 연구의 명칭이라고 말하는 것은 잘못이라고 하는 견해이다. 추상적인 역사와 같은 것은 없다. 다만 여러 종류의 역사가 있을 뿐이다. 역사란 유(類)를 가리키는 용어이며, 그 유는 오직 그것의 종(種)들—정치사, 군사사, 언어사, 미술사, 과학사 등—에 있어서만 실재적이다. 그리하여 역사 그 **자체**는 어떠한 일반적 명제들을 전제하는 것인가를 묻는 것은 대답할 수가 없는 것이기 때문에, 추구해 보았자 무익한 물음을 묻는 것이다.

역사에 관한 이러한 확산주의적(擴散主義的)—이렇게 불러도 좋을 것이다—설명이, 특히 어떤 종류의 개괄적 견해도 별로 좋아하지 않는 시대에는 그럴 듯하고 매력적이라는 사실은 거의 부인할 수가 없다. 적어도 그 설명의 적극적인 주장들은 비난할 데가 없다고 생각된다. 여러 가지 종류의 역사가 있다는 것은 확실히 사실이며, 또 그 각 분야의 대표자들은 자신의 과제를 수행하기 위하여 전문가의 지식을 필요로 한다는 것도 확실한 일이다. 또한 어떤 종류의 추상화가 역사적 지식을 획득하는 데 필요한 절차라는 것도 의심할 수 없다.

모든 참된 역사들은 과거를 어떤 관점에서 바라보며, 또 과거의 한정된 국면에 주의를 집중한다고 하는 중요한 의미에서 부문별로 나누어진 것이다. 그러나 설령 이 모든 것이 용인되어야 한다 하더라도, 나자신으로서는 거기에서 과연 실증주의적 결론이 나오는지 의심스럽다. 왜냐하면 내 생각에는 모든 종류의 역사 연구에는 가장 중요한하나의 목표가 있기 때문이다. 그 목표란, 구체적 전체로서의 인간의과거를 이해 가능하도록 그려내어, 그것이 우리 자신들과 우리의 동시대인들의 생활과 꼭같이 우리에게 생생하게 되도록 하는 것이다.여러 가지 유형의 역사는 제각기 서로 다른 방식으로 이 기본적 목적에 기여하는 것이거니와, 나는 모든 역사가들은 이런 목적을 염두에두고 있다고 생각한다. 역사가들은 모두 인간의 과거를 해명하기를바라는데, 만일 그들이 자기들의 특수한 연구가 적어도 어느 정도 그런 해명을 한다고 믿지 않았다면, 그들은 그 연구에 착수하지 않았을것이다.

만일 이러한 주장에 일리가 있다면, 역사가들이 각자 자기의 특수한 목적을 위하여 취하고 있는 특정한 일반화 외에도, 각자에게는 그의 모든 사유가 의거하고 있는 일련의 기초적 판단도 있다는 귀결이나온다. 이러한 판단들은 인간의 본성에 관한 것이다. 즉 이 판단들은 인간이 살아가는 동안에, 그가 살고 있는 자연 환경으로부터건 그의 동료 인간들로부터건 받게 되는 여러 가지 도전에 대하여 보이는독특한 반응에 관한 판단들이다. 이런 판단들 중에는 너무 자질구레하여 정식화하여 표현할 만한 것이 못 되는 것도 있음은 물론이다.예를 들면 심한 육체적 고난을 겪은 사람들은 대부분 정신 능력에 결함이 있다고 하는 사실은 아무도 정식으로 표현할 필요를 느끼지 않는다. 그러나 그러한 일단의 명제가 전체로서 극히 중요하다는 사실은, 역사가는 그가 무엇을 사실로서 받아들일 것이며, 또 그가 받아들이는 것을 어떻게 이해할 것인가를 인간의 본성에 관한 그의 개념에 비추어서 최종적으로 결정하지 않으면 안 된다는 사실을 생각해보면 알 수 있게 된다. 역사가가 무엇을 믿을 만하다고 보느냐는 그

가 무엇을 인간으로서 가능하다고 생각하느냐에 달렸으며, 바로 이것
이 여기에서 문제되고 있는 판단들이 관계하고 있는 것이다. 그리하
여 인간의 본성에 관한 과학은 역사의 모든 분야에 대하여 기초가 되
는 학문이다. 다른 학문 분야의 연구 결과가 이런저런 종류의 역사를
위하여 필요하지만, 그러나 지금 말한 〔인간의 본성에 관한〕 학문처
럼 일반적인 중요성을 가진 것은 아무 것도 없다.

5. 이 개념의 난점

그러나 설령 여기까지는 인정한다 하더라도, 역사가가 가진 지식의
전 내용과 인간의 본성에 관한 이러한 판단들의 사용에는 많은 난점
들이 있다는 것도 역시 용인되지 않으면 안 된다. 그런데 이런 난점
은 분명히 역사적 설명에 관한 문제뿐만 아니라 역사적 진술의 객관
성에 관한 문제에도 연관되는 것이므로, 이에 관해 좀 상세한 토론이
필요할 것이다.

우선 역사가는 어떻게 하여 이러한 기초적 신념들을 갖게 되는가
하는 문제가 있다. 이 경우에 분명한 대답은, "그 분야에서 인정받는
권위자로부터", 다시 말하면 심리학과 사회학이라는 근대 과학에서
인간의 본성을 연구하는 일을 임무로 하고 있는 사람들로부터라고 하
는 대답일 것이다. 그러나 곤란한 것은, 이러한 과학과 그 방법 및
연구 결과를 전혀 알지 못하지만 어떤 특정한 역사적 상황에 관한 그
들의 판단이 신뢰를 받을 수 있는 유능한 역사가들도 많이 있다는 사
실이다. 비록 그들은 인간의 정신이나 인간 사회의 일반적 특성에 관
해서 정식으로 연구해 본 일은 없지만, 그들은 분명히 인간의 본성에
관하여 많은 것을 알고 있으며, 또 그들의 지식을 훌륭히 이용할 줄
알고 있는 것이다.

그들이 그런 지식을 끌어낼 수 있었던 다른 원천이란 어떤 것일
까? 여기에서 선택될 수 있는 유일한 대답은 "경험으로부터"라고 하

는 대답일 것 같다. 그런데 이것은 일부 철학자들에게는 확실히 마음
에 드는 대답일 것이다. 그들은 역사가들이 보여주는 인간의 본성에
관한 이해는 우리 모두가 일상 생활에서 보여주는 이해와 다르지 않
으며, 같은 원천에서 나오는 것이라고 말할 것이다. 이러한 이해는
널리 인정되는 일반적 통념들의 막연한 혼합물의 일부이거니와, 이
일반적인 것들은 우리의 공통의 경험으로부터 나온 것이며, 우리 자
신의 경험에 의하여 어느 정도 확인된 것으로서, 우리 모두가 일상적
목적을 위하여 받아들이고 또 "상식"이라는 이름으로 알고 있는 것이
다. 이제 이 두번째 대답의 진가는 의심스러운 것이 될 수 없다. 이
것이 인정될 수 있다면, 우리가 고찰하고 있는 주제에 있을 수 있는
어떠한 모호한 점도 사라지고 만다. 우리는 더 이상 인간의 본성에
관한 역사가의 이해의 중요성에 관하여 애써 논란할 필요가 없는데,
이는 역사의 범주는 상식의 범주와 동일하다는 것이 판명되기 때문이
다. 사태가 이렇고 보면, 역사적 지식은 특별히 주목할 만한 것이라
느니, 또는 철학적 검토가 특별히 요구될 수 있다느니 하는 구실은
있을 수 없다.

　인간의 본성에 관한 역사가의 이해가 어쨌든 경험에서 나왔다는 것
과, 또 그것이 우리가 상식적 지식이라고 부르는 것과 연결되어 있다
는 것까지도 나는 부인하고 싶지 않다. 그러나 인간의 본성의 여러
가능성에 대하여 위대한 역사가들이 보여준 통찰의 예민함과 깊이에
관해서는 아무런 공정한 평가도 하지 않고서 이 문제를 그 정도로 그
쳐도 좋을지는 나로서는 의문이다. 그런 사람들의 특색의 하나는, 그
들은 인간의 상황을 평가하고 이해함에 있어서 상식을 훨씬 넘어서
나갈 수 있다는 점이다. 그들의 상상력이나 직관력이라고까지 불려도
무방한 것들이, 그들의 독자들로서는 생각하지도 못했던 가능성을 계
시하여 독자들로 하여금 자신들의 시대와는 전혀 다른 시대의 정신을
꿰뚫어볼 수 있게 해준다. 다른 점에서도 그렇지만, 이 점에서 그들
의 저작은 다른 분야의 위대한 저술가들의 저작과 아주 비슷하다. 창
작 문학, 특히 희곡과 소설의 경우에도 그 저자들에게는 인간의 본성

의 가능성들에 대한 특히 철저한 통찰이 요구된다. 그리고 이 경우에
도 그 통찰이 정식으로 연구한 결과로서 얻어지는 일은 드물다. 그런
데 이런 통찰은 어떤 경우이건 그 저자의 경험과 그가 사는 시대의
공통적 경험에 의거한다고 함은 의심할 나위 없이 사실이기는 하지
만, 이 말은 실제로는 참된 해명은 못 된다. [8] 왜냐하면 이 말을 잘
생각해 보면, 왜 어떤 사람들은 자기의 경험을 그렇게도 중시할 줄
아는데 다른 사람들은 그렇지 않은가 하는 곤란한 문제가 남기 때문
이다. 셰익스피어(Shakespeare)나 톨스토이(L.N. Tolstoy)와 같은 사
람이 보여준 인간의 본성에 관한 다각적 평가를 경험이 충분히 설명
할 수 있을까? 에밀리 브론테(Emily Brontë)가 히드클리프라는 인물
—그와 같은 사람을 브론테도 그녀의 독자들도 이 세상에서 만나보았
을 리가 없지만, 그럼에도 불구하고 실재의 인물 같은 생각이 드는
작중 인물—에게 부여할 수 있었던 저 놀라운 확신을 경험이 설명할
수 있는가? 문학적 이해를 설명하기 위하여 요구되는 것은 상식과
공통의 경험이 모두라고 하는 말은 분명히 진리에 못 미치는 말이다.
타고난 재능도 또한 필요하다. 그리고 보통의 역사가는 예리한 상식
의 자질에 지나지 않는 자질을 가지고도 충분히 그의 직분을 적절히
수행할 수 있지만, 이 분야에서도 역시 진실을 밝혀 주는 연구에는
타고난 재능과 같은 것이 요구된다고 말할 수 있음은 확실하다.

나는 인간의 본성에 관한 역사가의 지식에는 진정한 문제가 있다고
단정하며, 또 이 문제는 문학 작품과 그 감상에 관하여 제기되는 문
제와 아주 비슷하다고 생각한다. 그러나 이 문제의 논의는 남겨 두
고, 인간의 본성을 다루는 과학에 관한 더 앞에 놓인 곤란한 점으로
넘어가지 않으면 안 되겠다.

이 난점은 그 과학의 근본 명제가 변하기 쉽다는 점과 관련된 것이

---

8) 나는 Ryle 교수의 반대 명제에서처럼(*The Concept of Mind*, 제 II 장),
이러한 지식은 모두 "사실에 관한 지식"(knowledge that)에 대립되는
"어떻게에 관한 지식"(knowledge how)으로 분류되어야 한다고 하는 제
안에 대해서도 같은 말을 하겠다.

다. 우리는 이미 역사가는 인간의 본성에 관한 그의 개념에 비추어서 무엇을 사실로서 받아들일 것인가를 궁극적으로 결정하지 않으면 안 된다고 말한 바 있다. 그러나 이 문제를 숙고해 보면, 인간의 본성에 관한 개념들은 시대에 따라 현저하게 변한다. 한 시대에는(예컨대 중세기에는) 정상적이라고 생각되는 것이 다른 시대에는(예컨대 18세기에는) 전혀 비정상적인 것으로 보이며, 또 그 차이가 너무 심해서 먼저 시대를 나중 시대가 전혀 이해할 수 없는 일도 흔히 있다. 기본과 같은 저자가 종교의 문제를 다루면서 그의 저작에 흠을 내게 한 오해는 이에 기인하는 것이다.* 그리고 그러한 오해는 오직 과거에나 있을 뿐이라고 생각한다거나, 우리는 선인들보다 더 현명하다고 생각해서는 안 된다. 물론 우리 자신의 시대와 과거의 시대 사이에는 차이가 있다는 것을 기본과 볼테르보다 우리가 더 잘 알고 있다. 그러나 그렇다고 해서 우리가 그 차이를 완전히 극복할 수 있게 된다는 것은 아니다. 또 우리가 그 차이를 극복할 수 있으리라고 기대하는 것은 참으로 불합리하다고 생각되는데, 왜냐하면 그것은 우리가 우리 자신의 시대 밖으로 나가서 과거를 **구원의 상 아래에서** (sub specie aeternitatis) 관조할 수 있어야만 비로소 가능한 일이기 때문이다.

그런데 그 근본 명제들이 이와 같이 변하는 과학은 도대체 과학이 아니라고 생각될지도 모른다. 그리고 실제로 이런 결론이 내려진 일이 있다. 예를 들면 콜링우드는 인간의 본성에 관한 "영원한" 진리는 없고, 인간이 이런 시대 저런 시대에 어떻게 행동했느냐 하는 데 관한 진리만 있을 뿐이라고 여러 번 주장한 바 있다. 그는 인간의 본성은 끊임없이 변화하고 있기 때문에, 인간의 본성에 관한 영원한 진리는 없다고 주장했던 것이다. 그러나 우리는 외관상 그럴 듯하게 보이는 이 주장을 주의깊게 따져 볼 필요가 있다. 인간의 본성이 시대에 따라 변한다고 할 때, 우리는 과거와 현재 사이에는 아무런 동일성도 없고, 한 시대에서 다른 시대에로의 계속적인 발전도 없으며, 두 시

68

---

* E. Gibbon (1737~1794)은 그의 유명한 *The Decline and Fall of the Roman Empire*에서 로마 쇠망의 참된 원인은 기독교에 있다고 시사하였다—역주.

대는 완전히 다르다고 단정하는 것일까? 그리고 만일 그렇게 하려는
것이라면(콜링우드 자신이 좀더 회의적이었던 시기에 말한 것처럼),
그것은 과거에 대한 어떠한 지적 이해의 가능성도 배제하는 것이 아
닌가? 예를 들어 만일 고대 그리스나 중세 시대의 사람들이 오늘날
의 사람들과 공통되는 것이 아무 것도 없다면, 우리는 어떻게 그들의
경험을 조금이라도 이해하고자 바랄 수가 있겠는가? 그들의 경험을
이해하려고 시도한다면, 그것은 마치 아무리 해도 해득할 수 없게끔
미리 만들어진 암호책을 해독하려고 애쓰는 것과 같은 일일 것이다.

이것은 그 자체가 **사람에의 논증***에 불과하다. 이것은 인간의 본성
에는 불변적인 것이 있다는 것, 따라서 인간의 본성에 관한 과학이
가능하다는 것을 **증명**하는 것이 못 된다. 이것은 단지 우리가 우리의
동시대인들을 이해할 수 있다고 생각하는 것과 꼭 마찬가지로 과거도
이해할 수 있다고 생각한다는 사실에 주의를 환기시켜 줄 뿐이다. 그
러나 이러한 확신은 적어도 역사적 이해에 관한 전반적 회의주의는
문학적 이해에 관한 전반적 회의주의도 수반한다고 생각할 때에나 지
지된다. 만일 우리가 과거의 사람들의 행위를 이해할 수 없다면, 그
들의 문학에 대해서 조금이라도 이해하기를 바랄 수도 없다. 그렇지
만 설령 어떤 작가는 다른 작가보다 더 이해하기가 쉽고, 또 어떤 문
학 작품은 아무리 해석하려고 노력해도 끝까지 이해할 수가 없다는
것을 우리가 인정한다 할지라도, 우리는 적어도 어느 정도까지는 그
것을 이해하기를 바랄 수 있다고 틀림없이 생각하고 있는 것이다.

그리하여 행위와 신념이 시대에 따라 변하는 것은 분명함에도 불구
하고, 인간의 본성에 관한 과학은 원칙적으로 가능하다고 주장할 수
있을 것이다. 그러나 설령 그렇다고 하더라도, 역사적 이해에 관해서

---

* ad hominem argument: 상대방의 주장을 논리적으로 정당하게 반박하
는 대신 그의 인격, 지위, 환경 등을 비난함으로써 그의 주장이 허위임
을 입증할 때의 논리적 오류이다. 또 자기의 주장이 참임을 밝히는 대
신, 상대방이 처한 상황을 비난하여 자기 주장을 인정하게 하려는 논증
방법도 이에 속한다. 본문에서 말하는 것은 후자의 경우이다—역주.

는 섣불리 낙관해서는 안 된다. 역사가들이 나름대로 인간이 어떻게 행위하며 또 (덧붙여 말하자면) 어떻게 행위해야 하는가에 대한 서로 다른 개념들을 그들의 저작에서 제시하고 있으며, 또 이런 사실이 그들이 도달하는 결과에 가장 중요한 영향을 미친다고 하는 것은 여전히 참이다. 우리는 여기에서 이러한 사실이 무엇을 함의하고 있는가를 더 이상 설명할 생각은 없다. [9] 우리의 목표는 다만 이러한 사실이 역사적 설명이라는 주제에 관련이 있다는 점을 지적하자는 것뿐이었다. 내가 말하고자 하는 것은, 그 사실이 관련도 있고 중요하기도 하다는 것은 의심할 나위도 없다고 하는 것이다.

69

인간의 본성에 관한 과학에 관해서는 결론적으로 간단히 언급할 난점이 또 하나 있다. (상술한 두 가지 난점과의 관련은 충분히 밝혀질 것이다.) 나는 역사적 이해에는 인간의 본성에 관한 진리가 **전제되어** 있다고 주장하여 왔으며, 또 역사가는 인간의 본성에 관한 어떤 개념을 가지고 연구에 **접근한다**고 말한 바 있다. 그러나 문제가 이로써 끝날 수는 없다. 왜냐하면 이 문제에 관하여 생각해 보면, 역사를 이해하기 위하여 우리가 인간의 행위의 가능성에 관한 어떤 개념을 제시한다는 것만이 진실은 아니기 때문이다. 우리는 또한 역사 연구가 진행됨에 따라 이 주제에 관한 우리의 견해를 수정하기도 한다. 그리하여 로마 제국을 무너뜨린 야만인과 같은, 우리 자신과는 아주 거리가 먼 사람들의 행위에 관한 설명을 읽을 때에, 우리는 그들의 행동을 판단하고 해석할 어떤 기준을 가지고 읽기 시작한다. 그러나 읽다 보면 곧 우리가 예기하지 못했던 가능성에 눈을 뜨게 되어, 이러한 기준을 중요한 점에서 바꾸게 될지도 모른다. 이 점에서 다시 한번 역사의 입장은 문학의 입장과 유사하다. 위대한 소설이나 위대한 연극은 우리들 자신에 관하여 무엇인가를 가르쳐 준다고 흔히 일컬어진다. 그렇지만 앞에서 보았듯이, 우리는 인간의 본성에 관한 어떤 기존의 신념을 이에 대해 제시할 필요가 있다.

---

9) 그 이상의 함의에 대해서는 제 5 장을 참조.

내 생각으로는, 인간의 본성에 관한 우리의 지식은 경험에 의존하고 있으며, 또 우리의 경험이 확대됨에 따라 끊임없이 수정된다고 하는 단순한 이유 때문에, 상술한 논의에는 아무 것도 놀라운 것이 없다고 말함으로써 이 문제를 처리하는 것은 불충분하지 않은가 싶다. 물론 그렇기는 하다. 그러나 이 주제에 관한 우리의 개념에는 그래도 어떤 요소가 포함되어 있는 듯이 보이는 것도 사실인데, 이 요소는 경험에 기인하는 것이 아니라 선험적이라고 일컬어지거나 또는 기호에 따른 주관적인 것이라고 일컬어질 수 있는 어떤 요소이다. 이러한 주관적 요소의 존재는 역사 철학에게는 중요한 난제가 되고 있으며, 또 역사는 충분한 과학적 연구가 될 수 있다는 점에 동의하라고 하면, 사실상 많은 일반인들이 그에 주저하게 되는 주요한 원인이 되고 있다.

우리는 이런 문제들은 다음에 다시 논의하기로 하고 남겨 두고, 지금까지의 길고 까다로운 논의의 성과들을 함께 모아 보도록 하자. 우리는 두 가지 견해를 염두에 두고 역사에 있어서의 설명의 본질에 관한 고찰을 시작하였다. 하나는 역사적 이해는 직접적이고 직관적이라고 주장하는 견해이고, 다른 하나는 역사적 이해를 실제로는 경험 과 70 학적 사유의 아류(亞類) 형식에로 격하시키고 그 방법적 조처를 상식의 방법적 조처와 동일시하는 견해이다. 우리는 첫째 견해를 단호히 거부하는 이유를 살펴보았다. 그러나 그렇다고 해서 우리가 곧장 둘째 견해를 받아들인 것은 아니다. 왜냐하면 관념론의 학파의 주장이 너무 지나치기는 하지만, 행위의 개념을 역사가의 중심 개념으로 삼는 점은 잘못이 아니라는 것을 우리가 알았으며, 또 상술한 바와 같이 역사를 움직이는 궁극적 힘을 무엇이라고 보든간에 역사가들이 따르는 목적론적 또는 준목적론적 조처와 연관시키려고 우리가 기도했던 것이 바로 이 행위의 개념이었기 때문이다. 그러나 우리는 역사적 사건들을 총괄하는 이 과정이 매우 중요하기는 하지만 역사적 설명의 본질 전부일 수는 없다고 하는 점을 인정하였다.[10] 과학적 유형의 설

10) 이 점을 좀더 분명히 말하자면, 어떤 행위를 완전히 설명하는 데는 원인과 동기를 언급하는 것도 분명히 요구되는데도, 역사의 일반적 운

명에서와 마찬가지로 일반적 진리에의 언급도 또한 필요하였으며, 이 점에서 우리는 실증주의의 견지와 대체로 의견을 같이하였다. 그러나 우리는 일단의 기초적 일반화가 인간의 본성에 관한 과학에 속하는 것으로서 모든 역사적 연구에 전제되어 있다고 주장한 점에서는 실증 주의자들과 의견을 달리하였다. 그리고 우리는 결론적으로 이러한 일 반화와 이 일반화에 대한 역사가의 지식을 둘러싸고 제기되는 어떤 난점들을 지적하려고 시도하였다. 우리가 도달한 결과를 요약하자면 대체로 다음과 같이 말할 수 있을 것이다. 비록 역사는 자연 과학이 나 심지어 상식과도 지금까지 때때로 생각되어 온 것만큼 다르지는 않지만, 우리 견해로는, 역사는 그 자체에 고유한 특색을 가진 지식 의 한 형태이다.

제 3 장에 대한 추가 주해

도나간 교수는 "역사적 명제의 검증"(The Verification of Historical Theses, *Philosophical Quarterly*, 1956 년 7 월)이라는 한 논문에서, 역사에 관한 콜링우드의 견해에 대하여 여기에서 제시된 해석 및 다른 비판 자들의 해석을 논박하여, 자신은 그의 이론에서도 그의 역사가로서의 활동에서도 역사에서는 과거의 사상이 틀림없이 직관된다는 신념에 도달할 수는 없었다고 말하고 있다. 모든 역사는 사상의 역사라고 하 는 콜링우드의 언명은, 역사가가 하는 일에 관한 설명이라기보다는 역사적 지식의 개념적 구조를 명백히 밝히려는 기도라고 해석되어야

71 한다. 나는 콜링우드의 목표는 역사적 지식의 특유한 성격을 드러내 려는 것이었다는 점을 강조하고 싶으며, 드레이 교수의 《역사에 있어

동을 추적하는 데 온 힘을 기울이는 역사가들은 주로 의도 또는 목적 에 전념하고 있다고 말할 수 있을 것이다. 나는 어떤 행위의 동기를 발견하는 것은 그 행위를 어떤 유형의 행위로 분류하는 것이라고 하는 Ryle 교수의 말(*The Concept of Mind*, 제 IV 장)에 찬성한다.

서의 법칙과 설명》(*Laws and Explanation in History*)의 제 5 장에 전개된 노선을 따라, 콜링우드의 학설은 직관에 관련시키지 않고도 재구성될 수 있다는 점을 인정하려고 한다. 드레이는 거기에서 흔히 역사가들은 그들이 "행위의 이유"라고 부르는 것에 관심을 가진다는 점, 또 이러한 연구를 할 때에 역사가들이 노리는 것은 과거의 행동에 관한 일반화가 아니라 "행위의 원리"요, 즉 그들의 관심의 적(的)이 되는 인물들이 "해야 할 일"을 표현하는 것으로 생각했던(역사가들은 그렇다고 생각한다) 통칙들이라는 점을 지적하고 있다. 그러나 만일 이로써 그 문제가 깨끗이 해결된다고 한다면, 나는 다음 세 가지 주석을 달고 싶다. (1) 드레이의 설명으로는 역사가는 행위의 원리를 끌어내기 위하여 유사한 사례들을 조사할 필요가 없지만, 역사가는 개별적 사례를 넘어서는 어떤 일반적 지식을 필요로 한다. 넬슨이 트라팔가에서 어떤 원리에 따라 행위했는가를 알아내려면, 나는 적어도 그가 제독의 자격으로 거기에 있었다는 것을 알지 않으면 안 되며, 또 제독이란 어떤 사람인가를 알지 않으면 안 된다. (2) 콜링우드는 (이런 종류의) 역사적 이해는 일반적 법칙에 관한 지식에 의존하지 않는다는 소극적인 주장을 하고 있지만, 그러나 역사적 이해가 무엇인가에 관해서는 거의 말하고 있지 않거나 또는 아무 것도 말하고 있지 않다. 그가 역사적 이해는 직접적임에 틀림없다고 생각했다고 추리하는 것은 아주 당연한 일인데, 그가 다른 곳에서 과학적 지식은 추상적이라고 말하고 있는 것을 상기하면 특히 그렇다. (3) 콜링우드가 과거의 감정이 아니라 오직 과거의 사상만이 재현(re-enact)될 수 있다고 믿었다는 사실은, 역사적 회의주의의 쟁점에 그가 몰두하였다는 것을 보여준다. 이 문제에 대한 그의 해결책은 사상만이 오해의 가능성 없이 파악될 수 있다고 말하는 것이었다고 하는 결론은 피하기 어려울 듯싶다. 그러나 도나간이 앞의 52면에 인용된 《역사의 인식》의 구절 중 둘째 문장 끝에 있는 단어 "그것"(it)은 첫째 문장에 있는 "사건"(event)을 가리키는 것이라는 점을 나에게 납득시킨 이상, 나는 더 이상 그 구절에 의지하여, 콜링우드가 사상은 자명한 것이라고 믿었다

는 점을 지적할 생각은 없다. * 자세한 것은 《토론토 대학 계보》
(*University of Toronto Quarterly*) 1958년 1월호에 수록된 드레이 씨의 논
문 "추사유로서의 역사적 이해"(Historical Understanding as Re-think-
ing)를 참조하라.

---

* 여기에서 말하는 인용문의 원문은 다음과 같다(문제되는 단어 "it"와
"event"의 이탤릭체는 역자에 의한 것임): "For history, the object to
be discovered is not the mere *event*, but the thought expressed in it. To
discover that thought is already to understand *it*. After the historian has
ascertained the facts, there is no further process of inquiring into the
causes. When he knows what happened, he already knows why it
happened." 저자는 "it"가 그 문장의 "thought"를 지시하는 것으로 읽었
던 것 같다―역주.

1. 서 론

우리는 일찍이 제2장에서 역사를 과거의 인간의 행위와 경험에 관한 유의미한 이야기라고 기술한 바 있다. 우리는 이 기술의 처음 두 부분에 대해서는 이미 해명과 변호를 한 바 있거니와, 이제는 과거를 재구성한다는 역사가의 주장이 어떤 의미에서 정당화되는가를 묻는 셋째 부분으로 눈을 돌리지 않으면 안 되겠다. 이 문제는 우리로 하여금 바로 역사적 진리의 문제를, 그리고 궁극적으로는 역사적 객관성의 문제를 다루지 않을 수 없게 할 것이다. 따라서 이런 문제들이 다음 두 장의 주제가 될 것이다. 앞으로 알게 되겠지만, 이 두 주제는 밀접히 연관된 것이며, 사실은 단일한 논제의 다른 측면들이라고 간주될 수 있을 것이다.

진리의 문제는 역사에, 아니 어떤 분야의 학문에도 특유한 문제가 아니다. 그것은 어떤 판단이나 명제 또는 진술(어떤 용어를 사용해도 좋다)이 어느 정도까지 실재의 본질을 표현하는가, 또는 사실을 진술하는가를 알려는 일반적인 철학적 문제이다. 그러나 우리는 여기에서 문제되고 있는 것이 무엇인지를 처음부터 분명히 알아야 한다. 우리는 어떤 종류의 특정한 진술의 정당성을 문제삼고 있는 것이 아니다. 예를 들면 율리우스 케사르가 살해당했다는 것, 또는 키메라*가 상상적 동물이라는 것이 참임을 우리는 어떻게 아는가를 문제삼고 있는 것이 아니다. 이런 종류의 문제는 관련되는 여러 분야에서 인정받는 전문가들에 의하여, 또는 개개인의 경험에 의거하여 답변되지 않으면 안 된다. 진리에 관한 철학적 문제는 이와는 다른 차원에서 일어나는 73 것이다. 철학자가 대결하지 않으면 안 되는 것은 특정한 판단의 진리에 대한 의심이 아니라, 인간이 도대체 진리에 도달할 수 있는가의 여부, 또는 사실을 정확하게 진술할 수 있는가의 여부에 대한 회의주의이다. 그리고 역사적 판단이라는 특수한 경우에 관련되는 한에서의 바로 이러한 형태의 회의주의가, 우리가 지금의 토론에서 문제삼으려는 것이다. 우리는 역사가들이 자처하는 임무, 즉 과거를 재구성한다는 임무를 수행할 수 있는 역사가의 능력에 관해서 몇 가지 일반적인 난점을 탐구하지 않으면 안 되는데, 이 탐구는 우리로 하여금 역사적 사실이란 어떤 것이며, 또 역사적 증거의 본질은 무엇인가를 비판적으로 음미하는 일에 빠져들게 할 것이다.

솔직히 말하면, 오늘날에는 지금 말한 종류의 진리에 관한 문제가 참다운 문제라는 것을 부인하는 철학자들도 있다는 사실을 여기에서 지적할 수 있을 것이다. 그들은 진리에 관한 진정한 문제들은 특정한 진술의 근거를 탐구하는 데서 일어나는 문제들뿐이고, 이러한 문제들은 모두 그 해당 부문별로 해결되지 않으면 안 된다고 말한다. 그들이 보기에는 철학적 회의주의는 한때 그렇다고 생각되었던 명석하고 비판적인 사유를 위한 불가결의 서곡이기는커녕, 분별있는 사람은 누구나 벗어나려고 하는 무익한 망상의 추구이다.

이러한 관점이 옳다고 확신하고 있는 사람들은, 비록 이 장에서의

─────────────

* 키메라(chimaera): 그리스 신화에 나오는 괴물로, 머리는 사자 모양이고, 꼬리는 뱀, 몸통은 암산양의 모습을 하고 있으며, 입에서 불을 토한다고 한다─역주.

토론의 결론에 반드시 전면적으로 반대하지는 않는다 할지라도, 이 토론이 시대에 좀 뒤떨어졌다고 생각할지도 모른다. 과연 이 토론이 (아마) 시대에 맞지도 않고 또 아무 것도 계발하는 바가 없는지 어떤 지는 독자의 판단에 맡길 수밖에 없다. 나는 다만 이런 관점이 여러 철학 분야의 다루기 힘든 문제들을 해결하는 데 도움이 된다는 것이 확실히 판명되기는 했지만, 철학의 모든 전통적인 문제들이 그런 방법으로 만족스럽게 다루어질 수 있다는 것은 결코 자명하지 않다는 것, 그리고 진리의 문제는 내가 보기에는 그 쟁점이 아직도 불확실한 문제라는 것을 미리 말해 두고자 한다.

2. 대응으로서의 진리와 정합으로서의 진리

진리에 관한 철학적 이론 가운데서 가장 널리 주장되는 두 가지를 간단히 설명하고, 각 이론의 장점과 단점에 관하여 몇 마디씩 언급하는 일부터 시작하는 것이 편리할 것이다. 우리는 이 이론들을 역사의 영역에 적용하는 가능성에 관한 문제는 따로 떼어서 고찰하기로 하고, 우선 이 이론들을 역사의 영역에 특별히 관련시키지 않고 고찰하고자 한다.

첫째 이론은 우리 모두가 적어도 말로는 찬성하는 이론이다. 우리는 어떤 진술이 사실들에 대응하면 그 진술은 참이라고 말한다. 또 역으로 진술이 참이면 그 진술은 사실에 대응한다고 말한다. 이처럼 74 진리와 사실에의 대응과는 서로 바꿀 수 있는 용어인 것처럼 보이며, 이 이론의 본질은 단순히 이 용어들의 동의성(同義性)을 강조하는 데 있다. 이 이론의 지지자들은 진리는 사실과의 대응을 의미하며, 따라서 이렇게 대응하지 않는 어떤 진술도 참일 수 없다고 주장한다.

이렇게 말하면, 단순한 사람들에게는 이 대응설(이것이 이 이론의 명칭이다)이 자명한 이치에 지나지 않는다고 생각될 것이다. 그러나 겉보기에 아무 흠도 없는 이 대응설의 공식을 면밀히 검토해 보면 난점들이 드러난다. 진술이 사실과 대응하면 그것은 참이라고 말들을 한다. 그러나 사실이란 무엇인가? 일상적인 말로는 곧 이에 대한 대답을 할 수 있다. 우리는 어떤 영역에서의 사실들이란 그 영역을 탐구하는 사람과는 독립적인 있는 그대로의 것이라고 말하는 것이 보통이니, 어떤 의미에서는 그것들은 어떤 사람이 그것들에 관하여 생각하거나 말거나 존재하는 것이다. 사실들은 우리가 "엄연한", "완강한" 또는 "주어진"이라는 말로 묘사하는 것이다. 이렇게 이해되는 사실들은 보통 이론들과 대립되는 것인데, 이론들은 그 자체가 이러한 당당한 형용사들을 요구할 수가 없고, 기껏해야 "근거가 충분하다"든가 또는 "기초가 확실하다"는 것으로 만족할 수밖에 없다. 이론의 고유한 기능은 사실들을 "설명"하거나 "공정하게 평가하거나" 또는 "포괄하는" 일이며, 그리하여 사실들은 이론에 대해 하나의 불가결한 지시의 틀을 이루는 것이다.

독자는 이러한 분석이 분명하게 적용되는 상황의 적당한 실례를 생각해 내는 데 아무런 어려움도 겪지 않을 것이다. 그리하여 내가 이러이러한 것을 눈으로 보는 경험을 하고 있다는 것은 하나의 사실이다. 안과 의사는 나의 시력에 관하여 어떤 이론을 내놓을 수 있을 것이며, 그 이론은 참이든가 거짓이든가 할 것이다. 그 이론의 진위(眞僞)는 그것이 나의 경험을 "포괄"하는가 그렇지 못하는가, 또는 나의 경험을 "공정하게 평가"하는가 그렇지 못하는가에 달렸으며, 나의 경험 그 자체는 참도 거짓도 아니고 단지 일어난 일일 뿐이다. 만일 그 이론이 나의 경험에 부합하지 못하는데도 참일 수 있다고 말한다면, 나는 주저하지 않고 그 말은 공허한 말이라고 비난하겠다. 나는 안과 의사의 진단은 그 진단의 출발점이 되는 사실들을 설명하지 않으면 안 되며, 만일 그 사실들을 무시한다면 그 진단은 훌륭한 진단이 되지 못한다고 주장할 것이다.

이처럼 진리의 대응설은, 구태여 억지로 말하자면 그 자체가 사실과 대응한다는 장점은 갖고 있다고 말할 수 있을 것이다. 그러나 그것의 난점들은 결코 해결된 것이 아니다. 물론 실제적 목적을 위해서는 우리가 "엄연한" 사실이라고 생각하는 것과 "단순한" 이론이라고 생각하는 것을 구별한다는 것은 가능한 일이다. 또 사실상 불가피한 일이다. 그러나 이러한 구별의 이론적 근거는 그렇게 분명한 것은 아니다. 우리는 모두 이론은 사람들의 머리 속에 있는 것이며, 반면에 사실은 우리가 그것을 좋아하건 말건 거기 있는 것이라고 생각하기 쉽다. 이론은 긍정되거나 또는 부정되는 판단이나 명제의 형태를 취하거나, 또는 좀 비전문적인 말로 하면 언표된 또는 기록된 또는 무언중의 진술의 형태를 취한다. 사실은 그에 관하여 진술이 이루어지거나 판단이 형성되는 재료이다. 그러나 우리가 직면하지 않으면 안 되는 문제는, 이론이 일치하지 않으면 안 되는 이러한 독립적 사실에 우리가 어떻게 도달할 수 있는가 하는 문제인데, 이 문제는 그에 대한 대답을 찾기가 결코 쉽지 않은 문제이다. 왜냐하면 우리가 이 문제를 잘 생각해 보면, 현실적 또는 가능적 진술의 형태로 존재하는 이론은 그 자체가 다른 진술들에 의거하여 검토되기 때문이다. 예를 들면 나의 시력의 결함에 관한 안과 의사의 설명은 그의 질문에 답변하는 나의 진술과 일치하지 않으면 안 된다. 그가 사실들을 직접 알 수 있고, 이에 따라 그의 이론을 형성할 수 있다는 것은 사실이 아니고, 그는 내가 하는 대답을 참작하여 무엇이 사실인가를 결정하지 않으면 안 되는 것이다. 75

그런데 이 주장이 그럴 듯한 것은 오로지 선택된 실례가 특이하기 때문이라고 말할 수도 있을 것이다. 안과 의사가 내 눈으로 볼 수는 없기 때문에, 그가 나의 시력에 관한 사실들을 직접 알 수 없다는 것은 물론 사실이다. 그러나 사실들이 언제나 직접 알려지는 것은 아니라는 이유로, 사실들은 결코 직접 알려지지 않는다는 결론이 나오는 것은 아니다. 적어도 나 자신은 이 경우의 참된 사실들을, 즉 내가 무엇을 보고 있으며 무엇을 보지 못하고 있는가를 알고 있음에 틀림없는 것이 아닐까? 위에서 든 예에서의 사실들과 똑같은 시각적 경험은 결국 모두가 나의 경험인데, 아마 누구나 자기 자신의 경험은 직접 알 것이다.

그렇지만 이런 입론은 아직도 아주 명확하지는 않다. 왜냐하면 결국 우리가 경험에 의거하여 이론을 검증한다고 말하는 것은 좀 치밀하지 못한 말이기 때문이다. 경험 그 자체는 이론을 검증하는 데 사용될 수 없다. 경험은 이 목적에 이바지할 수 있기 전에 개념적 형식으로 표현되어 판단의 수준까지 높여지지 않으면 안 된다. 그러나 이 표현의 과정에서, 우리의 출발점인 실제의 경험은 불가피하게 변형된다. 그것은 해석됨으로써—즉 이 이전의 같은 종류의 경험과 관계를 맺게 되고, 일반적 개념 밑에 분류됨으로써—변형된다. 경험은 그처럼 해석될 때에만 기술될 수 있으며, 경험이 기술될 때에만 또는 적어도 그 경험을 가지고 있는 사람에게 의식적으로 인지될 때에만 그 경험은 이론을 검증하는 데 사용될 수 있다. 기술되지는 않고 단지 겪어 보기만 한 경험이란, 우리는 우리의 진술이 어떤 사실에 대응하지 않으면 안 된다는 것을 알 필요가 있다고 하는 그런 의미에서 알려질 수는 없을 것이다.

76 　이 말의 의미를 오해해서는 안 된다. 이 말은 지식에는 어떤 주어진 요소가, 또는 일부의 철학자들이 즐겨 표현하듯이 "직접적"인 요소가 있다는 명제를 반박하려는 것이 아니다. 그러한 요소가 있다는 것은 분명하며, 또 이 주어진 요소를 모든 사실적 진리의 원천으로서 강조하는 사람들도 옳다고 하겠다. 그러나 우리는 여기에서 더 나아가서, 주어진 것의 영역을 사실의 영역과 같다고 생각할 수는 없고, 또 진리에 관한 철학적 문제가 해결되었다고 억단(臆斷)할 수도 없다. 왜냐하면 주어진 것을 주어진 그대로 파악하는 데는 여전히 어려움이 있으며, 또 이것이 바로 우리가 할 수 없는 일인 것처럼 보이기 때문이다. 우리가 느끼는 명확한 감정들, 우리가 가지고 있는 개별적 지각들은 우리가 해석하게 되면 변형된다. 그러나 그것들을 해석하지 않고는 우리는 지식의 체계를 만들어 내는 데 그것들을 사용할 수가 없다.

그러므로 대응설의 지지자들이 믿고 있는 사실과 이론의 구별은 절대적인 것으로 생각될 수 없는 구별이라는 결론이 나온다. 우리의 이론이 의거해야 할 사실들은, 제 기능을 수행할 수 있으려면 그 자체가 명제의 형식을 갖추지 않으면 안 된다. (또는 현실적이거나 가능적인 진술의 형태라고 하고 싶다면, 그 형태를 취하지 않으면 안 된다.) 그러나 이것은, 진리를 사실과의 대응에 의하여 설명하는 것은 기껏해야 부분적인 설명일 수밖에 없다는 것을 의미한다. 사실의 개념은 더 자세히 천착되지 않으면 안 되며, 이에 관해서는 또 다른 분석이 가해지지 않으면 안 된다.

여기에서 우리는 편의상 진리에 관한 두번째의 주요 이론인 정합설로 넘어가도 좋을 것이다. 정합설에서는 진리를 진술과 사실과의 관계로서가 아니라, 하나의 진술과 다른 진술과의 관계로서 정의하려고 한다. 여기에서는 어떤 진술이 우리가 기꺼이 받아들이는 다른 모든 진술들과 정합 즉 조화된다는 것이 밝혀질 수 있으면 그 진술은 참이라고 주장된다. 우리의 어떠한 현실적인 진술도 전혀 그것만 고립하여 진술되는 것은 없다는 것이다. 즉 현실적인 진술은 모두가 어떤 전제 또는 조건에 의존하고 있으며, 그것을 배경으로 하여 이루어졌다고 한다. 또 우리가 가지고 있는 신념은 어느 것이나 다른 신념들과 밀접한 관계가 있는데, 이 신념이 우리가 다른 신념들을 받아들이는 근거의 일부 또는 전부가 된다는 의미에서, 또는 다른 신념들이 우리가 이 신념을 받아들이는 근거의 일부 또는 전부가 된다는 의미에서 그렇다. 우리가 가진 지식의 낱낱의 단편들은 결국 하나의 체계의 일부를 이루고 있으며, 우리가 거의 깨닫지 못하고 있다고 하더라도 그 전 체계는 그 체계의 어떤 부분의 주장에 함축되어 있는 것이다. 그리고 지금 우리가 검토하고 있는 이론의 중심적인 주장은, 만일 우리가 진리에 관하여 만족할 만한 설명을 하려고 한다면, 우리는 바로 우리의 지식의 체계적 성격에 주의를 집중하지 않으면 안 된다고 하는 점이다.

이 이론을 비평하기에 앞서서, 이 이론을 예를 들어 설명해 보도록 하는 것이 좋을 것이다. 내일은 비가 오고 폭풍우가 칠 것이다라는 주장을 예로 들어, 정합설의 지지자들이 이 주장을 어떻게 다룰지를

고찰해 보기로 하자. 첫째로 그들은, 이 주장이 이 주장에만 특유한
것이 아니라 같은 종류의 모든 진술과 신념을 지배하는 개념들과 원
리들을, 즉 기상학에서 체계적 형태로 설명되는 개념들과 원리들을
통틀어서 받아들이고 있다는 점을 지적할 것이다. 그리고 둘째로 그
들은, 그 신념은 우리가 그것만 고립하여 가지고 있는 신념이 아니라
고 주장할 것이다. 즉 우리가 내일은 비가 오고 폭풍우가 칠 것이라
는 결론에 도달하게 되는 것은, 우리가 이미 하늘에 높은 권운(卷雲)
이 끼었다든가, 오늘은 저녁 노을이 어떤 모양이라든가 하는 등의 어
떤 다른 주장에 관여했기 때문이라는 것이다. 따라서 우리는 우리가
출발한 최초의 판단의 진리가 마치 그것 자체로서 완전한 것이기나
한 듯이 검토할 수는 없고, 그것을 어떤 판단 체계 전체의 부분으로
서 고찰하지 않으면 안 된다고 한다. 그 체계는 마치 빙산처럼 그 일
각만 볼 수 있지만, 그럼에도 불구하고 그것은 틀림없이 존재하는 것
이다.

　정합설은 사실이라는 개념을 필요로 하지 않는 것이 아니라 사실에
관한 새로운 해석을 제공한다는 점에 주의하여야 한다. 이 새로운 해
석에 있어서는 사실이란 누군가가 그것에 주의를 하건 말건 존재하는
어떤 것이 아니라, 오히려 그것은 어떤 사유 과정의 귀결이다. 사실
들은, 대응설에서 상상되었듯이, 단순하게 이해될 수는 없다. 즉 사
실들은 **입증**되지 않으면 안 된다. 그리고 이는 사실과 이론 사이에는
실은 아무 원리상의 구별도 없다는 것을 의미한다. 사실은 다만 입증
된 이론이요, 그 확실성을 더 이상 진정으로 의심할 수 없는 이론에
불과하다. 이러한 용어법은 일상적 언어에서도 확인될 수 있다고 말
할 수 있을 것이다. 진화는 이미 이론이 아니라 사실이라고 때때로
말하는 것이 그 예이다.

　이러한 해석을 받아들이면, 우리는 어떤 문제에 있어서나 사실은
다만 잠정적으로 결정될 뿐이며, 또 어떤 경우에든지 수정되기 쉬운
것이라는 일견 역설적인 주장에 빠지게 된다. 그러나 우리가 이것을
모든 신념은 꼭같이 의심스럽다고 하는 전혀 다른 견해와 혼동하지

않도록 주의하기만 한다면, 우리가 이에 찬성해서는 안 될 아무런 이유도 없다. 과학의 전 역사는 결국 한 시대에는 사실이라고 생각되는 것이 다른 시대에는 부인된다는 사실을 보여주고 있거니와, 과연 만일 사정이 이와 같지 않다면 어떻게 갖가지 분야의 학문이 지금처럼 진보할 수 있었을까를 이해하기가 어려울 것이다. 과학적 진보에 관한 이와 다른 또 한 가지의 개념은 아리스토텔레스에 의해서 정식화된 것인데, 그는 지식의 체계는 애초부터 그 궁극적 형태를 취하고 있어서, 구조는 변하지 않고 단지 그 용적만 커질 뿐이라고 생각했지만, 이것은 오늘날에는 어디에서나 불신받고 있다.

   정합설에 관한 개략적인 설명은 이쯤 해둔다. 이 설에 대한 수많은 반론에 관하여 당장 말할 수 있는 것은, 어떤 반론은 이 설의 지지자들의 터무니없는 생각이라고 여겨질 수 있는 것에서 일어난다는 점이다. 그만큼 그들은 정합설이 가능한 모든 판단 또는 진술에 적용된다는 것을 입증하려고 노력하였는데, 그러다 보니 그들은 수학적 진리와 논리적 진리(이것들은 사실적 진리와 똑같이 수정되기 쉬운 것 같지는 않다)에 있어서나, 한층더 분명하게는 정합설에 관한 그들 자신의 진술에 있어서 모두 곤란에 처하게 되었다. 만일 어떤 진술도 궁극적으로 참되다고 단언할 수가 없다면, 진리는 정합성이라는 진술에 관해서는 우리는 무엇이라고 말해야 할 것인가? 또한 그들은 자기들이 지지하는 일원론적 형이상학을 위하여 모든 진리는 어떤 단일한 체계의 일부가 되며, 따라서 이 체계가 모든 올바른 단정 속에 전제되어 있지 않으면 안 된다고 주장하였다. 이 주장은 적어도 어떤 사실이든지 다른 모든 사실과 직접적인 관계를 가지고 있음에 틀림없다는 것—예를 들면 오스트레일리아의 오늘 날씨는 내가 옥스퍼드에서 무엇을 간식으로 먹는가 하는 것과 직접적인 관계를 가지고 있음에 틀림없다는 것—을 시사하는 듯이 보이나, 일상의 경험으로 보아 이는 전혀 당치 않은 일이라 하겠다. 그러나 그와 같은 불합리에 빠지지 않고도 정합설을 사실적 진리에 관하여 올바른 설명을 하는 것으로 받아들이는 것은 가능한 것처럼 보인다. 우리가 수학적 명제와 철학적 명제의 진리에 관해서는 어떻게 생각하고 있건, 사실의 진리는 어쨌든 정합설에 의해서 옳게 설명될 수 있다. 어떠한 판단도 그것만으로 고립되어서 참될 수는 없고, 모든 판단은 하나의 체계 안에 포함되는 것으로 생각되지 않으면 안 된다고 하는 주장도, 우리가 모든 판단을 내포하고 있는 **단일한** 체계를 발견할 수 있는가 하는 의심으로 인하여 뒤집혀지지는 않는다. 정합설은 설사 일원론적 형이상학을 뒷받침하는 데 이용될 수는 없더라도 본질적으로는 옳은 이론일 수가 있다.

그렇지만 정합설에는 어떤 역설적인 태도도 있음이 인정되지 않으면 안 된다. 만일 정합설이 주장하는 바가 단지 정합성은 진리의 **시금석**으로 간주될 수 있다는 점뿐이라면 정합설은 충분히 인정될 수 있을 것인데, 왜냐하면 우리가 가진 여러 가지의 의견들이 어떤 인정될 만한 체계들에 속한다는 것은 결국 사실이기 때문이다. 그러나 진리를 정합과 **동일시한다는** 점에서는 정합설에는 어떤 치명적인 유루(遺漏)가 있는 것같이 보인다. 정합설이 빠뜨리고 있는 것은, 진리하면 연상되는 독립성이라는 요소에 대한 언급이다. 우리가 좋아하건 않건 타당한 진리와 우리가 마음대로 꾸며낸 허구는 서로 구별된다고 우리 79 는 모두 믿고 있다. 그러나 만일 사실들이 사유의 산물이라고 선언된다면, 마치 우리가 사실들도 꾸며낼 수 있어야 하는 듯이 보이며 따라서 그 구별은 희미해진다. 물론 정합설의 지지자들은 이 반론을 잘 알고 있으며 그것을 거부하고 싶어한다. 그들은 사실을 확립하게 하는 사유는 자의적이라고 생각되어서는 안 된다고 주장한다.[1] 즉 진리는, 오직 내가 나의 개인적 자아를 억제하고, 나의 사유로 하여금 보편적으로 타당한 객관적 원리에 따르도록 하는 한에서만 획득된다고 한다. 그러나 경험 속에 주어진 〔독립성이라는〕 요소는 정합설에 의

---

1) 예를 들어 H.H. Joachim 의 *Logical Studies,* 제 III 부를 참조. Joachim 의 초기 저서 *The Nature of Truth* 는 아마도 정합설에 관해 영어로 씌어진 가장 명확한 설명일 것이다. 정합설은 "진리는 전체이다"라는 유명한 언명을 한 Hegel 에까지 거슬러 올라간다.

해서는 만족스럽게 설명되지 않는다는 인상, 그리고 만일 이 설을 받아들이면, 우리 모두가 비철학적인 경우에도 인정하는 특색인 사실의 "엄연성"이 사라진다는 인상은 여전히 남아 있다.

요약하자면, 진리에 관한 이러한 기준적 이론들은 각각 그 매력적인 특색을 가지고 있지만, 어느 것도 완전히 난점에서 벗어나지는 못하고 있다고 말할 수 있을 것이다. 완전히 (또는 좀더) 만족스러운 설명이 되려면, 양쪽의 논지를 한데 합치지 않으면 안 될 것 같다. 그러나 우리는 이 두 이론의 진정한 종합이 도대체 가능한가 하는 문제는 여기에서는 접어 두고, 이 장에서 우리가 다루어야 할 특별한 문제로 돌아가서 역사에 있어서의 진리와 사실의 본질을 고찰하지 않으면 안 된다.

3. 역사와 대응설

지금까지 우리가 분석해 온 두 가지 이론에 대해서 역사를 뒷받침해야 한다는 요구가 있었는데, 두 경우가 다 어느 정도 그럴 듯한 점을 가지고 있었다.

그리하여 대응설의 견해를 지지하는 사람들은[2] 우리가 어디에서건 역사에서 다루는 사실들은 지나간 것들이기 때문에 고정되고 규정된 것이며, 아무리 상상력을 펴보아도 우리가 지금 생각하고 있는 것에 의존한다고는 생각될 수 없는 사실들이라는 점을 지적한다. 과거의 사건의 기록이라는 의미의 역사는 일어난 일(res gestae)이라는 의미의 역사와 대응하지 않으면 안 된다. 만일 그렇지 않다면, 우리는 그것을 사기라고 비난하는 데 주저하지 않을 것이다. 과학적 진리는, 과학적 사유에 틀림없이 포함되어 있는 규약(convention)이라는 요소 때

2) 이러한 논의들의 몇 가지에 관해서는 *Logic and Language*, second series, ed. A. Flew에 재수록되어 있는 A.M. MacIver, "Historical Explanation"을 참조.

문에 정합설의 요구에 아마 순응할 수 있을 것이다. 그러나 역사적 진리는 그럴 수가 없는데, 왜냐하면 역사가 다루는 사실들은 실제로 일어났던 것이며, 또 우리가 지금 이 사실들에 관하여 말하거나 생각하는 어떠한 것도 이 사실들을 변화시키지는 못하기 때문이다.

80

이 모든 점은 충분히 수긍할 만하지만, 그러나 다른 쪽 주장에도 유력한 논거가 있다. 모든 진리는 상대적이라는 정합설의 주된 논지는 역사의 분야에서 특히 분명하게 예증된다. 역사가가 자기는 지나가고 끝나 버린 과거에 관하여 이야기하고 있다고 생각한다고 하더라도, 그가 그러한 과거에 관하여 실제로 믿고 있는 것은 모두가 그가 현재 이용할 수 있는 증거나 이를 해석하는 그 자신의 솜씨와 함수 관계에 있음을 논증하는 것은 어느 정도 효과가 있을 것이다. 역사가가 인정하는 사실들—이것이 결국 그가 알고 있는 유일한 사실들이다—은 정합설에서 말하는 방식으로 입증된 것이다. 이런 사실들은 사유의 과정을 거쳐서 도달된 결론들을 의미하거니와, 말이 나온 김에 덧붙여 말하면, 이런 결론들은 그 중 하나가 달라지면 나머지 전부에 심각한 영향을 미칠 수 있을 정도로 서로 체계적으로 관계되어 있는 것이다. 그리고 만일 이것이 역사가가 사실이라고 할 때 의미하는 것 전부일 수는 없지 않느냐고 말한다면, 즉 역사가가 생각하고 있는 것은 실제적 과거이지 단지 그 과거에 관한 우리의 현재의 재구성이 아니지 않느냐, 결국 일어난 일 그 자체이지 그 일어난 일에 관하여 지금 우리가 믿고 있는 바가 아니지 않느냐고 말한다면, 이에 대해서는, 그 이상의 무엇이라는 생각은 끝까지 분석해 보면 공상적인 것임이 드러날 수 있을 것이라고 대답하게 될 것이다. 왜냐하면 현재의 증거와 아무 관계도 맺고 있지 않은 사실들이란 알 수 없는 것임에 틀림없으며, 이런 상황에서 그런 사실들이 어떻게 해서 역사가에게건 다른 사람들에게건 어떤 의미를 가질 수 있는가도 분명하지 않기 때문이다. [3]

---

3) 역사에 적용된 정합설에 관해서는 Michael Oakeshott, *Experience and its Modes*, 제 III 장에 잘 설명되어 있다.

대응설과 정합설 사이의 진정한 쟁점은, 과거가 나중에 알려질 수 있다는 가능성 여하에 관한 것임은 아주 명백하다. 대응설은 일단 지나가고 끝나 버린, 그리고 적어도 어느 정도는 재구성이 가능한 과거라는 관념에 모든 것을 걸고 있다. 정합설의 지지자들은 이와는 대조적으로, 이 두 가지 요건은 모두가 충족될 수 없다고 말하고, 우리는 독립적인 과거와 알려질 수 있는 과거 중에서 하나를 선택하지 않으면 안 된다고 주장한다.

이제 대응설의 설명을 좀 자세히 검토하여 문제를 해결하는 길로 나아가도록 해보자. 대응설을 주장하는 데에는 별의별 견강부회(牽强附會)가 다 있을 수 있을 것이다. 모든 형태의 대응설은 역사가의 임무를 모자이크를 구성하는 일과 비슷하게 생각한다고 말할 수 있을 것이다. 대응설이 주장하는 것은, 과거는 일련의 개별적 사건들로 이루어져 있으며, 역사가의 임무는 이것을 또는 그 일부를 가능한 한 충분히 재구성하는 일이라고 하는 것이다. 이제 그 일이 어떻게 수행되느냐고 물으면, 어떤 사건들은 그것이 발생하였을 때 기록되었으며, 우리가 해야 할 일은 그 기록을 읽는 것뿐이라고 극히 간단하게 대답한다. 투키디데스*와 케사르**처럼, 당시의 사건들을 기록해 놓은 고대의 역사가, 자신들의 행적을 기리기 위하여 명판(銘板)을 세워 놓은 군정 장관들과 민정 장관들, 중세의 연대기 작가들과 근대의 일기 작가들은 사건들이 실제로 일어났을 때(또는 어쩌면 잠시 후)에 기록한 사람들의 실례라고 말할 수 있을 것이며, 따라서 그들의 기록은 엄연한 사실의 기초를 제공한다고 생각될 수 있으므로, 역사가는 이런 사실을 중심으로 하여 자기의 이야기의 나머지를 짜맞출 수 있는 것이다. 이런 설명에 의하면, 역사적 진리는 우리가 어떤 최초의 권위를 받아들인다는 데에 달렸거니와, 적어도 이런 권위의 기록들 중의 얼마는 전적으로 믿을 수 있는 것으로 취급되고 있다.

이러한 권위의 개념이 역사적 사유에서 중요한 역할을 한다는 것을

81

---

  * Thucydides 는 《펠로폰네소스 전쟁사》를 썼다 ─ 역주.
 ** Julius Caesar 는 《갈리아 전기》와 《내란지》를 썼다 ─ 역주.

부정하고 싶지는 않다. 그렇지만 자기가 해야 하는 일이 무엇인가를 아는 역사가는 누구나 어떤 기록을 바로 그것이 그러한 권위자가 기록한 것이라는 이유로 기꺼이 참된 것으로 받아들일 것이라고 주장하는 것은 확실히 터무니없는 일이다. 물론 과거의 사건에 대한 증거는 이런 종류의 기록밖에 없는 경우도 있다. 그러나 이것은 원천적 사료에 대한 역사가의 신뢰의 한계를 보여준다기보다는, 오히려 그가 다루는 자료의 빈곤을 보여준다. 가장 훌륭한 권위에 대한 신뢰조차도 그가 하는 말에 대한 어떤 증거가 별도로 발견됨에 따라 증대된다는 사실만 잠깐 생각해 보더라도, 권위론이 부실한 이론임이 충분히 드러난다. 그리고 사실상 권위론은 오늘날에는 시대에 뒤떨어진 단계의 역사적 사유에 속한다. 권위가 한 말에 그의 말이니까(ipse dixit) 하고 무조건 의존하는 것은 사료 편찬의 초기, 또는 권위에 호소하는 것이 모든 분야에서 보통이었던 시대에는 충분히 당연한 일로 생각되었었다. 그러나 신뢰가 그 밖의 다른 곳에서는 어떤 역할을 하지 않으면 안 될지라도, 그것은 발전된 역사적 사유에 있어서는 전혀 어울리지 않는다. 권위에 대한 근대 역사가의 태도는 어디에서나 비판적임에 틀림없다. 즉 그는 그가 가진 증거를, 그것이 어떤 권위를 지닌 것이든간에 모두 똑같이 회의적인 검토에 부쳐서, 그것을 안이하게 사실로 여기기보다는 그 증거로부터 자기의 사실을 구성해 내지 않으면 안 되는 것이다.

그러므로 권위에의 호소는 역사적 진리에 관한 대응설의 근거가 될 수 없을 것이다. 그러나 앞의 단락의 마지막 문장은 또 다른 한 가지의 설명 방식을 시사할지도 모른다. 전문적 역사가는 누구나 그가 도달하는 결론, 즉 그가 최종적으로 수립하는 과거의 상(像)과, 그가 사료로 삼고 출발하는 자료—즉 문서, 주화, 건물의 유적 등—를 구별하고 있다고 하는 주장도 나올 수가 있다. 그는 자기의 결론을 단지 잠정적인 것으로 볼 수는 있지만, 그러나 자기의 사료에 대해서는 결코 같은 태도를 취할 수가 없다. 만일 이 증거가 확고하고 의심할 수 없는 것으로, 즉 더 이상 문제삼을 수 없는 궁극적인 것으로 생각되지 않는다면, 역사적 진리로 가는 길에는 진전이 있을 수 없을 것이다.

여기에서 우리는 또다시 상식적인 생각과 매우 일치하며, 바로 그 때문에 매력적인 면이 분명히 많이 있는 이론을 다루어 볼 생각이다. 그렇지만 이 이론의 매력 중에는 어떤 중요한 애매성에서 기인하는 것도 있다. 역사가는 누구나 과거에 대한 증거가 있다고 믿고 있으며, 또 이 증거는 그가 감히 의심하지 못할 어떤 것이라고 믿고 있다고 말하는 것은 무엇을 의미하는 것일까? 만일 이런 또는 저런 시대의 것이라고 믿어지는 문서, 주화, 건물들이 지금 있다고 하는 의미에 지나지 않는다면, 그 진술을 두고 왈가왈부할 여지는 없는 듯하다. 그의 감관에 주어진 증거를 의심하는 것이 역사가의 임무는 아니다. 역사가는 자연 과학자와 꼭 마찬가지로 그것을 당연하다고 생각한다. 그러나 만일 우리가 그 진술을 다른 (그리고 아주 자연스러운) 의미로 이해한다면 사정은 달라진다. 만일 그 진술이 그 함축된 의미를 누구든지 쉽게 이해할 수 있는 일단의 확정된 사료가 있음을 의미하는 것으로 생각된다면, 그 진술에 대해서는 만만치 않은 의혹이 일어난다. 그런 의혹이 일어나는 것은, 우선 역사 연구를 직접 해본 경험이 있는 사람에게는 누구에게나 분명한 일이지만, 역사가들은 자기가 가지고 있는 사료가 어떠한 결론을 암시하는가를 결정하지 않으면 안 될 뿐만 아니라, 한걸음 더 나아가서 무엇을 사료로 인정할 것인가를 결정하지 않으면 안 된다고 하는 생각이 들기 때문이다. 물론 어떤 의미에서는 현재 물질계에 있는 것은 무엇이나 과거에 대한 증거, 그 대부분은 인간의 과거에 대한 증거가 되고 있다. 그러나 그것이 어떤 일정한 과거의 사건들에 대하여 모두 똑같이 증거가 되는 것은 아니며, 바로 그렇기 때문에 역사가에게는 문제거리가 되는 것이다. 그 문제란 고찰하는 사건들에 대한 가짜 증거를 배제하고 오직 진짜 증거만을 받아들이는 문제인데, 이 문제를 올바르게 해결해야 하는 일이 역사 연구의 가장 중요한 부분을 차지하고 있다.

그리고 강조될 필요가 있는 점이 또 하나 있다. 과거에 대한 증거가 있다고 하는 주장은 우리가 확신을 가지고 주장할 수 있는 과거에 관한 명제가 있다고 하는 다른 주장과 혼동되기 쉬운데, 이 혼동은 대응설의 공과(功過)를 논의하게 될 때 특히 중요한 의미를 가진다. 왜냐하면 위에서 본 바와 같이 대응설의 지지자들은 자기들의 입장을 변명하려면 우리의 신념을 검토할 어떤 지식(우리가 알고 있는 것은 의심할 여지가 없다고 하는 엄밀한 의미의 지식)을 보여주지 않으면 83 안 되는데, 그들이 검사되고 있는 상태의 사료에 의지하는 것은 확실히 그런 목적을 염두에 두고 하는 일이기 때문이다. 그러나 그들을 이런 식으로 이해하고, 또 그들의 말을 사료가 우리에게 과거에 관한 매우 많은 지식을 제공한다는 말이라고 해석하는 것은 결국 권위론의 부활임을 이해하기는 그다지 어렵지 않을 것이다. 그 차이는, 기록된 문서만을 신뢰하는 대신, 이제는 문서와 비문의 자료는 물론 고고학적 및 고전학적(古典學的) 자료도 포함하여 사료 전반에 의지한다는 점뿐이다. 그러나 그 조처는 이 경우라고 저 경우보다 더 나을 것이 없으니, 왜냐하면 모든 종류의 증거가 해석을 필요로 한다는 것은 여전히 진실이며, 바로 그처럼 해석을 필요로 한다는 사실은 곧 과거에 관한 어떤 진술도 그것만 고립해서는 참될 수 없다는 것을 의미하기 때문이다.

그 증거에 관한 **어떤** 명제의 확실함을 믿지 않고도, 우리는 과거에 대한 훌륭한 증거가 있다고 믿을 수 있다는 것은 사실이라고 나는 생각한다. 만일 대응설이 주장하는 바가 바로 이것이고 그 이상 딴 것이 아니라면, 우리는 대응설에 대해 이견을 제기할 아무런 이유도 없을 것이다. 그러나 대응설이 그런 아주 온당한 방식으로 정식화되어 표현되는 일은 드물며, 또 아마 만족스럽게 정식화될 수도 없을 것이다. 지각의 영역에 있어서와 마찬가지로 역사의 영역에 있어서도, 진리를 대응과 동일시하는 사람들이 보통 취하는 조처는 의심될 수 없는 사실에 관한 기초적 진술, 틀림없이 안다고 우리에게 말할 수 있을 기본적 명제를 찾아내는 일이다. 그러나 그런 것은 다른 분야에서와 마찬가지로 역사에서도 발견될 수가 없다. 우리가 지적하는 기초적 명제들—예를 들면 "여기에 베스파시아누스* 시대에 주조된 주화가 있다", "이것은 1752년의 어떤 대학 회계 장부이다"와 같은 명제—에는 주어진 어떤 것과 아울러 해석의 요소도 포함되어 있다. 사실을 엄밀하게 "그리는" 소위 "원자적" 명제들은 적어도 역사의 영역에서는 전혀 찾아볼 수 없다.

이에 대해서는, 그것은 역사가에게는 아주 중요한 특별한 경우, 즉 기억 지식의 경우를 무시하는 것이라고 하는 반대가 있을 수 있다. 하기야 역사적 과거는 기억된 과거와 동일시될 수 없으며, 이 점은, 우리는 역사가로서는 과거의 사건들을 재구성함에 있어서 생생한 기억의 범위를 멀리 넘어서기를 바란다는 것을 생각해 보면 충분히 분명해지리라고 주장된 일도 있기는 있다.[4] 기억 지식은 역사가들의 논의의 출발점이 되는 명백한 자료에 항상 포함되는 것이 결코 아니며, 아마 자주 포함되는 것조차 아닐 것이다. 그러나 그렇다고 해서 역사적 사유는 어떤 아주 특별한 방식으로 기억에 의존하고 있다는 사실이 달라지는 것은 아니다. 만일 기억 같은 것이 없다면, 과거라는 관념이 우리들에게 도대체 이해될 수 있을지는 자못 의문이다. 여기에서 우리가 직면해야 하는 주장은 바로, 적어도 어떤 때는 기억을 통하여 우리가 과거와 직접 접촉하게 되고, 과거에 관하여 원리적으로 의문의 여지가 없는 진술을 할 수 있게 된다고 하는 주장이다. 기억은 엄밀한 의미의 지식의 한 형태임에 틀림없다는 것이다. 우리가 어떤 기억을 믿을 수 없는 것이라고 비난한다는 사실이 바로 그렇다는 것을 보여준다. 기억이 오류를 일으키기 쉽다고 하는 판단에 대한 증거의 일부는 우리 자신이 기억으로 인하여 오류에 빠졌던 경우가 있다고 하는 기억들에 있거니와, 만일 이러한 기억들이 믿을 수 있는 것으로 간주되지 않는다면 더 광범한 판단은 결코 내릴 수가 없을 것이다.

지금 이 자리에서는 기억의 문제를 그에 상당하게 자세히 논의하는

84

---

* Vespasianus (9~79): 로마의 황제—역주.
4) Oakeshott, 앞의 책, p. 102 참조.

것은 거의 불가능하며, 상술한 이론을 개진하면서 붙여야 할 몇 가지 유보 조건들을 지적하기조차도 거의 불가능하다. 우리가 할 수 있는 것은, 기억에 관하여 단 하나의 일반적인 점, 그러나 우리가 고찰하고 있는 반론에 대하여 치명적인 듯이 보이는 점을 지적하는 일뿐이다. 그것은, 기억에 관한 순수한 진술을 그 진술에 대하여 우리가 붙이는 해석으로부터 분리한다는 것은 불가능하다는 점이다. 우리가 어떤 것을 지금 기억하고 있다고 말할 때, 우리의 기억은 과거에 일어난 어떤 사건에 관한 정확하고 변형되지 않는 상을 우리에게 그려 주는 것일까? 물론 우리는 흔히 그렇다고 생각하고 있으며, 또 그렇게 생각하는 것이 실제적인 목적을 위해서는 타당한 생각임에 틀림없다. 그러나 우리는 과거를 현재의 눈을 통해서 볼 수밖에 없으며, 또 우리가 보는 것을 현재 우리가 사용하고 있는 개념적 도식에 순응시킬 수밖에 없다는 점을 생각해 보면, 우리의 확신은 흔들리게 되며, 또 우리는 경험에 의하여 주어지는 것만을 다루는 소위 순수 기억이라는 것과 주어진 것을 해석하려고 하는 기억 판단이라는 것이 원리상으로는 구별될 수 있으나 실제로는 구별될 수 없는 단계들이라는 사실을 깨닫게 될 것이다. 그리고 일단 이 점을 인정하면, 우리는 어떤 기억 진술들은 사실의 순수한 복사(複寫)라고 하는 주장은 지지하기가 매우 어렵다는 것을 알게 된다.

이 점에서 다시 기억의 문제는 감관 지각의 문제와 아주 유사한 것처럼 보인다. 진리의 대응설을 지지하는 사람들은, 감관 지각은 우리에게 실재 세계에 관한 직접적 지식을 제공하며, 그런 점에서 그것은 사실에 관한 변경할 수 없는 진리의 원천이라는 것을 입증하려고 자주 노력해 왔다. 그러나 그러한 논증은, 감각과 엄밀한 의미의 감관 지각 사이의 중요한 차이를 일단 구별해 놓으면 좌절되고 만다. 감각이 실재와의 직접적인 접촉을 제공하는 것은 틀림없지만, 경험에 관하여 무엇인가를 말하려고 하면 우리는 감관 지각에까지 나아가지 않으면 안 되는데, 엄밀한 의미에서의 감관 지각에 관한 판단은 변경할 수 없는 것이 아님이 확실하다. 기억 지식의 경우도 이와 비슷하다.

4. 역사에 있어서의 진리와 사실 115

내가 말한 순수 기억이라는 것이 우리로 하여금 과거에 직접 접근할 수 있게는 하지만, 그렇다고 해서 우리가 기억 속에서 과거를 있었던 그대로 정확하게 파악하고 과거를 이를테면 일종의 순수 직관에 의하여 인식한다고 하는 결론이 나오는 것은 아니다. 오히려 사실인즉, 우리는 과거를 재구성할 어떤 기초를 가진다는 것이지 과거를 직접 맞대 놓고 바라보는 무슨 수단을 가진다는 것은 아닌 것 같다.

4. 역사와 정합설

독자는 역사에 적용된 대응설에 관한 지금까지의 논의를 통해서 우리가 이용해 온 비판은 시종 그 적수가 되는 이론의 상투적인 비판에서 끌어낸 것임을 알게 될 것이다. 그리고 독자는 이것이 곧 우리 자신이 정합설을 역사 분야에서 옳은 이론으로 받아들인다는 것을 의미하는 것인지 어떤지를, 또 만일 그렇다면 정합설이 안고 있는 것으로 보이는 역리(逆理)들을 우리가 어떻게 다루려고 하는지를 알고 싶어 할 것이다.

특히 역사적 진리에 관한 정합설의 견해는 앞에서 몇 페이지에 걸쳐 개괄적으로 설명한 바 있기 때문에, 나는 정합설을 더 이상 광범위하게 검토하고 비판할 생각은 없으며, 정합설의 한두 가지의 보다 절박한 난점만을 고찰해 보고자 한다.

우리는 역사적 진리에 관한 정합설의 이론에 대하여 다음과 같은 몇 가지 점에서 반론을 펼 수 있을 것이다. 우리가 앞에서 본 바와 같이, 정합설에 의하면 모든 진리는 본질적으로 상대적이다. 즉 진리는 첫째 우리가 사용하는 가정과 개념 도식에 따라, 둘째 문제되는 분야에 관해서 우리가 가진 나머지 다른 신념에 따라 좌우된다. 그러나 이 이론은 충실하게 적용되면 실제로는 일단의 역사적 진리의 수립을 방해할 것이라고 하는 말을 듣게 될 것이다. 만일 자기가 확실한 것으로 알고 있는 어떤 사실들이 있음을 역사가가 확인할 수 없다면, 그가 의지할 것은 아무 것도 없다. 모든 지식은 의심의 여지가 없다고 간주되는 기초로부터 시작되지 않으면 안 되며, 모든 사실적 지식의 기초는 사실 안에 있어야 한다. 대응설 대신으로 택한 이 이론 즉 정합설이라는 상대주의는 그 전체 구조가 현실성이 없는 것이어서, 결과적으로 우리에게는 실재적인 것과 상상적인 것을 구별할 아무런 효과적인 기준도 없게 된다. 요컨대 정합성은 역사적 진리에 관한 설명으로서는 충분하지 못하다. 우리에게는 실재와의 접촉에 대해서도 확신이 필요하기 때문이다. 그리고 덧붙여 말하자면, 역사가가 취하는 실제적인 조처를 일별하더라도 이러한 주장은 확증된다. 왜냐하면 역사가들은 확실히 어떤 사실들—예컨대 빅토리아 여왕은 86 1837년에 즉위하여 1901년에 죽었다는 것—은 의심할 여지없이 확증된 것으로 인정하고 있으며, 바로 이러한 사실들을 기초로 하여 그들의 설명 전체를 꾸며 나가기 때문이다.

이러한 비판에는 주요 논점이 두 가지가 있는데, 그 중의 하나는 필자가 보기에 다른 하나보다 훨씬 효과적인 듯하다. 첫째 논점은, 역사가는 그가 다루는 어떤 사실들을 확실한 것으로 간주하고 있으며, 이 점은 정합설과 양립될 수 없다고 하는 단순한 주장이다. 그러나 왜 양립되지 않는가? 정합설이 주장하는 바는, 결국 모든 역사적 판단은 엄밀히 말하면 개연적 판단이기는 하지만, 그러나 개개의 판단은 지식이 축적됨에 따라 원칙적으로 수정을 받게 된다는 것이다. 그러나 모든 역사적 진술에 **꼭같은** 정도의 개연성을 할당하지 않고도 훌륭히 이런 입장을 취할 수 있다. 역사적 진리에 관한 정합설의 지지자들이 어떤 판단을 다른 판단보다 더 확실한 것으로, 심지어 비교할 수도 없을 만큼 훨씬 확실한 것으로 인정하지 못할 것은 없다. 우리들과 마찬가지로 그들도 어떤 판단은 아주 신뢰할 수 있는 것으로, 어떤 것은 비교적 확신할 수 있는 것으로, 어떤 것은 아주 의심스러운 것으로 생각할 수 있다. 그들이 할 수 없는 말은, 어떤 판단이 원칙적으로 흔들릴 수 없을 만큼 확실하다는 말뿐이다. 그러나 역사적 사유가 실제로 진행되는 과정에 관해서 좀 알고 있는 사람이라면 아무도 그들이 그와 같은 주장을 하기를 기대하지는 않을 것이다.

　이것은 역설처럼 보일지 모르지만, 실은 이 견해는 아주 분명하다고 나는 생각한다. 이 점은 역사가가 취하는 조처를 탐정이 취하는 조처와 비교해 보면. 알기 쉽게 설명될 수 있거니와, 콜링우드가 즐겨 쓰는 이 유추는 지금 이 문제에 딱 들어맞는 것이다. 탐정은 어떤 사건을 조사함에 있어서 우선 확실한 사실로 여길 수 있는 것이 무엇인가를 결정하는 일부터 시작하는데, 이는 그 사건을 둘러싼 그의 이론들을 하나의 골격을 이루도록 짜맞추기 위한 것이다. 만일 그 이론들이 효과가 있으면 그 뼈대는 사실에 입각한 것이었다고 단정되어, 이에 대해서는 더 이상 아무 의문도 제기되지 않을 것이다. 그러나 만일 곧 결말이 날 것 같지 않으면, 처음으로 다시 돌아가서 그 사건의 애초의 "사실들" 몇 가지를 의심할 필요가 있는 단계에 이를 수도 있을 것이다. 진리의 대응설에 애착을 가진 나머지 상술한 조처를 취하기를 거부한 탐정은, 다른 모든 수단이 실패할 때까지는 그런 조처를 취할 용기가 응당 나지 않겠지만, 그는 탐정이라는 그의 직업에서는 거의 쓸모가 없는 사람일 것이다. 역사가의 경우도 이와 꼭같다. 역사가도 필요하다면 그의 가장 확고한 신념까지도—예를 들면 그의 연구 결과를 그 안에서 정리할 연대기의 골격조차도—의심할 각오가 되어 있지 않으면 안 된다.[5] 그렇다고 해서 역사가가 그러한 급격한 변화에 쉽사리 빠지리라고 하는 것은 아니다. 역사가는 이 변화를 최후의 수단으로서만 시도하려고 이를 피하기 위하여 그가 할 수 있는 모든 조처를 다 취하겠지만, 그래도 역시 그는 원칙적으로 이를 배제해서는 안 된다.

　이처럼 어떤 역사적 사실은 확실하다는 우리의 신념에 관한 문제는 정합설에 대하여 치명적이지 못하다. 왜냐하면 거기에서 문제되고 있는 확실성은 수학적 확실성이 아니라 실제적 확실성이기 때문이다. 흄이 인정했듯이, 사실의 문제의 영역에서는 우리가 "증명된" 것으로

87

---

5) 실제로 이집트 고대사의 경우에 이러한 일이 여러 차례 있었다.

생각하는 것과 "단지" 개연적이라고 여기는 것과는 구별된다. 그러나 그 구별은, 흄도 부언했더라면 좋았을 것이지만, 결국 상대적 구별인데, 왜냐하면 사실의 문제에 관한 진술은 어느 것이나, 비록 그것이 우리가 최고로 신뢰하는 진술이라 할지라도, 논리적으로는 그 반대가 항상 가능하기 때문이다. 역사에 있어서나 다른 영역에 있어서나 그러한 진술은 결코 논리적으로 필연적인 진리의 위치에까지 높여질 수는 없다.

그러나 역사적 진리의 정합설에 관해서 위에서 개설한 비판의 또 한 가지 중요한 비난은 이와 다른 것이다. 그 비난은, 역사적 진리를 정합성에 의하여 설명함은 역사적 신념의 전 구조를 실재와의 필연적인 연관이 없는 비현실적인 것이 되게 한다는 것이다. 당연한 이야기이지만, 이러한 입장은 역사적 지식에 관한 완전한 회의주의의 입장과 동일시되기 쉬우므로, 우리는 그것을 조심하여 분명하게 검토하지 않으면 안 된다.

정합설의 유명한 지지자이며 전문적 역사가였던 마이클 오크쇼트 교수의 역사에 있어서의 진리와 사실에 관한 설명을 고찰함으로써 이러한 비난을 음미하기로 하자. 오크쇼트 교수는 《경험과 그 양식》(*Experience and its Modes*)[6]에서 역사가는 "과거를 현재의 뒤에 뻗쳐 있는 완전하고 순결한 세계, 고정되고 완결되었으며 독립적인, 오직 발견되기만 기다리는 세계라고 생각하는 데 익숙하다"(106면)는 점을 인정하고 있다. 이에 덧붙여서 그는, "만일 역사가가 한때는 살아 있었던 것을 다시 소생시키는 것이 자신의 임무라고 믿지 않는다면, 어떻게 그가 임무를 계속할 수 있을 것인가는 이해하기가 어렵다"(107면)고 말하고 있다. 그러나 그럼에도 불구하고 그 신념은 불합리한 것이다.

고정되고 완료된 과거, 현재로부터 절연되고 영향을 받지 않는 과거,

---

6) 초판은 1933년에, 재판은 1967년에 간행되었다. 또한 본서 192면도 참조.

이런 과거는 증거로부터 절연된 과거이며(왜냐하면 증거는 언제나 현재에 있으니까), 따라서 아무 것도 아니며 알 수 없는 것이다. 실은⋯역사에 있어서 과거는 현재와 더불어 변하며, 현재에 의존하며, 현재이다. 역사가 허구로부터 구출될 수 있으려면, "실제로 일어난 일"은 ⋯ "증거가 우리로 하여금 어쩔 수 없이 믿도록 하는 일"로 대체되지 않으면 안 된다. ⋯두 개의 세계—과거에 일어난 일의 세계와 이 과거의 사건에 관한 우리의 현재의 지식의 세계—가 있는 것이 아니라 단하나의 세계밖에 없으며, 이것은 현재의 경험의 세계이다.[7]

뿐만 아니라 오크쇼트 교수가 마침내 역사적 사유를 충분히 합리적인 것이 아니라 단지 경험의 한 "양식" 또는 "포착"이라고 힐난하는 것은, 역사가가 결국은 이 진술의 의미를 충분히 인정할 것을 거부하기 때문이다. 즉 역사가가 독립적 과거라는 개념에 완강하게 매달리며, 그가 이용하고 있는 진리론에 대응이라는 요소를 보유하고 있기 때문이다.

이것이 역사적 진리에 관한 정합설의 주요한 역리가 적나라하게 드러난 모습이다. 이것은 모든 역사는 현대사라고 하는 크로체의 유명한 언명에서 표현된 역리이거니와, 나는 이것을 전문적 역사가는 아무도 받아들일 수 없는 역리라고 생각한다. 오크쇼트 교수 자신도 이 점을 알고 있다고 보아야 할 것이다. 즉 그는 위의 인용문이 들어 있는 구절에서, 역사에 **대해서**(for history) 있는 과거와 역사 **안에**(in history) 있는 과거를 구별하는데, 전자는 역사가가 본 과거이고 후자는 철학적으로 해석된 과거이다. 자기의 확신을 고집할 용기가 있었기 때문에, 그는 역사에 **대한** 과거라는 통상적인 개념을 **역사의** 또는 역사 **안의** 과거의 특성을 오해한 것에 불과하다고 주장하고, 이를 물리치게 된 것이다.

그러나 우선, 역사가의 신념은 앞에서 설명한 철학적 입장이 내놓은 성과에 들어맞지 않을 것이기 때문에 무의미하다고 역사가에게 말

7) 앞의 책, pp. 107~108.

하는 이와 같은 분명히 횡포한 조처가 타당한 것인지 어떤지가 문제될 수 있을 것이다. 그리고 설령 이 조처가 옹호될 수 있더라도(그리고 어떤 철학자들은 분명히 이를 옹호할 수 있다고 생각할 것이다), 오크쇼트의 주장에는 엄청나게 모호한 점이 있는 듯이 보인다. [8]

과거에 관한 우리의 지식은 현존해 있는 증거에 의존하지 않으면 안 된다고 말하는 것과, 과거는 현재이다라고 하는 결론을 이끌어 내는 것은 전혀 다른 것이다. 과거에 대한 증거는 우리에게 지금 나타나 보인다는 의미에서 현존해 있음에 틀림없지만, 그렇다고 해서 오크쇼트의 결론이 정당화될 경우에 그렇듯이, 과거에 대한 증거가 반드시 현재의 시간을 지시하는 것이 아니면 안 된다고 하는 결론은 나오지 않는다. 그리고 실제로 증거는 현재를 지시하는 것이 아니라 과거를 지시한다고 하는 것이, 역사가들이 다루는 증거의 특색이다. 증거가 과거에 뿌리를 박고 있는 것은, 바로 우리가 위에서 주목한 바 있는 역사와 기억 사이의 밀접한 관련 때문이다. 앞에서 살펴본 바와 같이, 기억이 우리로 하여금 과거를 직접 알게 한다고 말할 수는 없지만, 기억은 우리로 하여금 과거에 접근하게 해준다. "외적 대상이나 사건이 있다"고 하는 명제의 단언을 뜻하는 외계에 대한 지시가 지각의 본질적 역할인 것과 꼭 마찬가지로, "어떤 일이 일어났다"고 하는 명제의 단언을 뜻하는 과거에 대한 지시는 기억의 본질적 역할이다. 철학자들에 따라 이러한 명제들에 대한 분석을 매우 다르게 하고 있지만, 그들이 마음대로 할 수 있는 것 같이 보이지 않는 일 하나가 바로 이러한 명제들을 철저하게 설명해 내는 일이다.

우리는 정합설은 적어도 그 통상적 형태로는 역사에 적용되지 않는다고 하는 결론을 내려도 좋을 것이다. 그러나 앞에서 역사적 진리에 관한 대응설을 설명하려는 여러 가지 시도들을 비판했던 것처럼, 우리는 우리가 지금 어디에 위치해 있는지를 분명하게 묻지 않으면 안 된다. 이에 대해서 우리는 지금까지 두 견해의 종합을 시도해 왔다고

---

8) G.C. Field, *Some Problems of the Philosophy of History* (British Academy Lecture, 1938), pp. 15~16을 참조.

4. 역사에 있어서의 진리와 사실 121

대답할 수 있으리라고 나는 생각한다. 한편으로는 우리는 역사가들이 과거에 관한 어떤 절대적으로 확실한 사실들을 안다고 하는 명제를 부인하고, 정합설에 가담하여 모든 역사적 진술은 상대적이라고 주장하면서도, 그럼에도 불구하고 대응설의 지지자들에 동의하여, 역사는 지각과 마찬가지로 독립적인 실재의 특성을 밝히려고 시도한다고 주장한다. 그리고 우리는 이러한 주장이 부당하지 않은 것은, 역사적 판단은 그 상부 구조야 어떻든 그 기초를 어떤 특별한 종류의 경험에, 즉 과거를 직접 보지는 못하지만 이에 접근할 수 있는 일종의 경험에 두고 있기 때문이라고 주장하는 바이다. 사실 역사적 사유에는, 비록 그것만으로 고립될 수는 없는 요소이지만 어떤 주어진 요소가 있는 것이다. 우리가 대응설의 기도를 완전히 수행할 수 없는 것은, 우리는 과거를 검사하여 그것이 어떠했는가를 알 수가 없기 때문이다. 그러나 그렇다고 해서 우리가 과거를 재구성하는 것이 자의적인 것은 아니다. 역사적 사유는 증거를 공정하게 다루어야 한다는 요구에 의해서 통제되거니와, 증거는 몇몇 사람이 우리에게 믿게 하려고 해서 확정되는 것은 아니지만, 그렇다고 해서 역사가에 의하여 만들어지는 것도 아니다. 증거에는 "엄연한" 어떤 것이 있는데, 이것은 논증될 수 있는 것이 아니라 단지 우리가 받아들이지 않으면 안 되는 것이다. 그리고 틀림없이 바로 이 요소 때문에 대응설의 지지자들은 역사적 진리의 기준을 독립적으로 알려진 사실들과 진술과의 일치에서 찾아보려고 시도하게 되는 것이다. 그러한 기도는 반드시 실패하게 마련이지만, 그러한 기도에 대한 유혹은 항상 있는 것이다.

5. 중도적 입장에 대한 비판

우리가 기도한 종합은 틀림없이 양쪽에서 공격을 받게 될 것이다. 90 즉 우리는 한편으로는 우리의 종합은 증명되지도 않은 주장에 의거하는 것이라는 말을, 다른 한편으로는 역사적 회의주의의 침략을 막기에는 그 울타리가 너무 약하다는 말을 들을 것으로 예상된다. 첫째 비판에 대해서 우리는 만일 우리가 어떤 가정을 하고 있다면, 그것은 모든 역사가들, 따라서 모든 양식있는 사람들도 함께 하고 있는 가정이라고 대답하면 될 것이다. 어쨌든 그 이상 무슨 말을 할 수 있을 것인가? 우리는 과거의 사건이 있었다는 것을 **증명**이라도 해야 하는 것인가? 어떤 비판자들은 우리의 설명이 완전히 옹호될 수 있으려면 우리가 그래야 한다고 말할지 모르지만, 우리는 그들이 자신들도 납득할 수 없는 상태에 빠졌던 것이나 아닌지 의심해도 좋을 것이다. 우리의 경험이란 우리가 사건들을 외계에서 일어나는 것인가 또는 우리의 내부에서 일어나는 것인가로 구분하는 따위의 것이요, 그와 꼭 마찬가지로 우리의 경험이란 우리가 사건들을 과거의 것인가 현재의 것인가 또는 미래의 것인가로 구분하는 정도의 것이니, 우리에게는 우리가 외계를 경험하고 있다는 것을 증명하기를 기대할 수 없는 것처럼, 과거의 사건들이 있었다는 것을 증명하기를 기대할 수도 없는 것이다. 전자의 경우에는 우리가 외부 감각을 가지고 있다는 것이 그 유일한 보증인 것과 마찬가지로, 후자의 경우에는 기억이 그 유일한 보증이다. 이것은 과거나 외계와 같은 개념들을 **분석하려는** 철학적 시도가, 몇몇 현대 철학자들이 시사하듯이 쓸데없는 일이라는 것을 의미하지는 않는다. 그와는 반대로 그러한 분석들은 참으로 유익할 수도 있다. 그러나 이것이 의미하는 바는, 그런 개념들의 논리적으로 필연적인 기초를 발견함으로써 그 개념들을 도출하려는 어떠한 노력도 결국은 실패로 끝날 수밖에 없다고 하는 것이다.

　우리의 입장이 역사적 회의주의를 방어하기에는 너무 약하다고 하는 둘째 비판에 대해서는, 우리는 보다 본질적인 어떤 것을 제시하려고 하는 이론들에 대하여 우리가 앞에서 폈던 반론을 되풀이하기만 하면 응수할 수가 있다. 이 장의 논의 가운데서 우리는 역사가의 지식의 기초가 될 수 있는 일련의 확고한 사실들을 찾아내려는 여러 가지 시도를 음미한 바 있지만, 어떠한 경우에도 그 설명은 비판을 면하지 못함을 알았다. 동일한 일반적 노선에 서 있는 다른 이론들 중에서는 우리는 제3장에서 검토한 딜타이와 콜링우드의 견해를 들 수 있다. 그러나 우리는 앞에서(51면), 딜타이의 설명은 인식의 표상론*의 일반적 난점을 피하지 못했으나, 그에 반해서 콜링우드의 설명은 분명히 바로 그 점을 피하려고 의도했지만, 가장 의심스러운 방편을 사용함으로써만 그 목적을 달성할 수 있었다는 것을 알았다. 이 가장 의심스러운 방편이 무엇이었는가를 설명해 보는 것이 유익할 것이다.

콜링우드는 그의 《역사의 인식》(*Idea of History*) 중의 매우 어려운 한 구절(제Ⅴ부, 제4절, 282면 이하)에서, 나 자신의 것이든 어떤 다른 사람의 것이든, 과거의 사유 행위가 비록 원래의 배경과 정확하게 꼭 같은 배경과 함께는 아니지만, 현재의 나에 의해서 재생될 수 있다는 것은 일리가 있다고 주장하였다. 그의 주장의 논거는, 사유 행위는 일시적인 의식의 흐름을 구성하는 요소에 그치는 것이 아니라 장시간에 걸쳐 지속될 수 있으며, 또 중간에 그쳤다가도 재생될 수 있다고 하는 점에 있다. 예를 들면 유클리드의 명제는 수초 동안 계속하여 숙고될 수도 있으며, 또는 주의를 딴 데로 돌리고 난 후에 또다시 내 마음에 떠오를 수도 있는데, 콜링우드는 이 경우나 저 경우에 얼마나 많은 사유 행위가 수반되느냐고 묻는다면, 각 경우에 오직 하나의 사유 행위뿐이라고 하는 것이 알맞은 대답이라고 주장하였다. 그러나 이 말이 나 자신의 사유 행위에 들어맞는다면, 내가 다른 사람들의 사상, 예를 들면 율리우스 케사르의 사상을 다루는 경우에도 또한 그렇다고 해야 할 것이다. 이 경우에도 역시 동일한 사유 행위가 원칙적으로 재생될 수 있다. 비록 애초에 사유될 때의 감정과 정서의 배경은 재생될 수 없지만 말이다. 그리고 그렇기 때문에 과거에 관한 지식이 실제로 가능한 것이다. 즉 과거에는 우리가 실제로 파악할 수 있는 어떤 것—비록 콜링우드는 이러한 파악의 과정의 난점들은 적

91

---

* a representative theory of knowledge: 우리는 경험에 있어서 직접 대상에 도달할 수가 없고, 단지 심적 상태를 함유하고 있는 "모사"(模寫)나 "사상"(寫像)으로서의 대상에만 도달할 수 있다고 하는 이론. picture theory of knowledge 와 같다—역주.

시 (摘示)하고자 하지 않았지만—즉 어떤 과거의 사유 행위가 있는 것이다.

이러한 논의는, 콜링우드의 논의가 늘 그렇듯이 아주 교묘한 솜씨로 표명되고 있다. 그러나 이 논의에 대해서는 하나의 반론이, 즉 그 요구되는 동일성은 사유 **행위** 그 자체에서보다는 사유되는 것의 **내용**에서 찾아질 수 있다고 하는 반론이 손쉽게 제기된다. 만일 이 반론이 옳다면, 나는 동일한 사상 내용이라는 의미에서 율리우스 케사르와 동일한 사상을 사유할 수는 있으나, 그의 사유 행위 바로 그것을 재생시킬 수는 없다. 콜링우드는 이 반론을 예상하고(같은 책, 288면), 만일 내가 케사르와 동일한 사상 내용을 사유할 수 있을 뿐이고, 그의 사유 행위를 재생시킬 수는 없다면, 나는 결코 나의 사상이 그의 사상과 동일하다는 것을 알 수 없을 것이라는 이유로 이 반론을 물리쳤다. 그러나 이 입론에는 중대한 애매성이 있는 것 같다. "사상"이란 말을 사유의 행위나 그 과정을 뜻하는 것으로 해석할 경우에는, 나의 사상은 결코 어떤 딴 사람의 사상과 동일할 수가 없다. 나의 사상은 나의 것이라고 말하는 것은 바로 이를 두고 하는 말이다. 그러나 다른 의미로 해석하여 "사상"이란 말을 사유되고 있는 것과 같은 뜻으로 볼 경우에는, 확실히 두 사람이 동일한 사상을 사유할 수 있으며, 더구나 자기들이 동일한 사상을 사유하고 있다는 것을 그들은 알 수도 있다. 그러나 이 두 사람이 그것을 아는 것은 그들의 사유 행위가 동일하기 때문이 아니라(어떻게 동일할 수가 있는가?)
92 그들이 서로를 이해할 수 있음을 발견하기 때문이다. 다른 많은 사람들과 마찬가지로 "알다"라는 치명적인 말에 현혹되어, 콜링우드는 어쩌면 전혀 실재하지도 않는 난점에 대하여 불가능한 해결책을 제시했던 것이다.

이렇게 볼 때, 우리는 역사적 지식의 기초를 우리가 가지고 있는 수많은 확고한 과거의 사실에서가 아니라, 좀 애매하기는 하지만, 사료가 지닌 일정한 요소에서 찾도록 노력하지 않으면 안 되는 것 같다. 위에서 설명하려고 했던 바와 같이, 우리는 기억을 통하여 과거에 접근하기는 하지만 과거를 직접 보지는 못한다. 그리하여 우리가 주장할 수 있는 것은, 과거의 사건과의 어떤 접촉점을 확보하고 있어서 우리가 과거의 사건의 참다운 모습을 어느 정도 점칠 수 있다는 것뿐이요, 우리가 재구성한 것들이 얼마나 정확한지를 알기 위하여 우리가 그것들을 이 참다운 모습과 비교하여 검토해 볼 수 있다고 하는 따위의 것은 아니다. 그 밖에도 우리가 이용할 수 있는 유일한 진리의 기준은, 사실적 지식의 다른 분야에서와 마찬가지로 역사에서도 그러한 기초 위에 서 있는 신념들의 내적 정합성이다.

1. 역사에 있어서의 객관성 개념의 중요성

앞에서 장황하게 논의했음에도 불구하고, 우리는 역사적 진리의 문제에 관하여 그 표면을 스치는 것 이상을 했다고는 주장할 수가 없다. 왜냐하면 비록 우리는 과거에 관한 진리는 원칙적으로 역사가에 의해서 획득될 수 있다는 것을 논증하기는 했지만(또는 어쩌면 겨우 주장하기는 했지만), 역사가가 그것을 실제로 획득하는 것을 방해한다고 예상할 수 있는 수많은 어려움에 관해서는 우리는 지금까지 아무 것도 말한 바가 없기 때문이다. 이러한 어려운 점을 논의하기 위해서는, 우리는 저자가 보기에 비판적 역사 철학에서 가장 중요함과 동시에 가장 난처한 문제라고 생각되는 것에로, 즉 역사적 객관성의 문제로 넘어가지 않으면 안 된다.

왜 내가 이 문제를 역사 철학에서 가장 중요하다고 생각하는가를 설명해 보도록 하는 것이 아마 도움이 될 것이다. 그러한 설명을 하는 것은 어느 정도 우회적인 접근이 될 터인데, 이미 이야기한 것 중에서 많은 것을 다시 되풀이하는 것이나 아닌지 모르겠다. 그러나 그

것이 어떤 결정적인 점을 분명히 하는 데 도움이 된다면 아마 양해가 될 것이다.

이 책의 앞의 몇 장에서의 우리의 주요 관심사는 역사적 사유의 본질을 검토하고, 다른 학문 분야나 인간 활동의 유형들과 비교하여 역사의 지위를 재정(裁定)하는 일이었다. 특히 우리는 자연 과학에 대한 역사의 관계라는 문제에 몰두하였다. 이 문제는 우리에게 한꺼번에 양쪽에서 밀어닥쳤다. 한편으로는 실증주의적 기질의 철학자들이 자연 과학만이 인간 지식의 유일한 보고(寶庫)라고 주장하는데, 이 주장을 받아들이면 역사는 인식적 활동과는 다른 어떤 것이 되고 말 94 것이다. 다른 한편으로는 자신이 직접 역사를 연구해 본 경험이 있는 (실증주의자들은 대개는 이런 경험이 없지만) 어떤 관념론적 철학자들이 역사는 자연 과학보다 윗자리는 아니더라도 이와 나란히 놓일 자격은 있다고 제안한다. 즉 역사는 그 자신의 주제와 방법을 가지고 있는 자율적인 학문의 한 분야요, 다른 어떤 학문에로도 환원될 수 없는 지식의 한 형태에 귀착한다는 것이다. 이 두 입장은 서로 날카롭게 대립되는 것인데, 역사가 자율적 학문으로서 출현하고 있음은 현대의 지적 생활의 두드러진 특징이라고 때때로 주장된다는 것(예컨대 콜링우드에 의하여)에 우리가 주목하면, 이 두 입장들을 검토할 필요가 한층더 절실해진다. 이러한 주장이 허황된 것이 아니라면, 언제까지나 역사를 무시하는 철학자들은 그들의 직무를 유달리 수행하지 못하고 있음이 분명하다.

그런데 우리는 앞에서의 논의의 결과 대체로 역사의 지위에 관해서 실증주의의 견해보다는 관념론의 견해에 공감하게 되었다. 우리는 제 2장에서 역사는 단순한 지각과 동등하다기보다는 자연 과학과 동등하다고 말한 바 있으며, 제3장에서는 역사적 사유를 상식의 사유와 동일시하는 것을 거부할 이유를 알아본 바 있다. 같은 장에서 우리는 역사적 설명은 그것 자체에 고유한 듯이 보이는 어떤 특징을 지니고 있다고 주장하였다. 우리는 역사가들이 어떤 특이한 형태의 직각적 이해력을 사용함으로써 개별적 사실들에 관한 구체적 지식을 획득할 수 있다고 하는 주장을 사실상 거부하였다. 이따금 그러했듯이, 역사를 "개체에 관한 과학"으로 규정하는 것은 관심을 끌지 못하거나 옹호될 수 없는 것으로 생각되었다. 그러나 다른 학문 분야에서 빌어온, 그리고 대부분은 역사가들이 분명히 하지 않고 있는 일반화의 역사적 사유에서의 작용을 비록 우리가 강조하기는 하였지만, 그럼에도 불구하고 우리는 역사는 하나의 자율적인 학문 분야이며, 따라서 일종의 그 나름의 과학일 권리가 있다는 견해를 여전히 받아들이고 싶어하였다.

그러나 역사는 그 말의 보다 넓은 의미에서 진정한 과학이라고 우리 자신이 최종적으로 주장할 수 있기에 앞서서, 우리는 앞에서 언급은 했지만 옆으로 밀어 놓았던 한 가지 난점과 맞서지 않으면 안 된다. 그것은 역사가들은 객관적 지식의 획득을 바랄 수 있는가, 또 어떤 의미에서 그럴 수 있는가에 관한 난점이다.

앞 장에서(36~37면) 객관성은, 흔히 믿고 있는 바에 따르면, 과학적 지위를 요구할 수 있는 어떤 지식에도 있지 않으면 안 되는 특색들 중의 하나라는 점이 지적된 바 있다. 그리고 일단의 명제들을 이런 맥락에서 "객관적"이라고 일컬을 때 우리가 의미하는 것은, 그 명제들은 그것들을 진지하게 탐구하는 모든 사람들이 받아들이기를 보증할 수 있는 그런 명제라는 것이다. 그리하여 우리가 물리학의 어떤 특정한 연구 결과를 객관적 지식에 기여하는 것이라고 평하는 것은, 우리가 **어떠한** 역량있는 물리학자라도 그 연구를 되풀이하면 그런 결과에 도달하게 될 것이라고 생각하는 경우이다. 이렇게 말하는 것은 그 요지가 과학적 사유의 보편적 성격을 강조하는 데, 즉 과학적 사유는 불편 부당(不偏不黨)하고 개인에 관계가 없으며, 따라서 다른 사람들에게 전달될 수 있으며 반복될 수 있다고 하는 사실을 강조하는 데 있다. 자연 과학에서는 사유가 이런 종류의 객관성에 고도로 도달하였다고 하는 것, 그래서 우리는 둘 또는 그 이상의 유능한 과학자들이 똑같은 증거에서 출발하면 똑같은 결과를 얻게 되리라고 일반적으로 기대할 수 있다고 하는 것은 아주 분명한 사실이다. 어떻게 해

95

서 그렇게 될 수 있었는가 하는 것은 별개의 문제이다.

　나는 여기에서 자연 과학에 있어서의 객관성의 개념을 자세하게 논의할 수는 없거니와, 그렇기 때문에 다만 그 객관성의 기초는 자연 과학이 독립적인 대상 즉 물리적 세계를 문제삼는다는 사실에서가 아니라, 오히려 개개의 자연 과학이 그 주제에 관한 모범적인 사유 방법을 발전시켜 왔다고 하는 사실에서 찾아질 수 있다는 점을 독단적으로 시사할 수 있을 뿐이다. 한 과학의 어떠한 발전 단계에서나, 그 과학의 전문가들은 그들이 다루는 자료에 관해서 세워야 하는 주요한 가정과, 그 자료를 다루면서 받아들여야 하는 주요한 원리에 대하여 다소간에 의견이 일치하고 있다. 예를 들면 물리학의 사유에서의 주요 가정들은 모든 물리학자들이 공유하고 있으며, 물리학적 문제에 관하여 과학적으로 사유한다는 것은 이 가정들에 따라 사유한다는 것이다. 그리고 이것이 어쨌든 물리학자들의 결론에 보편 타당성을 부여하는 것들 중의 하나이다. 그들의 결론은 그 결론에 도달하는 사람들의 개인적 특질이나 사적 감정에 어떤 중요한 의미에서도 좌우되지 않으며, 이런 것들이 완전히 추상되는 어떤 과정에 의해서 도달되는 것이다.

　이 말을 오해해서는 안 된다. 자연 과학들이 각기 그 주제에 관한 모범적 사유 방식을 발전시켰다고 하는 나의 말이, 각 자연 과학은 그 주제를 연구하는 사람들 모두가 분명하게 알 수 있는 기본적이며 변치 않는 일련의 가정을 가지고 있다는 것을 의미하는 것으로 해석되어서는 안 된다. 그렇게 생각하는 것은, 한 과학의 원리들은 그 과학을 연구하는 사람들에 의하여 단지 불완전하게 파악될 뿐이라고 하96는 명백한 사실과, 그리고 그 원리들 자체가 시간의 흐름에 따라 없어지든가 어쨌든 발전되든가 하기가 일쑤라고 하는 명백한 사실과 모순될 것이다. 이러한 변화를 올바로 해석하는 것은 가장 흥미있는 문제이지만, 여기에서는 이 문제를 다룰 수가 없고, 또 그럴 필요도 없다. 역사적 명제의 지위를 평가하기 위해서는, 우리가 이야기한 자연 과학의 모범적인 사유 방법은 어떤 특정한 시대에도 일반적으로 인정되고 있고, 그 결과 그런 과학의 주장과 결론은 과학계에서 일반적 승인을 요구할 수 있다고 하는 점에 주목하는 것으로 충분하다. 자연 과학은 이러한 중요한 의미에서 객관적 지식을 제공한다. 우리가 대결하지 않으면 안 되는 문제는 이와 똑같은 것을 역사에 관해서도 주장할 수 있는가 하는 것이다.

내가 말하고자 하는 것은(이것은 처음부터 논점을 절취하는 것이라고 생각될지 모르지만), 만일 역사를 어떤 의미에서건 과학이라고 선언할 수 있으려면, 자연 과학의 객관성에 상응하는 어떤 특징이 역사에서 발견되지 않으면 안 된다고 하는 점이다. 역사적 객관성은 과학적 객관성과 정확하게 똑같은 종류의 것이 아닐지도 모르지만, 만일 이 둘 사이에 아무 공통점도 없다면, 그것은 분명히 극히 역설적인 일일 것이다. 특히 역사적 사유가 철학적으로 훌륭한 것임을 보여주려면, 우리는 불편 부당성이라는 자연 과학의 이상이 역사적 사유에도 반영되기를 기대해도 좋을 것이다. 만일 그렇지 않다면—만일 역사적 해석이 단지 이런저런 개인이나 또는 개인들의 이런저런 부류에 대해서만 적용된다고 말할 수 있다면—적어도 통속적인 생각으로는 역사를 진정한 과학이라고 부르는 데에 주저할 것 같다. 그리고 철학자들은 틀림없이 이 통속적인 생각에 당연히 찬성할 것인데, 왜냐하면 진리의 개념 그 자체는 사람이나 장소에 대해서 무관심한 듯이 보이기 때문이다. 물론 사실적 진리의 경우에는 그 진리가 획득된 기초로서의 증거에 대해서는 무관심하지 않지만 말이다.

2. 이 문제에 관한 서설

지금까지의 고찰을 염두에 두고, 이제 역사 자체에로 돌아가 역사의 입장은 어떤 것인가를 알아보기로 하자. 역사가들은 어쨌든 과학적 의미에서의 객관성을 목표로 하는 것일까? 동일한 증거에서 출발한 탐구자는 누구든지 받아들이리라고 기대되는 결론을 산출하는 것이 역사가들의 바람인가?

이러한 물음에 간단히 대답하는 것은 쉽지 않은데, 왜냐하면 사실들이 단순한 것이 아니기 때문이다. 훌륭한 역사가들이 이구동성으로 역사 연구에서 일종의 불편 부당성과 비개인성을 요구하고 있다는 것은 틀림없이 사실이다. 저술가의 개인적 편견이나 선전 목적에 맞추어 주장과 결론이 왜곡된 역사서는 일반적으로 부당하다는 비난을 받는다. 진정한 역사는 어떤 것이든 선전과는 구별될 수 있다고 역사가들은 생각하고 있으며, 바로 그렇기 때문에 객관적 타당성을 갖는다고 말할 것이다. 그러나 이 문제에는 또 다른 측면도 있다. 문외한이 역사를 살펴보면서 받는 가장 강력한 인상 중의 하나는, 그가 알고 있는 동일한 문제에 관하여 서로 엇갈리는 설명이 여러 개 있다는 사실이다. 각 세대는 그 선조들이 쓴 역사들을 다시 쓸 필요가 있음을 깨닫는다는 것만이 사실인 것은 아니다. 또한 어느 시대 어느 곳에서나 동일한 일련의 사건들을 서로 다르게 또 분명히 모순되게 해석할 수가 있는데, 이런 해석들이 각기 비록 그 사건에 관하여 전체적인 진리를 제공하는 것은 아니지만, 어쨌든 지금 입수할 수 있는 만큼의 진리는 제공한다고 주장하는 것도 사실이다. 한 역사가의 해석을 다른 역사가는 분연히 거부하는데, 그들을 어떻게 조화시킬 것인가는 잘 알 수가 없다. 왜냐하면 이들의 논쟁은 단순히 기술적인 것 (증거의 올바른 해석에 관한 것)이 아니라, 차라리 이 경우에는 결코 보편적으로 공유하고 있지 않은 궁극적인 선입견에 의존하는 것이기 때문이다.

이렇게 볼 때, 역사적 사유에는 과학적 사유에서 볼 수 있는 요소와는 다른 어떤 주관적 요소가 작용하고 있고, 이러한 요인이 역사가들이 획득하고자 할 수 있는 객관성을 한정하거나 그 성격을 변화시키는 것 같다. 그런데 이러한 주장은 역사가들 자신이 반드시 거부하게 될 주장이 아니라는 점에 주목하는 것이 중요하다. 그들의 선조들이 50년 전에 어떻게 생각했건, 오늘날 많은 역사가들은 모든 특수한 선입견에서 벗어나서 전적으로 비개인적인 방법으로 그들의 사실들에 접근하라는 요구를 받으면 불쾌하게 생각하리라는 것은 의심의 여지가 없어 보인다. 그들은 역사에서 물리학의 비개인성을 목표로 한다는 것은 전혀 역사도 아닌 것을 만들어 내는 것이라고 말할 것이다. 그리고 그들은, 모든 역사는 일정한 관점에서 씌어지며 그 관점에서만 뜻이 통한다는 것을 논증함으로써 자기들의 주장을 뒷받침할 수 있을 것이다. 모든 관점을 제거해 보라. 그러면 물질적 대상을 보되 어떤 특정한 관점에서 보지는 말라고 하면 아무 것도 볼 수 없는 것과 마찬가지로, 이해할 수 있는 것이라고는 아무 것도 남지 않게 될 것이다.

　나는 이 논의가 중요한 논의라고 믿고 있거니와, 이 논의는 좀더 자세히 고찰하여 보강할 수가 있다. 역사적 사유에서 가장 두드러진 개념은 **선택**의 개념이다. 역사는 적어도 두 가지 의미에서 선택적이다. (1) 실제로 씌어져 있는 모든 역사서는 부문별로 나누어진 것인데, 이는 개개의 역사가가 주의를 집중할 수 있는 것은 오직 과거의 한 국면 또는 제한된 국면들뿐이기 때문이며, 이 점은 그 역사가의 관심의 범위가 아무리 넓다 하더라도 마찬가지이다. 과거 모습 그대로의 생활상을 구체적으로 그리는 것이, 앞에서 말한 바와 같이 역사의 이상일지 모르지만, 만일 그렇다면 그것은 어떠한 개별적 역사가도 제한된 공헌 이상은 할 수 없는 이상이다. 또 (2) 어떤 역사가도 그가 선택하는 연구 분야 내에서조차 과거에 일어난 모든 일을 서술할 수는 없다. 모든 역사가는 어떤 사실들은 이를 선택하여 특별히 강조하고, 다른 사실들은 전혀 무시하지 않을 수 없다. 이를 아주 진부하게 표현하자면, 역사책에 들어가는 사실들은 어느 정도 중요한 사실들뿐이다. 그러나 역사에서 중요한 것이라는 관념은 이중으로 상대적이다. 그것은 (1) 어떤 사람의 현재의 사유와는 독립적으로 일어난 일에 관계되지만, 그러나 또한 (2) 중요성을 판단하는 사람에도 관계된다. 그런데 이 관념을 다룰 때 우리는 이 둘째 요인을 전적으로 배제할 수는 없는데, 이는 역사가마다 각자 자기가 중요하다고 여기는 것에 분명히 어떤 영향을 미칠 일련의 관심과 신념 및 가치를 그의 연구에 명백히 끌어들인다는 것을 생각해 보면 알 수 있는 일이다.

　지금의 단계에서는 역사는 근본적으로 그리고 나쁜 의미에서 주관적이라고 하는 결론을 서둘러 내리기가 아주 쉬울 것이며, 또 그 결

98

론에 비추어서, 어떤 의미에서건 과학적이라고 하는 역사의 주장을
지워 버리기도 쉬울 것이다. 그러나 나는 이러한 처리는 모두 너무
단순하다고 생각한다. 우리가 문제삼아 온 역사에서의 "관점"이라는
개념은 분명히 비판적으로 음미해 볼 필요가 있으며, 그 개념의 분석
이 없이는 우리의 주제에 관하여 어떠한 견해도 만족스럽게 진술하기
가 어렵다. 그러므로 나는 이곳에서 토론을 좀더 구체적인 방향으로
돌려서, 역사가들이 견해의 일치를 보지 못하게 하는 것이 특히 무엇
인가를 알아보고자 한다. 이러한 절차를 취함으로써, 우리는 "역사는
객관적일 수 있는가?"라는 물음을 그 물음이 제기되는 여러 가지 단
계를 구별함으로써 올바로 전망할 수 있게 된다는 이점을 얻게 될 것
이다. 왜냐하면 만일 역사에 있어서의 편견에 관한 흔히 있는 지루한
토론을 통하여 무엇인가가 분명해진다면, 그것은 곧 여러 종류의 주
관적 요인이 역사적 사유 속에 끼어 들어갈 수 있다는 것, 또 이런
요인 중의 어떤 것들은 다른 요인들보다 역사 철학에 대하여 훨씬더
중대한 문제가 된다는 것이기 때문이다. 다음의 고찰을 하고 나면,
적어도 우리는 아무 대답도 할 수 없는데 단 하나의 대답만을 요구하
는 복합 질문*을 하지 않게 될 것이다.

99 ### 3. 역사가들 사이에 견해차를 조성하는 요인들

나는 역사가들 사이에 실제로 견해차를 일으키는 주요한 요인들은[1]

＊복합 질문: 외형으로는 하나의 질문 같으나 내용적으로는 두 개 이상의
질문이 결합된 것으로, "예"라고도 "아니오"라고도 대답할 수 없는데
어느 하나의 대답을 요구하는 질문이다. 여기에서는 "역사는 객관적일
수 있는가?"라는 물음이 복합 질문이라는 것이다. 이 물음에 "예"라고
대답하면 "역사에는 역사가의 주관적 요인이 들어 있지 않은가?"라고
반박하고, "아니오"라고 대답하면 "그렇다면 역사는 과학이 아니지 않
은가?"라고 반박하게 될 것이다—역주.

1) 내가 다음에서 문제삼고 있는 견해차의 종류는 일단의 (가끔은 적절하
지 못한) 증거로부터 어떤 결론을 이끌어 내는가에 관한 견해차가 아니

다음의 네 항목으로 분류될 수 있다고 생각한다. 첫째는 개인들에 대한 또는 계층들에 대한 개인적인 호불호(好不好)이다. 역사가 A(칼라일을 예로 들 수 있겠다)는 위인들을 찬미하지만, 역사가 B(예를 들어 웰즈)는 그들에게 강한 반감을 갖는다. 따라서 역사가 A는 그의 이야기를 온통 자기의 영웅의 사상과 행위에 집중시켜, 그것을 당시의 역사에 대하여 결정적인 것으로 그리는가 하면, 역사가 B는 똑같은 행위를 (예를 들어) 멍청한 짓, 불성실한 짓, 사악한 짓 또는 쓸모없는 짓이라고 기를 쓰고 헐뜯는다. 둘째는 편견, 또는 좀더 화려한 말을 쓰자면 역사가가 속해 있는 어떤 집단의 성원과 관련된 가정이다. 즉 예컨대 역사가가 이런저런 국가나 민족 또는 사회 계층에 속해 있는 그 일원으로서, 또는 이러저러한 종교를 믿는 사람으로서 가지고 있는 가정이 그것이다. 셋째는, 역사적 해석에 관한 상충하는 이론들이다. 역사가 A는 마르크스주의자요, 모든 역사적 사건들의 궁극적 설명을 경제적 요인의 작용에서 찾는가 하면, 역사가 B(러셀이 한 예이다)는 다원론자요, 어떤 단일한 유형의 인과 요인도 역사에 있어서 결정적인 것으로 보기를 거부한다. 그는 마르크스주의자의 어떤 결론에는 동의하지만, 그가 받아들일 수 없는 다른 결론들도 있다. 넷째는, 근본적으로 다른 도덕적 신념들, 인간의 본성에 관한 관념들, 또는 이 용어가 좋다면 세계관(Weltanschauungen)의 차이이다. 이 마지막 부류의 영향은, 기독교 신앙을 배경으로 하여 역사에 접근하는 사람들과 18세기적 의미에서 "합리주의적"으로 접근하는 사람들이 내놓은 서로 다른 성과들을 보면 아마 가장 쉽게 설명될 것이다.

　이러한 분류가 적합한가 또는 그것으로 충분한가 하는 문제는 접어두고, 나는 곧 이 네 부류의 요인을 하나하나 비평하여, 가능하다면

　라, 이끌어 낸 결론에 대한 진정한 해석에 관한 견해차라고 하는 점을 분명히 해두지 않으면 안 된다. 전자의 종류의 견해차는 내가 보기에는 주로 기술적인 것 같다. 물론 나는 제4장에서 드러나게 될 이유들 때문에, 내가 사실과 해석과의 구별을 끝까지 유지될 수 있는 것으로 받아들이지는 않을 것이라는 점을 부언해야 하겠다.

어떤 것이 현재의 토론에서 특별히 주목되어야 할 것인가를 결정해 볼 생각이다.

(1) 개인적 편향

내가 생각하기에는, 이에 관한 입장은 비교적 단순하다. 물론 개인 적 호불호가 역사가들이 내리는 판단에도 또 (더욱 중요하게는) 사실 에 관한 역사가들의 일반적 표현에도 영향을 미친다는 증거가 많이 있지만, 그렇다고 해서 이런 유의 편향(偏向)을 역사에서 객관적 진 리 획득을 방해하는 심각한 장애물로 보아야 할 것인가는 의문이다. 이것이 의심스러운 것은, 이런 유의 편향은 고쳐지든가 어쨌든 참작 되든가 할 수 있다는 것을 우리는 누구나 우리 자신의 경험을 통하여 알고 있다는 단순한 이유 때문이다. 일단 우리가 우리 자신의 편파성 을 인지하면(확실히 우리는 인지할 수 있다) 우리는 이미 그것을 경 계하고 있는 것이며, 또 우리가 충분히 회의적이라면 그러한 편파성 은 우리에게 더 이상 공포의 대상일 필요가 없는 것이다. 그리고 우 리는 역사가가 개인적 편견에서 벗어나야 한다고 주장하며, 그렇지 못한 역사가들을 비난한다. 예를 들면 투키디데스에 대해서는 흔히, 그가 클레온*을 싫어하여 당시의 정치사를 부정확하게 설명하게 되었 다고 비난한다. 투키디데스는 그 사람에 대한 감정을 억제할 수 없었 지만, 그 감정이 그의 역사 속에 끼어 들어가서는 안 되었던 것이다. 역사가가 열광하거나 혐오하는 대상이 어떤 부류의 사람 전체—예컨 대 성직자들이라든가 과학자들이라든가 또는 독일인들—인 경우에 대해서도 그에 준해서(mutatis mutandis) 같은 말을 할 수 있을 것이 다. 웰즈가 그의 《세계사 개관》(*Outline of History*)에서 모든 유명한 군

---

* Cleon(?~422, B.C.): 아테네의 민주파의 지도자. 펠로폰네소스 전쟁 에서의 아테네군의 사령관. 이 전쟁에서 Thucydides는 암피폴리스 수 비를 위한 증원군의 사령관으로 파견되었으나, 그가 너무 늦게 도착하 여 암피폴리스는 스파르타군에게 함락되고, Thucydides는 아테네에서 추방되어 유배지에서 《펠로폰네소스 전쟁사》를 저술하였다—역주.

인들에 대하여 보인 반감은, 바로 이러한 이유로 해서 졸렬한 역사라는 비난을 널리 받고 있다.

(2) 집단적 편견

이 항목에 속하는 요인들에 관해서도, 비록 몇 가지 중요한 유보 사항이 있기는 하지만 원칙적으로 첫째 부류의 요인들에 관해서와 똑같은 설명을 하지 않으면 안 된다. 유보 사항은 첫째로, 우리가 한 집단의 성원으로서 하는 가정은 개인적 호불호보다 간파하기가 쉽지 않고, 따라서 고치기가 쉽지 않다고 하는 명백한 사실에 연유한다. 이러한 가정의 작용은 훨씬 미묘하고 널리 퍼져 있으며, 그 집단에서는 그 가정이 일반적으로 받아들여지고 있기 때문에, 우리가 그것을 알아차려서 극복해야 하겠다는 생각이 덜 나게 된다. 더욱이 이 부류에 분류된 어떤 요인들에 관해서는 첫째 부류에서는 전혀 볼 수 없는 난점이 있다. 우리의 개인적 호불호는 주로 우리의 감정에 기인하는 것이지만, 우리의 집단적 가정들 가운데 어떤 것은 전혀 다른 성격의 것이라고 주장되곤 하였다. 즉 집단적 가정들은 합리적 근거를 가지고 있으며, 따라서 전혀 편견의 문제가 아니라 원리의 문제이다. 예컨대 우리는 모두 어떤 사람의 종교상의 견해가 그 사람으로 하여금 그와 견해를 같이하지 않는 사람들의 행위를 공정하게 다룰 수 없도록 만들 정도로 그의 역사에 영향을 미쳐서는 안 된다고 말해야 할 것이다. 그러나 많은 사람들은 그에게 그가 기술하는 것에서 종교상의 견해를 완전히 제거하라고 요구하는 것은 불합리한 일일 것이라고 덧붙여 말할 것이다. 그러한 견해에 대한 논거는, 이 문제에 대한 손쉬운 가정이 많이 있음에도 불구하고, 종교적 신념은 분명히 비합리적 편견의 산물만이 아니고 오히려 합리적 확신의 문제로 볼 수 있다고 하는 주장에 있을 것이다. 그런데 만일 그렇다면, 종교적 신념이 그 역사가의 사유에 영향을 미치리라는 것은 불가피한 일일 뿐만 아니라 아주 당연한 일이다.

나는 이 특별한 논거를 그 자체를 위하여 논의할 생각은 없고, 다

101

138

만 일반적인 논지를 명확히 하고자 할 뿐이다. 그러나 이런 논거가
있다는 것이 이러한 부류의 주관적 요인에 관한 우리의 주요한 주장
을 위태롭게 하지는 않을 것이니, 우리는 이를 다음과 같이 설명할
수가 있다. 역사가들이 예를 들어 애국적 영국인, 계급 의식이 강한
프롤레타리아의 구성원 또는 충실한 개신교도로서 세우는 가정들은
그들이 합리적 근거 위에서 정당화할 수 있는 것이 아니면 안 되며,
그렇지 않으면 그 가정들은 그들의 역사로부터 배제되지 않으면 안
된다. 그리고 우리는 누구나 그러한 배제가 적어도 원칙적으로는 가
능하다고 믿고 있다. 이렇게 주장하는 것은 실은 바로 합리적 사유가
가능하다는 것, 즉 우리는 의견을 가질 수 있을 뿐만 아니라 그 의견
의 근거를 제시할 수 있다는 것을 주장하는 것과 같다. 이러한 주장
이 오늘날에는 여러 방면에서 독단적으로 거부되곤 하는 주장이라는
것은 사실이다. 즉 마르크스주의자들과 프로이트주의자들은, 서로 방
법이 다르기는 하지만 표면상으로는 완전히 합리적인 것으로 보이는
관념과 신념들의 비합리적인 원인을 찾으라고 우리 모두에게 가르쳐
왔거니와, 합리적 사유는 그 자체가 불가능한 것이라고 납득하게 된
사람도 더러 있다. 그러나 설사 우리가 이 문제에 관해서 우리 선조
들이 가졌던 소박한 확신에로 되돌아갈 수는 없다 (또 그래서도 안
된다) 하더라도, 그럼에도 불구하고 반합리주의적 주장은 모순없이는
진술될 수 없다는 것이 지적되지 않으면 안 된다. 이 반합리주의적
주장은 그 지지자들이 찬성하지 않는 이론들뿐만 아니라 그 자신도
똑같이 해치는 것이다. 왜냐하면 그것은 합리적 확신이 불가능하다는
것을 합리적 확신의 문제로서 믿도록 우리에게 요구하고 있기 때문이
다. 그리고 우리는 그렇게 할 수는 없다. [2]

---

2) 우리에게 똑같은 오류를 범하기를 요구하는 다른 사람들 중에는 행동
주의적 심리학자들과 몇몇 근대 사회학자들(예를 들면 Mannheim)이
있다. 후자에 대한 날카로운 비판에 관해서는 Popper 박사의 *The Open
Society*, 제 XXIII장 (vol. II, pp. 200 이하)을 참조.

(3) 역사적 해석에 관한 상충하는 이론들

역사적 해석에 관한 이론이라고 할 때 내가 의미하는 것은 역사에서의 여러 종류의 인과적 요인의 상대적 중요성에 관한 이론을 말한다. 역사가들은 그러한 이론들을 분명하게 정식화하여 표현할 수 없을 때에도 그 이론들을 사용하고 있다는 것은 아주 명백하며, 또한 이러한 종류의 가능한 많은 이론들 중에서 어떤 것이 옳은지에 관해서 역사가들간에 견해가 일치되지 못하고 있다는 것도 명백한 일이다. 역사적 해석에 관한 상충하는 이론들은 이처럼 역사에 관한 견해 102 차의 중요한 원천이 되고 있다. 그리고 적어도 언뜻 보아도 이 상충하는 이론들은 우리가 지금까지 고찰해 온 두 가지 부류의 주관적 요인보다도 더 심각한 문제를 제기하는 것이다. 우리는 역사가들이 노력한다면 개인적 편향과 집단적 편견의 영향을 극복할 수 있다고 말한 바 있다. 그러나 우리는 지금 우리가 직면하고 있는 난점들도 이와 똑같이 해결하려고 다그쳐, 역사가들에게 역사적 해석에 관한 어떠한 이론도 필요로 하지 말라고 말할 수는 없다. 왜냐하면 역사가는 그가 다루는 사실들을 어쨌든 이해하려면, 그러한 이론을 어떤 것이건 가지지 않으면 안 되기 때문이다.

우리는 여기서 우리의 난점들은 실재적이기보다는 상상적이라는 말을 들을지도 모르는데, 왜냐하면 역사적 해석에 관한 이론이 하여튼 정당성을 주장할 수 있으려면, 그 이론은 역사적으로 변화하는 현실적 사실들에 대한 면밀한 연구에 기초를 둔 확고한 경험적 가설이 아니면 안 되기 때문이다. 그러한 이론이 보편적 지지를 획득하는 데 아직 성공하지 못했다면, 그것은 지지를 획득하기까지는 시간이 걸릴 뿐이고, 지지를 획득할 때에는 견해차를 야기시킨 이 특수한 원천은 사라질 것이다. 그러나 이러한 낙관적 태도가 유지될 수 있다는 것은 결코 확실하지가 않다. 참으로 사태의 모순은 바로 이 점에, 즉 이런 유의 포괄적인 이론을 제시하는 사람들은 그 이론을 사실로부터 도출했다고 공언하면서도, 그들은 그 이론이 단순히 경험적 가설일 때에 주장해야 하는 것보다 훨씬더 확신을 가지고 그 이론을 주장한다고 하는 점에 있다. 그들은 불리한 증거를 앞에 놓고서도 그 이론을 고수하여, 그 이론에 가설의 자격보다는 오히려 계시적 진리의 자격을 선뜻 부여하려고 한다. 사적 유물론의 이론을 내세울 때의 마르크스주의자들의 행동은 이 점을 가장 명백하게 보여주는 예이지만, 이와 비슷한 것은 다른 학파의 이론에서도 발견될 수 있을 것이다.

상술한 이론들을 고집스럽게 주장하거나 거절하는 확신의 원천은 무엇인가? 많은 경우에 그것은 물론 통속적 편견에 불과하다. 우리는 어떤 특별한 이론을 지적으로 받아들이거나 거부하지만, 그와 마찬가지로 감정적으로 받아들이거나 거부하기도 한다. 그리고 그 후에는 그 이론에 대한 우리의 태도는 불편 부당한 관찰자의 태도가 아니라 한 파당인(派黨人)의 태도인 것이다. 우리가 그 이론을 받아들이거나 또는 거부하는 궁극적 이유는, 우리가 그 이론이 참이거나 거짓이기를 **바란다**고 하는 것이다. 그러나 이런 유형의 설명이 모든 경우를 포괄한다는 것은 분명하지 않은 일이고, 예컨대 궤변스러운 마르크스주의자들이 이를 받아들이지 않으리라는 것은 확실하다. 마르크스주의자들은 비록 사적 유물론은 단순히 사실들에 근거한 것이 아닐지라도 합리적으로 옹호될 수가 있는데, 이는 사적 유물론이 인간의 본성 및 인간과 환경과의 관계에 관한 일정한 사상과, 즉 많은 분야에서 그 진리가 확인되는 일반적 철학과 밀접하게 관련되어 있다는 것이 밝혀질 수 있기 때문이라고 주장할 것이다. 마르크스주의자들이 그들의 역사 연구의 과정에서 은연중 호소하고 있는 것은 바로 이러한 철학이요, 그들의 해석의 가치가 최종적으로 의존할 수밖에 없는 것은 바로 이러한 철학의 타당성이다.

이것이 옳다면, 역사적 해석에 관한 상이한 이론들간의 상충은 우리의 목적에 대하여 특별한 문제를 야기하지는 않는 듯이 보인다. 확실히 이러한 상충은 역사가들간의 견해차의 유력한 원천이다. 그러나 그 견해차의 핵심이 단순한 편견에서 발견될 수 없는 경우에는, 그것은 상이한 철학적 사상에서 찾아지지 않으면 안 된다. 그러므로 주관적 요인의 이 셋째 부류를 고찰하다 보면 곧 넷째 부류를 고찰하게 되므로, 나는 지체없이 이 넷째 부류의 고찰로 들어가겠다.

(4) 저변의 철학적 상충

완고한 사람들에게는 이 항의 명칭 자체가 미심쩍게 생각될 것이기 때문에, 나는 처음부터 어떤 요인들이 이 부류에 속하는가를 보다 충분히 밝히는 데 힘쓰지 않으면 안 된다. 내가 염두에 두고 있는 것을 거리낌없이 말한다면, 그것은 도덕적 및 형이상학적 신념들이다. 도덕적 신념이라는 말로 나는 역사가들이 과거를 이해할 때에 내리는 궁극적 가치 판단을 가리키고자 하며, 형이상학적 신념이라는 말로는 이 가치 판단과 관련된 인간의 본성 및 세계에 있어서의 인간의 위치에 관한 이론적 사상을 가리키고자 한다. 비록 이 두 신념을 가지고 있는 사람은 모두가 그 사실을 분명히 자각하고 있는 것은 아니지만, 두 신념들은 서로 긴밀하게 관련되어 있다고 할 것이다.

내가 시사하고자 하는 것은, 역사가들은 각기 자기 자신의 철학적 관념을 가지고 과거에 접근한다는 것, 그리고 이것이 역사가들이 과거를 해석하는 방법에 결정적 영향을 미친다는 것이다. 나의 생각이 옳다면, 역사가들간의 상위는 궁극적으로는 철학의 상위이며, 우리가 이 상위를 해소할 수 있는가의 여부는 철학적 상충을 해소할 수 있는가의 여부에 달려 있다. 그러나 이러한 주장을 독자들로 하여금 믿게 하는 데에는 약간의 무리가 따르리라는 것을 나는 충분히 예상할 수 있다. 나는 다음과 같은 질문을 받게 될 것이다. "당신은 **모든** 역사가들이 자기의 연구에 도덕적 및 형이상학적 편견을 끌어들여, 이를테면 벗을 수 없는 안경을 통해서 과거를 관찰한다고 진심으로 생각하고 있는가 ? 그리고 당신이 그렇게 생각하고 있다면, 당신은 생경하고 비과학적인 수준에 있는 역사에 관해서 참인 것과 모든 역사에 관해서 참인 것을 혼동하고 있는 것은 아닌가 ? 물론 윤리적·종교적 혹은 (당신이 좋아한다면) 형이상학적 편견이 모든 종류의 통속적 역사 연구를 방해하는 것처럼 생각될 수도 있다. 그러나 저명한 역사가의 저술에 관해서도 같은 말을 할 수 있을까 ? 역사가가 자기 시대의

104

윤리적·종교적 및 형이상학적 통념을 잊어 버리고, 자기가 다루는 사실들을 자기가 서술하고 있는 인물들이 보았던 것과 똑같은 방식으로 보려고 노력하는 한에서만 역사적 사유가 효과적이라는 것은 명백하지 않은가? 역사가는 인간의 본성이 무엇이며 혹은 무엇이어야 하는가에 관한 역사가 자신의 사상으로 과거를 읽을 것이 아니라, 자기가 연구하고 있는 시대에 살고 있던 사람들이 가졌던 관념으로 과거를 읽지 않으면 안 되는 것이 아닌가? 그리고 개별적 저술가들이 바로 이것을 얼마만큼 수행했는가를 음미함으로써—그들이 얼마만큼 자기 자신의 선입견에서 벗어나서, 자신들이 그 행위를 서술하고 있는 사람들의 자리에 스스로 서려고 꾀했느냐를 봄으로써—우리는 훌륭한 역사서와 졸렬한 역사서를 구별하지 않는가?"

이러한 비판에는 분명히 충분한 의미가 있으나, 그래도 이 비판이 완전히 효과적인 것인지는 의심스럽다. 역사서에 훌륭한 것과 졸렬한 것이라고 지적되는 따위의 차이, 전자를 "믿을 만한 것"이라 하고 후자를 "상상력이 없는 것"이라고 해서 구별짓는 차이는 확실히 있다. 상상력을 발휘함은 역사적 사유의 중요한 부분이거니와, 그것은 가능한 한 우리들 자신이 그 행위를 연구하고 있는 사람들의 자리에 서려고 노력하는 것이다. 그러나 전술한 바와 같이, 자기 자신이 다른 사람의 자리에 서는 것을 단순한 직관적 과정이라고 주장하는 데에는 매우 실제적인 난점들이 있다. 자기가 다른 사람의 자리에 서는 것은 오히려 그렇게 하는 사람의 축적된 경험에 달려 있는 것으로 보인다. 그리고 여기에서 "경험"이라고 말할 때, 이것 역시 간단한 술어가 아님을 우리는 알지 않으면 안 된다고 생각한다. 고대 세계에 관한 나의 이해는 나 자신이 경험했거나 또는 다른 사람들의 경험으로부터 소화한 것에 의존한다. 그러나 제3장에서 지적한 바와 같이, 그러한 모든 경험에는 내가 말하는 주관적 또는 선험적 요소가 있는 것으로 보인다. 고대 세계나 중세 교회 또는 빅토리아 가문 역사를 쓰기 위해서 나 자신이 고대 그리스인이나 중세의 승려 또는 빅토리아 가문의 조상의 자리에 서려고 할 때, 나는 확실히 가능한 한 내 시대의 도덕적 및 형이상학적 선입견을 제거하지 않으면 안 된다. 그러나 내가 취급하는 자료를 어떻게든 이해하려면, 나는 인간의 본성에 관한 어떤 일반적 판단들을 내리지 않을 수 없으며, 이러한 일반적 판단들에는 나 자신의 견해가 부단히 노출되고 있다는 것을 알게 될 것이다. 나는 나 자신이 본의 아니게 이 사건에 충격을 받고 저 사건에 만족하며, 무의식중에 이 행위를 합리적이라고 보고 저 행위를 틀렸다고 보고 있음을 알게 될 것이다. 그리하여 나 자신의 편견을 피하고 실제로 일어났던 일을 이해하는 데 열중하라고 아무리 나 자신에게 타일러도, 나는 그 권고를 글자 그대로 수행하는 데 성공하지 못할 것이다. 왜냐하면 이해라는 것은 본래 수동적 과정이 아니라, 진리를 독립적으로 가정하고 있는 원리에 의하여 증거를 판단하는 것이기 때문이다.

　내가 여기에서 주장하고 있는 논점은, 그것을 흄의 기적에 관한 논문(*An Enquiry Concerning Human Understanding*에서) 및 브래들리의 《비판적 역사의 전제들》(*Presuppositions of Critical History*)[3]에 나오는 역사적 고증에 관한 고전적 논의와 관련시켜 보면, 어떤 독자들에게는 아마 더욱 명백해질 것이다. 흄도 브래들리도 역사적 객관성에 관한 문제를 온전히 다루고 있지는 않다. 그들은 각기 기적적인 사건의 이야기들은 믿을 수 있는 것인가 어떤가 하는 더 좁은 문제만을 염두에 두고 있다. 그렇지만 그들의 결론은 지금의 논의와 밀접하게 관계된다. 요컨대 흄은 과거의 사건에 관한 설명은 믿을 수가 없는데, 그것은 그 사건이 발생함으로써 물리적 자연 법칙은 폐기되었을 것이기 때문이라고 말한다. 브래들리는 동일한 결론을 훨씬 밀고 나가서, 우리는 과거에 관해서는 우리 자신의 경험에서 알고 있는 것과 어떤 유사성을 가지고 있는 것만을 믿을 수 있다고 말한다. 지금의 설명을 통해서 흄과 브래들리를 넘어서려고 하는 논점은 두 가지이다. 첫째는, 만일 역사에 대한 브래들리의 공식을 받아들인다면, 우리는 "경험"이

105

3) *Collected Essays*, vol. I.

라는 말로 단지 물리적 자연의 경험만이 아니라 인간의 본성에 관한 경험까지도 이해하지 않으면 안 된다는 것을 시사하는 점이요, 둘째 는 그러한 경험은 모두 주어진 것이 아니라 선험적 요소를 부가적으 로 포함하고 있다는 것을 주장하는 것이다.

(i) 이 가운데 첫째 논점은 제3장의 논의로부터 분명해질 것인데, 그곳에서 우리는 궁극적으로 역사적 설명의 배후에 있는 것은 인간의 본성에 관한 일반화라는 것을 밝히려고 하였다. 그 점은 역사의 진정 한 주제는 과거의 인간의 행위라고 한 그곳에서의 주장에 근거한다. 그렇다면 우리는 대체 역사를 알기 위해서는 인간의 본성에 관한 어 떤 지식을 가지고 있지 않으면 안 된다는 것은 명백한 일이다.

(ii) 그러나 결정적인 문제는, 우리가 가질 필요가 있는 지식은 어떤 것인가 하는 것이다. 내가 여기에서 시사하고자 하는 바는, 인간의 본성에 관한 우리의 개념 내용의 대부분이 경험에서 유래한 것이고, 따라서 경험이 첨가됨에 따라 달라지는 것이지만, 그 개념 내용 속에 는 그와 똑같은 방법으로는 얻어지지 않는 어떤 딱딱한 알맹이가 있 다는 것은 여전히 참이라고 하는 점이다. 이 딱딱한 알맹이를 나는 도덕적 및 형이상학적 신념과 결부시킨다. 우리가 과거를 볼 때 과거 106 에 관해서 어떠한 이해를 얻는가 하는 것은, 원래 어느 정도까지 우 리가 우리 자신을 우리 연구의 주제인 인물들과 동일시하고, 그들이 사유했던 대로 사유하고 느끼는 데 성공하느냐에 달린 것이다. 그러 나 만일 우리가 인간의 본성에 관한 어떤 명제들을 전제하지 않는다 면, 즉 만일 우리가 인간의 행동에서 어떤 것이 합리적 내지 정상적 인 것인가에 관한 어떤 개념을 사용하지 않는다면, 이해는 시작될 수 조차 없을 것이다. 바로 여기에서 우리 자신의 견해가 그 효과를 발 휘하여 우리가 내리는 해석을 채색하는 것이다.

물론 역사가들에게 그들 자신의 도덕적 및 형이상학적 선입견을 깨 닫도록, 그리고 그들의 역사 속에 소박하게 그 선입견을 끌어들이는 것을 경계하도록 타일러 주는 것은 현명한 실제적 충고이다. 그러나 그렇다고 해서 역사가들은 아무런 선입견도 없이 오직 과거를 관찰할 수 있도록 노력하지 않으면 안 되며, 그들의 정신은 그들이 과거에서 발견하는 것에 의해서만 채색되도록 해야 한다는 결론을 이끌어 낸다면 그것은 확실히 지나치게 낙관적이다. 우리는 모두 우리 자신의 도덕적 및 형이상학적 안경을 통해서 과거를 바라본다는 것을 이유로 해서 과거에 대한 객관적 이해란 불가능하다고 추단(推斷)한다면, 그것은 이 단계에서는 확실히 잘못일 것이다. 상이한 관점들을 종합하고 한 관점을 다른 관점 속에 포섭시킬 수 있는 가능성은 여전히 논의거리로 남는다. 그럼에도 불구하고 궁극적인 역사적 회의주의를 옹호하는 일견 그럴 듯한 주장도 물론 있는데, 이것은 역사가들 사이의 실제적인 견해 차이라는 안경에 의해서 크게 강화되는 주장이다. 이러한 주장을 전연 도외시하는 것은 머리를 모래 속에 파묻는 것과 같은 일이다.

4. 요 약

여기에서 우리는 우리의 논의를 멈추고, 우리가 서 있는 자리가 어디인가를 알아보는 것이 좋을 것이다. 이 장의 앞에서 우리는 역사가는 누구나 자기 자신의 관점에서 과거를 본다고 말하는 데에는 어떤 논거가 있음을 보았거니와, 그 주장을 받아들이면 곧 주관주의적 역사 이론에 가담하는 것으로 생각될 것이다. 그러나 우리는 "관점"이라는 표현 그 자체가 분석되지 않으면 안 된다는 것을 인정하였고, 그리하여 역사가들이 의견의 불일치를 일으키는 주요 요인에 대한 위의 고찰은 그러한 목적을 염두에 두고 기도되었던 것이다. 결과적으로 우리는 지금 "관점"이란 결코 동질적일 수 없는 구성 요소를 가지고 있는 어떤 것의 명칭임을 알 수 있는 자리에 와 있다. 우리의 관점들(예를 들어 개인적 호불호)에는, 우리가 역사를 쓰게 될 때에는 제거할 수 있을 뿐만 아니라 제거하지 않으면 안 된다고 생각되는 것들이 있다. 그러나 제거하기가 도무지 어려운—사실 완전한 제거란 107

불가능하다고 생각될 것이지만─다른 관점들도 또한 있는데, 여기에서 역사는 객관적 지식을 제공할 수 있는가 어떤가 하는 문제가 가장 예민하게 제기된다.

한 관점 가운데 제거될 수 없는 요소들이 있다고 한다면, 우리는 여러 개의 대안적 역사 이론들에 직면하게 된다. 첫째의 그리고 아마 신봉하기가 가장 용이한 이론은, 우리가 분석한 의미의 관점은 주관적 태도를 나타내는데, 이에 관한 논의는 공소(空疎)하고 따라서 그 관점은 과거에 관한 참된 지식에 넘을 수 없는 장벽을 쌓는 것이라고 주장할 것이다. 이것이 역사적 회의주의의 해답이다. 둘째의 이론은 내가 원근법적 이론이라고 부르자고 제안하는 것인데, 이 이론은 역사가들 사이에는 바꿀 수 없는 여러 관점들이 있음을 용인하지만, 이러한 관점의 차이가 과거에 관한 모든 객관적 지식을 배제한다고 하는 결론에는 반대할 것이다. 이 이론의 주장은, 역사에 있어서의 객관성은 약한 의미로 받아들여지지 않으면 안 된다고 하는 주장일 것이다. 즉 만일 역사가 사실들을 정확하게 그 자신의 관점에서 서술하고 달리 서술하지 않는다면, 역사는 객관적이라고 말할 수 있을 것이라는 것이다. 그러면 상이한 여러 역사들이 서로 상충하지 않고 상호 보완할 것이다. 마지막으로, 보편적으로 받아들여질 관점을 개발할 가능성은 어쨌든 원칙상 배제될 수 없으므로, 강한 의미의 객관성은 결국 역사가들에 의하여 도달될 수 있을 것이라고 하는 이론이 있다.

이 장의 남은 부분에서 나는 이러한 세 가지 이론에 관해서 간략한 논의를, 그러나 전혀 불충분한 것이 되지나 않을까 하는 두려운 마음으로 시도할 수밖에 없다. 나는 역사적 회의주의에 관한 약간의 비평으로부터 시작하겠다.

5. 역사적 회의주의

명성있는 철학자가 역사적 지식에 관하여 시종일관 회의주의를 옹호하는지 어떤지 나는 모른다. 그러나 콜링우드는—그의 이론의 다른 부분과는 모순되는 일이겠지만—역사적 회의주의를 옹호하는 데에 가까웠다.[4] 그리고 이 입장은 역사가의 관점의 상이한 구성 요소에 대한 위의 분석을 받아들이는 사람에게는 매우 자연스럽게 다가오는 입장이다. 물론 인간의 역사에 관한 객관적 지식이 가능하다는 것을 부정하는 것은 배리(背理)의 큰 요인이 된다. 그러나 곧 알게 되겠지만, 역사의 기능에 관한 또 하나의 대안적 설명은 이 배리의 요인을 제거하는 데 도움이 된다.

나는 다음의 이유에서 역사적 회의주의를, 위의 분석을 받아들이는 108
사람이면 누구나 고수하기에 매우 자연스러운 입장이라고 본다. 첫째로는, 지금은 일반화되어 거의 철학적 정통의 한 조항이 된 견해, 즉 과학적 진술과는 달리 형이상학적 진술은 사실의 진상의 진술이 아니라 기껏해야 합리적 논증이 불가능한 태도의 표명이라고 하는 견해 때문이다. 그리고 둘째는, 동일한 분석이 도덕적 진술에도 적용되기 때문이다. 이 경우에 그 논거는 스티븐슨 씨[5]가 신념상의 불일치와 태도상의 불일치 사이에 그어 놓은 구별에 의해서 훨씬 분명해졌다. 그는 도덕 문제에 관해서 논쟁하는 사람들은 사실에 관한 그들의 기술에 있어서나(즉 신념에 있어서나) 또는 사실에 대한 그들의 태도에 있어서 (또는 양자 모두에 있어서) 의견을 달리할 수 있다는 점을 지적하고, 이러한 문제들에는 참으로 논의할 만한 것이 있다고 하는 우리 모두의 인상은 오직 첫째 종류의 논쟁의 해결 가능성과만 관련을 가지고 있다고 주장한다. 한 도덕적 상황의 사실들에 관해서 처음부터 의견을 달리하고 있는 두 사람은, 충분한 인내력과 정신적 통찰력이 주어지면 그 사실들에 관해서 의견이 합치되기에 이른다. 그러나 이것으로 반드시 논쟁 전체가 끝나는 것은 아닐 것이다. 왜냐하면 설

---

4) 특히 *The Idea of History*에 부친 T.M. Knox 교수의 서문 p. xii에 그가 인용한 구절을 참조.

5) 그의 *Ethics and Language*, 제 I 장에서. 이 구별은 부분적으로는 Hume의 도덕 이론에서 선취되었다.

사 그 도덕적 상황의 사실들에 관한 우리의 평가가 바뀜으로 해서 그 상황에 대한 우리의 태도가 달라지더라도 위의 논쟁이 끝나리라는 보장은 없기 때문이다. 그리고 만일 끝나지 않는다면, 우리는 도덕적 태도는 전혀 논증의 문제가 아님을 인정하지 않으면 안 된다(고 그는 말하는 것이다).

나는 지금의 문맥에서 이런 어려운 문제들을 토론하고자 하지는 않는다. 위의 문단을 여기에 포함시킨 목적은, 다만 철학자가 아닌 독자에게 소위 도덕적 및 형이상학적 신념이란 엄격하게 말해 모두가 비합리적인 것이라고 하는 견해의 배경을 보여주자는 것뿐이다. 즉 우리가 그 신념을 지지하는 것은, 사실의 구조에 대하여 어떤 통찰을 했기 때문이 아니라, 단순히 우리가 우리 자신 속에 있는 것이든 우리의 환경 속에 있는 것이든 우리가 제어할 수 없는 요인들에 의해서 그렇게 하도록 결정지어져 있기 때문이라고 하는 견해의 배경을 보여주자는 것뿐이다. 오늘날의 많은 철학자들은 적어도 그 견해에 동감할 것이다. 그러나 만일 그들이 그것에 동감한다면(이것은 나의 주장이지만), 그들은 역사적 지식에 관한 극단적 회의주의에 스스로 가담하는 심각한 위험에 빠진다고 나는 생각한다. 상술한 나의 주장이 옳다면, 그들은 상이한 역사적 해석의 배후에는 상이한 도덕적 및 형이상학적 신념이 있다는 것을 인정하지 않으면 안 된다. 그런데 그들 109 자신은, 그런 신념은 과학적 의미에서의 신념이 아니라 다름 아닌 비합리적 태도의 표명이라고 주장하는 것이다. 그렇게 되면 결국 그들에게 있어서 역사적 사유는 바꿀 수 없는 주관적인 어떤 것을 가지게 될 것이고, 이것이 또 과거에 관해서 시도된 이해를 불가피하게 채색하게 될 것이다.

일부의 독자들은 이 견해는 심각하게 고려할 가치가 없을 만큼 무모한 것이라고 생각할 것이다. 그리고 분명히 이 견해를 받아들인다는 것은 곧 역사란 결국 지식의 분야가 전혀 아니라고 하는 배리(背理)를 받아들이는 것이 된다는 점도 시인되는 것임에 틀림없다. 그러나 우리가 역사의 기능에 관한 다른 해석을 제시하면 이 배리는 해소

될 수가 있다. 이 책의 앞부분에서 말했듯이, 역사가의 원래의 목표
는 과거 자체를 위해 과거에 관한 진리를 발견하는 것이라고 말하는
대신, 이제 우리는 역사가 실제적 목적에 이바지한다는 점을 강조하
지 않으면 안 된다. 우리는 역사는 과학의 분야라기보다는 실제적 활
동이라고 주장한다. 그리고 우리의 주장의 근거는, 문명 상태에서 인
간 존재는 그들의 현재의 활동을 위해서 과거에 대한 어떤 상(像)을
만들 필요를 느낀다고 하는 심리학적 관찰에, 즉 인간은 과거에 반영
된 그들 자신의 포부와 관심을 발견하고자 하기 때문에 과거에 관하
여 호기심을 가지며, 또 과거를 재구성해 보고 싶어한다고 하는 심리
학적 관찰에 있다. 그들이 역사를 읽는 것은 그들의 관점에 따라 결
정되기 때문에, 위의 요구는 언제나 어느 정도는 충족된다. 그러나
우리가 끌어내지 않으면 안 되는 결론은, 역사는 "객관적" 사건들을
조명하는 것이 아니라 역사를 쓰는 사람들을 조명한다는 것이다. 역
사는 과거를 밝히는 것이 아니라 현재를 밝히는 것이다. 그리고 그것
이 바로 각 세대마다 자기 세대의 역사들을 새롭게 쓸 필요가 있다고
생각하는 이유라는 것은 의문의 여지가 없다.

　역사의 기능에 관한 이러한 견해를 받아들여도 그것이 역사 연구에
큰 비중을 주는 것과 서로 상치되지는 않는다고 말할 수 있다. 이것
은 적어도 콜링우드의 관념의 유희의 경우가 보여주고 있는 것이다.
어쨌든 이 때문에 회의주의적 이론이 비판을 견디어 낼 수 있는 것이
다. 그러나 회의주의적 이론에 대한 또 하나의 가능한 반박이 있는
데, 그 반박에 대한 답변을 찾아내기는 그렇게 쉽지가 않다. 그 반박
이란, 이 이론은 모든 저명한 역사가들이 역사와 선전 사이에 그어
놓은 구별을 흐리게 한다고 하는 것, 즉 이 이론은 (오크쇼트 교수의
용어로는) "실제적" 과거와 "역사적" 과거를 혼동한다고 하는 것이
다. 우리가 앞에서 본 바와 같이, 역사가들은 그 이름에 값할 만한
어떤 역사 연구에서도 일종의 객관성과 불편 부당성을 요구하며, 단
순히 희망적 사유의 산물인 우리의 정서나 관심을 반영하는 데 지나
지 않는 과거의 구성을 거부한다. 그러한 구성도 어떤 기능을 할지는

110 모르지만(사실 우리는 모두 그러한 구성을 어느 정도까지는 즐기고 있다), 그러나 그것은 결단코 역사가 아니다. 그렇지만 회의주의적 이론의 지지자는 그러한 결론을 끌어낼 수 없다고 말할 수 있을 것이다. 그에게서는 과거를 재구성하려는 모든 시도는 우리의 현재의 활동을 앞으로 밀고 나가려는 목표를 가질 것이기 때문에, 그러한 모든 시도는 선전적인 것임에 틀림없다.

주관적 편견에서 벗어난 역사와 같은 것은 없다는 것을 회의주의적 이론은 분명히 용인하지 않을 수 없거니와, 이 범위 안에서 그 이론의 지지자들은 여기에서 제기된 비판을 감수하지 않으면 안 된다. 그러나 그들은 오히려 어떤 종류의 선전은 다른 종류의 선전보다도 역사가에게는 더 해롭다고 주장하면서, 선전의 여러 종류와 수준을 구별함으로써 그 이론의 난점을 회피하려고 할 것이다.

여기에서 제언해야 할 것은, 우리는 역사를 일종의 특수한 놀이로 생각해야 한다는 것이다. 그리고 우리가 그 놀이를 정당하게 하고자 한다면, 그 놀이는 규칙에 따라서 하지 않으면 안 되는 놀이인 것이다. 이런 이유로 해서 모든 사람이 선전이라고 인정할 그런 역사들에 대한 시비는, 그런 역사들을 쓰는 사람들은 어떤 효과를 얻으려는 그들 자신의 궁극적 목적에 맞춰서 규칙을 세우기도 하고 파괴하기도 한다는 것이지만, 그에 반해서 저명한 역사가들은 이러한 불공정한 방법으로 이루어진 성과는 무가치하다고 생각한다. 이 상황은 이와 비슷한 경우의 예술 활동과 대조해 보면 분명해질 것이다. 예술가가 어떤 효과만을 달성하려고 하고 효과 달성의 수단에 대해서는 전혀 고려하지 않는다면, 그는 동료들로부터 사기꾼이거나 노출증 환자라고 지탄받을 것이다. 참된 예술가는 자기의 예술의 규칙에 부합되지 않는 문제 해결에는 만족하지 않을 것이다. 역사에서도 마찬가지인데, 가짜 역사가와 반대되는 "참된" 역사가는 어떤 객관적 규칙들(사료의 존중은 그 한 예가 될 것이다)을 인정하고, 이 규칙에 부합되는 주장을 하지 않으면 안 될 것이며, 이 규칙들을 고수함으로써 가짜 역사가와 구별될 수 있을 것이다. 그러나 역사가 본래 실제적 활동이

라는 것을 부정하지 않고도, 또는 그 이상의 어떤 의미에서의 역사의
객관성을 논증하지 않고도 이 모든 것은 주장될 수 있을 것이다.

　이런 구별이 용인된다면, 우리가 검토해 온 이론은 확실히 훨씬더
믿을 만한 것이 되고 매력있는 것이 될 것이다. 그러나 이 구별을 인
정한다는 것은 사실은 역사에 관한 다른 견해─즉 위에서 언급한 원
근법적 이론─에로 이미 이행했다는 것이 된다고 말할 수 있을 것이
다. 나는 이제 이 원근법적 이론에로 돌아가고자 한다.

6. 원근법적 이론

　원근법적 이론의 주창자들은, 모든 역사가는 자기 자신의 관점에서
과거를 성찰한다는 데에 동의하지만, 그들은 이것이 실제로 일어났던
일을 역사가가 이해하는 데 방해가 되지는 않는다고 부언하고 싶어한
다. 이 점에 대한 그들의 논의는, 완성된 역사는 어느 것이나 다음의
두 요인의 산물이라고 하는 단순한 논의이다. 즉 두 요인이란, 역사
가가 조성하는 주관적 요소(역사가의 관점)와, 역사가가 받아들이지
않으면 안 되는(아니 마땅히 받아들여야만 하는) 그의 출발점으로서
의 증거이다. 물론 첫째 요인의 존재는 극히 공정한 역사가조차도 과
거를 실제로 있었던 그대로 재생시키지 못하게 만든다. 그러나 그 이
유 때문에 그의 재구성 전체가 근본적으로 거짓이라고 주장하는 것은
불합리한 것 같다. 이 점에 관해서 보다 진실한 서술을 하자면, 과거
는 각 역사가에게 그의 관점에 따라 나타나므로, 역사가마다 실제로
일어났던 일에 대한 어떤 통찰력을 가지고 있다고 말해야 할 것이다.
여기에서도 예술 활동과 대비시켜 보면 또 한번 도움이 된다. 초상화
가는 그의 고유한 관점에서 주제를 보지만, 그럼에도 불구하고 그 주
제의 "참된" 본질을 통찰한다고 말할 수 있거니와, 이와 꼭 마찬가지
로 역사가는 그 자신의 전제를 가지고 과거를 보지 않으면 안 되지
만, 그로 인해서 역사가가 과거에 관한 모든 이해에 방해를 받는 것

111

은 아니다.

이 이론이 주장하고 있는 바가 바로 무엇인가를 명백하게 하는 것이 중요하다. 그리고 이와 관련해서, 이 이론의 지지자가 역사적 진리를 말할 수 있는 것은 어떤 의미에서인가를 따져 보면 도움이 될 것이다. 여기에서 주의해야 할 주안점은, 이 이론은 우리가 역사에 있어서의 여러 관점들의 진리에 관한 문제들을 제기하지 못하도록 한다는 것이다. 만일 우리가 "종교 개혁의 사건들에 관한 가톨릭적 해석과 개신교적 해석 가운데 어느 것이 더 참인가?"라는 질문을 받는다면, 우리는 대답할 수 없다고 말할 수밖에 없다. 두 설명을 비교할 수단도 전혀 없으려니와, 두 설명은 각기 그 자체로서 완전한 것이다. 가톨릭교도는 종교 개혁을 한 관점에서 보고 그 나름의 해석을 제시하며, 개신교도는 그것을 다른 관점에서 보고 다른 해석을 내놓는다. 관점이란 궁극적으로는 논증의 문제가 아니기 때문에 (여기에서 원근법주의자들은 회의주의자들과 손잡는다), 우리는 하나가 다른 것보다 "객관적으로" 더 좋다고 말할 수가 없으며, 따라서 가톨릭적 해석과 개신교적 해석은, 다른 화가들이 그린 동일 인물의 두 초상이 상충되지 않는 것과 마찬가지로 실제로는 상충되지 않는다는 것을 알지 않으면 안 된다. 그리고 근본적으로 다른 견해들을 가지고 다른 세기에 씌어진 여러 역사들에 관해서도 똑같은 말을 할 수 있을 것이다. 그리하여 우리가 이 이론을 고집한다면, 몸젠이 기본보다 로마사를 더 진실되게 파악했느냐고 물을 수 없다는 것은 일리가 있다. 112 즉 우리는 그들 각자가 그 자신의 전제들을 가지고 서술했고, 따라서 그 전제들에 입각해서 판단될 수밖에 없다고 말하지 않으면 안 된다.

그럼에도 불구하고, 이 이론에서 진리와 객관성의 개념은 역사가에게 어떤 의의를 지니고 있다. 그 까닭은, 일단의 주어진 전제 안에서는 역사의 연구가 다소간 잘 수행될 수 있기 때문이다. 성실한 사람들을 고무하고 동요하는 사람들을 전향시키기 위해서 당의 선전원들이 쓴 역사는 나쁜 역사이지만, 그것은 그 역사가 편향되었기 때문이 아니라(모든 역사는 다 그렇다), 잘못된 길로 편향되었기 때문이다. 이런 역사는 모든 명성있는 역사가들이 인정하는 어떤 기본적 규칙들, 즉 증거를 검사하라, 결론을 위한 충분한 증거가 있을 때에만 그 결론을 받아들여라, 논증에 있어서는 지적 성실성을 견지하라 등의 규칙들을 무시하는 대가를 치르고 그 결론들을 세우는 것이다. 이러한 규칙들을 무시하는 역사가들은 나쁜 의미에서 주관적인 성과를 낳고, 그 규칙을 고수하는 역사가들은 역사에서 도달될 수 있는 한의 진리와 객관성에 도달할 수가 있다.

이 말은 결국, 원근법적 이론에 따르면 역사에서의 객관성은 약한 의미 즉 이차적 의미에서만 가능하다는 말이 된다. 이 점은 한번 더 과학적 객관성의 개념을 참조함으로써 분명해질 수 있다. 이미 본 바와 같이 과학적 성과는, 그 성과가 동일한 증거물로부터 출발하는 관찰자면 누구에게나 타당하다고 주장한다는 의미에서 객관적이라고 생각된다. 이 주장의 배후에는 과학적 사유의 기본적 원리들은 적어도 과학적 발전의 어떤 주어진 단계에서는 모든 관찰자에게 동일하다고 하는 사상이 숨어 있다.[6] 그러나 만일 원근법적 이론이 옳다면, 역사적 성과들은 동일한 타당성을 갖는다고 말할 수가 없다. 그 견해에 입각해서 보면, 19세기 정치사에 관한 마르크스주의적 해석은 마르크스주의자들에게만 타당할 것이고, 자유주의적 해석은 자유주의자들에게만 타당할 것이며, 여타도 이와 같을 것이다. 그러나 이로 인해서 마르크스주의자들과 자유주의자들은 객관적이라고 불려질 수 있는 방식으로 역사를 쓰지 못하는 것은 아닐 것이다. 다시 말하면 그들의 주어진 전제 안에서 그들이 인정하는 모든 증거를 실제로 공평하게 다루는 설명을 구성하려고 시도하지 못할 바는 아니다. 상대적으로 객관적이고 상대적으로 주관적인 마르크스주의적 설명이 있을 것이고, 자유주의적 관점에서 씌어진 상대적으로 객관적이고 상대적으로

---

6) 나는 "소비에트" 생물학과 "부르즈와" 물리학은 존재하지 않는다고 단언하고 있는 것이다.

주관적인 역사들이 있을 것이다. 그러나 과학적 이론이 객관적이라고 주장하는 것처럼 절대적으로 객관적인 역사들은 없을 것이다.

우리가 총괄적으로 이 이론에 관해 말하려는 것은 무엇인가? 이
113 이론이 약간의 분명한 장점을 가지고 있다는 것은 틀림없이 부정할 수 없는 일일 것이다. 그리하여 이 이론은 역사와 과학 사이에 중대한 차이가 있음을 잊지 않고도, 양자 사이에 어떤 연속점이 있다는 것(예를 들면 양자 모두가 주로 인식 활동이라는 것)을 인정할 수 있다. 특히 이 이론은 역사는 과학과 마찬가지로 예술로 간주될 수 있는 점이 있다고 하는 널리 알려진 신념을 정당화한다. 이 이론은 역사적 객관성에 관한 하나의 해석을 제시하고 있는데, 그 해석은 객관성의 의미를 단지 다른 학문에 의거함으로써만 고정시키지 않고, 객관성이라는 포착하기 어려운 개념에 특별한 의미를 부여하고 있다는 중요한 장점을 가지고 있다. 그리고 일반적으로 이 이론은 회의주의적 이론보다 훨씬더 마음에 든다고 말할 수 있을 것이니, 회의주의적 이론의 배리는 확실히 인간이 믿기에는 상당한 긴장을 주는 것이다.

그렇다고 하더라도 원근법적 이론은 역사가들이 역사적 진리를 설명하면서 원하는 것 전부를 그들에게 제공하는가 하는 데에는 의문이 있을 수 있다. 왜냐하면 무슨 말을 하든 이 이론의 지지자들에게는, 일련의 동일한 사건에 관한 상이한 해석들 사이의 순전히 기술적인 비교 이외에 어떠한 비교도 여전히 용납될 수 없기 때문이다. 어떤 역사든 이런저런 증거를 적절하게 참작하지 못했다고 해서 그 내부에서 비판될 수는 있다. 그러나 이 이론은 그 이상으로 우리를 전진시키지는 못한다. 그렇지만 역사가들은 부단히 전진하고, 또 그렇게 전진해야 하는 것이 그들의 진정한 작업의 일부라고 생각한다. 즉 그들은 서로 다른 역사가의 전제를 비판하며, 또 다른 관점들을 평가하려고 시도한다. 그들은 다른 관점에서 씌어진 다른 역사가 많다는 것을 아는 데 그치는 것으로 만족하지 않는다. 그들은 여전히 어떤 관점은 다른 관점보다 더 효능적이고, 진리에 더 가깝고, 더 해명적이라고 완강하게 확신한다. 그리고 그들은 동료 역사가들의 해석에서 가르침

을 받을 수 있다고 믿고, 그들의 오류에서 배우며, 그들의 해석에서 가치가 있다고 생각되는 것이면 무엇이나 자기 자신의 연구에 흡수하는 것이다.

역사가들이 이런 전제들을 세울 때에, 그들이 어리석게도 잘못 생각한다는 것, 또 그들이 정당한 비판과 부당한 비판을 혼동하며, 유리하게 논증될 수 있는 자료와 그렇지 못한 자료를 혼동한다는 것은 물론 얼마든지 가능한 일이다. 그러나 이러한 가능성이 있다고 해서 바로 역사를 위해서 제기된 요구들을 고려하는 역사적 객관성에 관한 하나의 설명을 고안해 낼 수 있는가 어떤가를 우리가 탐구하지 않을 수는 없을 것이다. 그리고 만일 이 대안적 설명이 탐구되어서 거부되지 않는다면, 참으로 우리는 원근법적 이론을 확신을 가지고 받아들일 수가 없을 것이다.

7. 객관적 역사 의식의 이론   114

원근법적 이론의 단순한 발전에서 생겨나서 많은 전문적 역사가들이 주창한다고 할 수 있는 하나의 논의에 주목함으로써 우리의 논의를 시작하는 것이 좋을 것이다. 그 논의란, 역사가는 전제를, 그것이 자기 자신의 전제이든 또는 다른 어떤 사람의 전제이든 반드시 비판할 수가 있는데, 이는 전제의 타당성이 역사 연구의 세부에서 명확하게 드러나기 때문이라고 하는 논의이다. 우리는 전제를 적용해서 증거를 다룰 수 있기 때문에, 그런 한에 있어서 일군의 전제는 타당하거나 또는 부당하거나, 참이거나 또는 거짓이라고 선언될 수 있다. 우리가 일련의 조악한 지도 원리를 가지고 연구한다면, 우리는 편향된 역사를 위해서 증거를 왜곡하거나 은폐하지 않을 수 없는데, 이것은 역사의 방법의 기본적 규칙의 하나를 범하는 것이다. 반대로 일련의 훌륭한 전제를 가지고서라면 우리는 이용 가능한 증거를 망라할 수도 있고, 증거의 여러 부분들을 함께 관련지을 수도 있을 것이다.

　이렇게 추상적으로 말하면, 위의 논의는 믿을 만한 것처럼 들린다. 그러나 우리는 이 논의의 힘이 무의식적 가정에서 나오는 것은 아니냐고 묻지 않을 수 없는데, 이 무의식적 가정이 의심스러운 이유에 대해서는 이미 고찰한 바 있다. 우리가 역사의 전제들은 증거를 공정하게 다룰 수 있는 그것들의 능력에 의해서 시험될 수 있다고 말하는 경우에, 우리는 어떠한 증거를 말하고 있는 것인가? 모든 역사가들이 인정할 어떤 일련의 역사적 사건에 대한 일단의 확고한 증거물, 즉 그들의 관점이 무엇이든 모든 역사가들의 출발점이 되는 단순한 자료가 있다고 생각하는 것은 지나치게 안이한 것이다. 그러나 우리가 그러한 가정을 한다면, 그 가정은 정당화하기가 쉽지 않은 가정이다. 우리는 제4장에서 역사적 증거라는 개념이 난해한 개념임을 보았다. 즉 역사적 자료는 어떤 의미에서는 개개의 역사가들과는 독립해 있지만, 역사가들은 자기가 무엇을 증거로서 다룰 것이며, 또 그 증거로부터 어떤 추리를 끌어낼 것인가를 결정하지 않으면 안 된다는 것도 사실이다. 그러나 만일 이 말이 옳다면, 원근법적 이론은 위에서 약속한 확대를 성취하지 못한다. 확실히 우리는, 역사가는 자기가 인정하는 모든 증거를 해석해야 하는 의무를 저버릴 수 없으며, 역사가가 이 일을 하느냐 않느냐 하는 것은 적어도 역사의 연구를 판단할 때 우리가 고려에 넣는 일들 중의 하나라고 말하지 않을 수 없다. 그러나 만일 어떤 특별한 저술가가 어떤 것은 자기에게는 증거가 못 된다고 하는(예컨대 어떤 특수한 문서는 위조라고 하는) 결정을 내린다면, 결국 그 증거에 관해서는 그 밖의 어느 누구도 아무런 결정을 내릴 수가 없다. 바로 여기에서 상충하는 여러 역사적 해석들 중에서 결정을 내려야 하는 어려움이 일어나는 것이다. 우리는 실제로 일단 115 의 논의할 여지가 없는 사실을 적시(摘示)함으로써 논쟁을 타결하도록 하라는 말을 듣지만, 그렇게 할 수가 없다. 왜냐하면 한 쪽의 해석에서 사실인 것이 반드시 다른 쪽의 해석으로도 사실인 것은 아니기 때문이다. 최근의 정치사에 관한 마르크스주의적 설명과 반마르크스주의적 설명을 깊이 아는 사람이면 누구나 어렵지 않게 이 점을 알 것이다.

그리하여 독립적 사실에 호소함으로써 원근법적 이론에 관한 상술한 해석을 넘어서서 더 전진하는 것은 불가능하다. 그렇다면 어떠한 대안이 남아 있는가? 본 저자에게 남아 있는 유일한 대안은, 우리가 단 하나의 역사적 관점에, 즉 모든 역사가들이 선뜻 받아들일 수 있는 일련의 전제들에 궁극적으로 도달하기를 기대하는 것뿐이다. 만일 이것이 가능하다면, 역사에서의 객관성의 문제는 칸트의 노선에서, 즉 역사의 주제에 관한 표준적인 사유 방식인 역사적 "의식 일반"을 발전시킴으로써 해결될 것이다.

이것은 새로운 해결이 아니다. 이 해결은 사실은 19세기의 실증주의자들이 역사의 기초를 심리학과 사회학의 과학적 연구에 둠으로써 역사를 과학화하고자 했을 때에 그들에 의해서 시사되었다. 또 이 해결은 초기와 중기의 딜타이에 의해서, 즉 그가 역사와 인간 연구의 배후에는 일반적으로 인간의 본성에 관한 기초 과학이 있는데, 이것을 명백히 하는 것은 그러한 연구를 열망하는 모든 사람에게 중요한 과제라고 주장했을 때에 다른 형태로 제창되었던 것이다. 그리고 이것은 우리가 이 책의 제3장에서 논술한 바 있는 역사적 해석에 관한 설명의 자연스러운 발전일 것이다.

그럼에도 불구하고 우리가 이 해결을 받아들이려면, 눈을 크게 뜨고 받아들여야 한다. 즉 우리는 이 해결의 매력과 함께 그 난점도 알고 있지 않으면 안 된다. 특히 우리는 콩트와 같은 저술가들이 정식화한 따위의 실증주의의 기획을 완성해 보았자 우리가 역사의 문제에 관한 의견의 일치에 더 접근하는 데는 별로 도움이 되지 않았거나 또는 전혀 도움이 되지 않았다는 것을 인식하지 않으면 안 된다. 만일 우리가 인간의 본성에 관한 과학적 지식을 가지고 있다고 말하는 것이 시기 상조라면, 우리는 적어도 그러한 지식의 단서는 가지고 있다고 주장할 수 있을 것이다. 그러나 인간의 본성의 여러 가능성의 참된 인식에 기초한 역사적 "의식 일반"의 발전은 아직도 추구되어야 하는 것이다.

그 이유는 무엇인가? 그 대답은 이 장의 논의에서 명백해질 것이다. 개략적으로 말하면, 그 해답은 위에서 고찰된 것과 같은 객관적 이해를 위해서는 역사가는 사람들이 다양한 상황 속에서 어떻게 행동하는가에 관한 표준적 지식뿐만 아니라, 더 나아가서 사람들이 어떻게 행동해야만 하는가에 관한 표준적 이해도 필요로 한다고 하는 것이다. 116 역사가는 자기의 사실적 지식뿐만 아니라 도덕적 및 형이상학적 사상도 정확하게 갖출 필요가 있다. 이 중대한 부언을 실증주의 학파는 이해하지 못했던 것이다.

도덕적 및 형이상학적 사상의 표준형을 제공하려는 기획은 지극히 어려운 기획일 뿐만 아니라 전혀 달성하기가 불가능한 것이라고 말하곤 하는 철학자들이 오늘날에는 많이 있다. 우리의 도덕적 및 형이상학적 사상은 비합리적 태도에서 연유하며(그들은 그렇게 주장한다), 따라서 어떤 유형의 도덕적 및 형이상학적 사상을 견지하는 것이 "합리적"이냐고 묻는 것은 대답할 수 없는 물음을 묻는 것과 같다. 나는 도덕적 및 형이상학적 진리에 관한 이러한 회의주의에 가담하고자 하지는 않는다. 나는 다른 곳에서[7] 형이상학적 논쟁은 실제로는 그렇지 않지만 원리적으로는 해결 가능할 것이라고 주장했으며, 또한 나는 도덕적 원리에 관해서도 널리 의견의 일치를 볼 수 있는 가능성을 배제하려고 하지는 않았으나, 이 도덕의 문제에 관해서는 최후의 결정적인 주장을 했는지 의심스럽다. 그러나 설령 이러한 어려운 문제들의 해결이 전혀 불가능한 것은 아니라고 선언할 수 있더라도, 그 해결의 성취는 분명히 가까운 장래에는 이루어지지 않을 것이다. 그렇지만 이 일이 이루어질 때까지는, 그 원리야말로 역사에 있어서의 합리적 사유를 위한 골격을 마련해 주게 될 객관적 역사 의식은 다름 아닌 하나의 경건한 열망으로 남아 있음에 틀림없다. 그리고 이 일이 이루어질 수 없다면, 우리에게는 위에서 논의한 원근법적 이론에 의

---

7) *Reason and Experience*, 제 X 장.

지하는 것 이외에 달리 대안이 없는 것이다. [8]

---

8) 이 절의 논의가 심히 혼란되어 있지나 않은지 걱정된다. 역사가들은
    확실히 연구할 때에 정상적이라고 또는 합당하다고 생각되는 것을 참조
    할 필요도 있지만, 또한 규칙적으로 일어나는 것을 참조할 필요도 있
    다. 그러나 문제가 되고 있는 사상은 그들의 서술 대상이 되는 인물의
    사상이지 그들 자신의 사상이 아니다. 따라서 여기에 나타난 획일적인
    역사 의식의 문제는 일어나지 않는다. 역사가들의 가치 판단이 역사적
    객관성의 문제에 대하여 관계하는 다른 방식에 관해서는 다음의 부록 I
    "과학적 역사학의 한계"(pp. 169 이하)를 참조.

1. 일반적 특성

"역사 철학"이라는 용어는 100년 전에는 일반적으로 앞 장에서의 의미와는 매우 다른 의미로 이해되었다. 우리는 이 용어를 역사적 사유의 성격에 대한 비판적 연구, 역사가의 연구 방법들 중의 어떤 것에 관한 분석, 그리고 그러한 연구 방법과 다른 부문, 특히 자연 과학에서 추구되는 방법과의 비교를 가리키는 말로 이해하였다. 그렇게 이해될 때에, 역사 철학이란 인식론으로 알려져 있는 철학 분야의 한 부분에 속하게 된다. 그러나 19세기에 역사 철학을 쓴 대부분의 저술가들이 생각했던 개념은 그와는 전적으로 달랐었다. 그들이 역사 철학이라고 불렀던 "그것"은 일어난 일의 기록(historia rerum gestarum)이 아니라 일어난 일(res gestae)이라는 의미에서의 역사를 대상으로 하는 것이었으며, 그것을 대표하는 사람들의 과제는 사건의 현실적 과정을 해석하여 거기에 어떤 특별한 종류의 이해 가능성이 발견될 수 있음을 밝혀 주는 것이었다.

왜 역사가 그처럼 철학자들에게 문제거리가 된다고 생각되었는가

하는 물음에 대해서는, 역사를 이룬 사실들이 분명히 혼돈한 성질을 떠고 있는 듯이 보이기 때문이라고 하는 것이 그 대답이 된다. 19세기의 철학적 안목으로 보면, 역사란 정도의 차이는 있어도 얼마만큼은 느슨하게 연결된 또는 우연적으로 연결된 사건들의 **연쇄**로 되어 있어서, 그러한 연쇄에 있어서는 어쨌든 얼핏 보아서는 아무런 명확한 계획이나 유형도 찾아볼 수 없는 것으로 보였다. 그러나 역사에 관한 그러한 설명을 용인한다는 것은, 다시 말해 그러한 설명을 액면 그대로 받아들인다는 것은 그 시기의 많은 철학자들에게는 실제로 불가능한 일이었다. 왜냐하면 그것은 바로 (그들이 생각하기로는) 세상에는 궁극적으로 이해 불가능한 어떤 것이 있음을 용인한다는 것을 의미하는 것이었기 때문이다. 이것은 결국 헤겔과 더불어 현실적인 것은 합리적이요 합리적인 것은 현실적이라고 믿고 성장해 온 사람들에게는 매우 충격적인 결론이요, 만일 그것을 피할 방법이 발견될 수 있다면 마땅히 피해야 할 결론이었던 것이다. 그것을 피하기 위해서 제시된 방법은, 역사적 사건들의 진전이 따르는 계획을 천명함으로써 역사적 사건들의 과정의 밑바닥에 있는 합리성을 드러낼 것으로 기대되는 역사의 "철학", 또는 역사의 철학적 해석을 만들어 내는 것이었다.

앞으로 분명해지겠지만, 이러한 특별한 의미에서의 역사의 "철학"이란 낱낱의 역사적 사실들을 사변적으로 다루는 것이요, 그 점에서는 인식론에 속한다기보다는 오히려 형이상학에 속하는 것이었다. 헤겔 자신에 있어서 그것은 믿을 수 없을 정도로 대담하게 구상된 하나의 포괄적인 계획—인간의 경험의 모든 측면과 국면의 밑바닥에 깔린 합리성을 현시(顯示)하기 위한 계획—의 일부에 지나지 않았다. 역사 철학은 자연 철학, 예술 철학, 종교 철학, 정치 철학과 함께 이러한 계획에 정위(定位)했던 것이니, 이러한 모든 철학들에도 동일한 일반적 논술 방식이 적용되었던 것이다.

그러나 이러한 유형의 사변은 오늘날 헤겔의 이름과 가장 잘 관련지어져 있지만, 헤겔이 그 창시자라고 생각하는 것은 잘못일 것이다. 그와 같은 억측을 한다는 것은 사실은 이중의 오류가 될 것이다. 왜냐하면 첫째로, 헤겔이 1820년대에 그의 유명한 강의에서 다루었던 역사 철학은 적어도 반세기의 거의 전 기간 동안 독일의 학계에는 널리 알려져 있던 것이기 때문이다. 즉 헤르더, 칸트, 셸링, 그리고 피히테는 모두가 그러한 역사 철학에 기여하였으며, 그들의 물음과 결론은 헤겔 자신의 견해에 깊은 영향을 미쳤던 것이다. 또 둘째로는 헤겔도 잘 알고 있었듯이, 그와 저들이 다같이 관심을 가졌던 기본 문제는 매우 오래된 문제요, 그것은 철학자들에게나 비철학자들에게나 똑같이 일어났던 문제였다. 헤겔의 강의의 마지막 구절에는 이렇게 적혀 있다. "그 사건들이 보여주는 장면들이 끊임없이 전변하는 세계사란 정신의 이러한 발전 과정이며 정신의 현실적 생성이라고 하는 것인데, 이것이야말로 참된 신의론(神義論)이요, 역사에 있어서 신의 의로움을 변호하는 것이다."* 신의 인간에 대한 역사(役事)를 정당화한다는 것, 그리고 특히 역사의 과정은 신의 섭리를 받아들이지 않고서는 달리 이해될 수 없음을 밝힌다는 것은, 수세기 동안 신학자와 기독교의 호교론자에게는 하나의 공인된 과제가 되어 왔다. 구약 성서의 저자들은 그러한 과제의 중요성을 알고 있었고, 성 아우구스티누스는 그 과제를 그의 《신의 나라》(*City of God*)에서 상세히 다루었으며, 또 그 과제는 1681년에 공간된 보쉬에의 《보편사에 관한 논의》(*Discourse on Universal History*)와 비코의 《신학문》(*New Science*, 1725~1744)의 주제가 되었다. 역사의 철학적 해석을 이러한 방향으로 해나간다는 것은 악(惡)에 관한 일반적인 형이상학적 문제를 해결하는 데는 언제나 명백한 요건이라고 오랫동안 생각되어 왔다.

119

그러나 이것이 전부는 아니다. 왜냐하면 앞에서 말한 바로도 알 수 있겠지만, 이러한 사변은 기독교의 호교론 가운데 신학적 근원과 공인된 위치를 가지고는 있었지만, 그것은 또한—계몽주의 사상가들이 그렇게도 중시했던 인간의 완전성과 진보에 관한 이론 가운데—그

---

* Hegel, *Werke* (Suhrkamp Verlag), Bd. 12, S. 539 이하. Kant와 Hegel의 인용문은 독일어 원문에서 번역하였다—역주.

세속적 대척물(對蹠物)도 가지고 있었기 때문이다. 프랑스의 백과 전서파와 같이 그러한 이론을 주창한 저술가들도 그들 나름으로 역사 철학을 구상하는 일에 관여했었다. 그들도 역사적 변혁의 과정에서 하나의 유형을 찾으려고 시도하고 있었다. 이것을 더 노골적으로 말하자면, 그들도 역사는 어딘가를 향해서 나가고 있다고 확신했던 것이다. 그리고 그들은 신학적인 성향의 사람들과는 여러 가지로 다른 점이 있었지만, 그들도 인간의 역사의 장관(壯觀)에 맞부딪쳐 인간이 경험한 고통이 헛된 것이 아니라 오히려 도덕적으로 만족스러운 목표에 이르는 과정의 불가피한 단계임을 밝혀야 할 필요가 있다는 것을 똑같이 느꼈던 것이다.

이 점은, 이런 유의 역사 철학에 대한 관심(예를 들면 오늘날 토인비 교수의 저작에 대한 관심과 같은)이 되풀이하여 일어나고 있다는 것을 설명하는 데 도움이 된다는 이유 때문만이라면 특별히 강조할 만한 가치가 있다고 나는 생각한다. 표면상으로는 위에서 말한 기획 —역사의 내면으로 뚫고 들어가 그 숨겨진 의미를 찾아내려는 계획 —은 거의 거들떠 볼 만한 것이 못 되는 것으로 보인다. 그것은 일종의 신비적인 수수께끼 풀이와 같은 느낌이 들며, 따라서 그것은 많은 완고한 사람들이나 실행해 왔던 것이다. 그러나 만일 우리가 이러한 탐구를 일어나게 하는 주요한 요인을 고려에 넣지 않는다면, 우리는 이러한 탐구의 주안점을 놓치고 말 것이다. 역사에는 어떠한 운율(韻律)이나 이성(理性)이 없다고 하는 사상 속에는 도덕적으로 극악한 어떤 것이 있다고 하는 감정이 들어 있으니, 사람들로 하여금 역사적 사건들의 연쇄 가운데에서 하나의 유형을 찾아내지 않을 수 없도록 하는 것은 바로 이러한 감정인 것이다. 그러므로 만일 어떠한 유형도 없다고 한다면, 우리가 흔히 주장하듯이, 역사가들이 서술하는 수난과 재앙이란 "핵심을 잃은" "무의미한" 것이다. 그러나 인간의 본성 가운데에는 그와 같은 어떠한 결론도 받아들이기를 거부하는 강력한 경향이 있다. 물론 이러한 기획을 비판하는 사람들에게는, 이러한 기획을 고안해 내는 사람들은 희망적인 사유를 하고 있다는 잘못을 범

하고 있다고 논란할 수 있는 여지는 남아 있으나, 이것은 그들이 도
달했다고 주장하고 나서는 성과를 조사해 보지 않고서는 받아들일 수   120
없는 비난인 것이다.

2. 칸트의 역사 철학

　우리는 문제의 사변에 관한 개요를 마치고 그 개별적인 실례의 고
찰에로 옮아가지 않으면 안 되겠다.

　나는 먼저 칸트가 1784년 11월에 "세계 시민적인 견지에서 본 보
편사의 이념"(Idea of a Universal History from a Cosmopolitan Point of View)
이라는 제목으로 《베를린 월보》(Berlin Monthly)에 기고한 논문을 검토
하고자 하는데, 이러한 선택이 기이하게 생각될지도 모르겠기에 우선
그 이유부터 밝히지 않으면 안 되겠다. 칸트에 대해서는 그가 이 주
제의 분야에서 최초로 활동을 했다는가 또는 이 주제에 관한 그의 저
작(그것은 통틀어서 두 편의 짧은 논문과 한 편의 긴 서평에 지나지
않는다*)이 그 이후의 사변의 방향을 결정하는 데 원초적인 중요성을
가졌다든가 하는 주장은 할 수가 없을 것이다. 즉 이 두 가지 평가에
서는 어느 경우에나 그는 분명히 자랑스러운 자리를 헤르더에게 양보
하지 않으면 안 되는 것이다. 또한 칸트가 역사 그 자체를 위한 역사
에의 진정한 관심을 가지고 있었다든가, 또는 역사 연구의 가능성을
이해하고 있었다든가 하는 주장도 할 수가 없을 것이다. 즉 그의 일
반 철학의 비판자들이 흔히 말해 왔듯이 그의 견해는 두드러지게 비
역사적이었으며, 그는 이 점에서도 다른 점에서와 마찬가지로 바로

　＊ Kant의 역사 철학에 관한 3편의 저작은 다음과 같다. Idee zu einer
allgemeinen Geschichte in weltbürgerlicher Absicht(1784); Mut-
maßlicher Anfang der Menschengeschichte(1786); Rezensionen von J.G.
Herders Ideen zu Philosophie der Geschichte der Menschheit(1785)—역
주.

166

뒤에 이어지는 낭만주의 시대의 선구자였다기보다는 전형적인 계몽주의 시대의 소산(所産)으로 남았던 것이다. 그러나 이런 모든 점에도 불구하고, 역사 철학에 관한 그의 저작과 특히 우리가 연구하고자 하는 논문은 현대의 독자에게는 의연히 교훈적이다.

그것이 교훈적인 데는 두 가지 주된 이유가 있다고 나는 생각한다. 첫째로, 그것은 우리에게 사변적 역사 철학자들이 하고자 하는 일이 무엇인가를 아주 명확하게 파악할 수 있도록 해주기 때문이다. 이와 관련해서 칸트는 천성적인 신중성과 자신의 한계 의식을 가지고 있어서 특별히 존중을 받을 수 있게 된다. 그는, 누구도 개별적인 역사적 사실들에 관한 광범한 지식을 가지지 않고서는 자신이 염두에 두고 있는 대로 역사를 세밀하게 철학적으로 다룰 수는 없다고 하는 것을 통찰하였던 것이다. 그리고 그는 자신이 그와 같은 지식을 가지고 있다고 자부하지 않았으므로, 자신은 역사 철학의 이념을 개관하는 데 (혹은 그 자신이 말하고 있듯이 역사 철학에의 실마리를 찾아내는 데) 그치고, 그 이념을 전개해 나가는 일은 다른 사람들에게 맡겼던 것이다. 역사 철학에 관한 칸트의 저작을 읽을 때 우리는, 예를 들면 헤르더나 헤겔을 읽을 때에 그러하듯이, 하나의 이론과 그 적용과의 혼란을 풀어야 하는 문제라든가 또는 부적합한 경험적 지식을 적당히 참작해야 하는 문제에 부딪치는 일이 없다.

둘째로, 칸트의 저작이 교훈적인 것은 그것이 어김없이 이런 유의 사변에 대하여 도덕적 배경을 제시해 주고 있기 때문이다. 적어도 그에게 있어서는 역사 철학이란 도덕 철학의 부록이었으며, 실제로 역사 철학이 제기하는 것으로 보이는 도덕적 문제들이 없다면 그가 역사를 다루었음을 시사하는 것이라고는 거의 없을 것이다. 이러한 도덕적 문제들이 바로 어떠한 것이었는가는 그의 논문 속에 여러 차례 힘차고 명확하게 지적되어 있다. 그리하여 그 서론 부분에는[1] 이렇게

121

---

1) 베를린 판 칸트 저작집, **VIII**, 17~18. (Idee zu einer allgemeinen Geschichte in weltbürgerlicher Absicht, in: *Kants gesammelt Schriften*, hrsg. von der königlich *Preußischen Akademie der Wissenschaften*, Bd. VIII—역주.)

적혀 있다.

인간의 행동이 거대한 세계 무대 위에 펼쳐지고 있는 것을 보고 있으면, 그리고 하나하나 개별적으로 보면 여기저기 현명한 데가 보이지만, 전체적으로 보면 결국 모두가 우매 (愚昧)와 어린아이 같은 허영과 또 흔히는 어린아이 같은 악의나 파괴욕으로 짜여져 있음을 발견하게 되면, 우리는 어떤 혐오감을 금할 수가 없다. 그리고 그 경우에 우리는 결국 스스로 그 우월함을 자부하는 우리들 인류를 어떻게 이해해야 할지를 알지 못하는 것이다.

그리고 더 뒤의 구절에서는[2] 그는 이렇게 묻고 있다.

만일 지고 (至高)한 지혜가 나타나는 대무대 가운데서도 특히 목적 —즉 인류의 역사—을 내포하고 있는 부분이 이 지고한 지혜에 대하여 언제까지나 끊임없는 항의로 머무른다고 한다면, 몰이성적인 자연의 왕국에 있어서 창조의 장엄함과 지혜로움을 찬미하고 그것을 깊이 생각해 보라고 권장한들 그것이 무슨 소용이 있는가?

만일 역사라는 것이 외관 그대로의 것이라면, 신의 섭리에 대한 신념은 배제된다. 그러나(논의는 더 계속된다)[3] 우리가 어떤 도덕적인 생활을 영위하려고 하면, 그러한 신념이나 그러한 신념과 비슷한 어떤 것이 반드시 필요한 것이다. 따라서 역사에 관한 철학자의 과제는, 역사란 최초의 외관이야 어떻든 하나의 이해 가능한 계획에 따라 진행하며, 도덕적 이성이 시인할 수 있는 목표를 향해 가는 과정이라고 하는 두 가지 의미에서 하나의 이성적 과정이라고 함을 입증하는 것이다.
  어떻게 해서 이러한 성과에 도달되는 것인가? 칸트가 제시하지 않

---

2) VIII, 30.
3) *Critique of Judgment*, §87 의 논의 참조.

으면 안 되는 철학적 역사 해석에의 "실마리"는 알고 보면 매우 단순한 것이다. 즉 그것은 실제로는 18세기의 평범한 진보 이론의 한 변형이다. 그는 역사란 그것이 보다 좋은 사태를 향한 계속적 전진—비록 직선적 전진은 아니더라도—으로 간주될 수 있는 경우에는 의미가 있을 것이라고 생각하는 것이다. 〔그렇다면〕 그와 같은 전진이 현실적이라고 상정할 만한 어떤 근거가 우리에게는 있는 것인가? 만일 우리가 역사적 사건들을 오로지 관련된 개인의 견지에서만 보는 데 그친다면, 틀림없이 그러한 근거는 없다. 즉 그 경우 우리가 마주치는 것은 외견상 무의미하고 아무 관련도 없는 사건들의 혼돈한 집적(集積) 이외의 아무 것도 아닐 것이다. 그러나 만일 우리의 주의가 개인의 운명으로부터 전 인류의 운명에로 옮겨진다면 사정은 다를 것이다. 개인의 관점에서는 "지리 멸렬하고 무법칙적"인 것처럼 보이는 것이, 인류의 관점에서 볼 때는 그래도 역시 질서있고 이해 가능한 것임이 판명될 것이다. 전에는 모든 점이 부족한 것으로 보였던 사건들이 이제는 보다 넓은 목적에 이바지하는 것으로 보일지도 모른다. 결국 역사의 영역에 있어서는 자연 또는 섭리(칸트는 이 두 용어를 같은 뜻으로 사용한다)가 하나의 장기 계획을 수행해 나가고 있다는 것은 그럴 만한 일이요, 이러한 장기 계획의 궁극적인 효과는 비록 그 과정에 있어서 개개인의 선(善)을 희생시키는 대가를 치르기는 하지만 전체로서의 인류의 이익을 도모한다는 데 있게 될 것이다.

이제 우리는 이러한 것이 하나의 부질없는 가능성이나 아닌가 묻지 않을 수 없다. 칸트는 우리가 이러한 관념을 받아들일 수 있을 뿐만 아니라 받아들이지 않으면 안 된다는 것을 입증하기 위하여 하나의 논의를 전개해 나간다. 인간*은 인간 속에(여기서 취한 입장은 철저히 목적론적이다) 많은 경향이나 성향, 즉 잠재력을 심어 놓았다. 그런데 물론 이러한 잠재력들 중 어떤 것(특히 이성과 관련된 잠재력

---

* 여기의 "인간"을 "자연"으로 바꾸는 것이 칸트에 충실한 것이다—역주.

들, 예컨대 인간의 발명 능력)의 경우에는 그 완전한 개발이 한 사람
의 개인의 생애에 일어날 수 없다는 것을 우리는 잘 알 수 있지만,
이러한 잠재력이 존재하면서도 개발되어서는 안 된다고 생각하는 것
은 이치에 반하는 일일 것이다. (왜냐하면 그것은 자연은 헛된 짓을
하는 일이 없다고 하는 원리에 어긋나기 때문이다.) 그러므로 자연은
그러한 잠재력이 장기간에 걸쳐서 개발되도록 보장하기 위한 어떤 책
략(策略)을 가지고 있으며, 그리하여 그 잠재력은, 모든 개개인의 경
우에 그런 것은 아니지만 인류에 관한 한 실현된다고 우리는 생각하
지 않으면 안 되는 것이다.
  문제의 책략이란 바로 칸트가 인간의 "비사교적 사교성"[4]이라고 부
르고 있는 것이다. 그가 그의 견해를 밝힌 한 구절에서 상세히 인용
해 보기로 하자.

  인간은 〔다른 사람들과 제휴하여〕 자신을 사회화하려는 경향을 가지고
있는데, 이는 인간이 그러한 상태에서 자기를 인간 이상으로 느끼며,
다시 말하면 자기의 자연적 소질의 발전을 자각하기 때문인 것이다.
그러나 인간은 또한 〔다른 사람들로부터 격리됨으로써〕 자신을 개체화
하려는(고립되려는) 강렬한 성향도 가지고 있는데, 이는 인간에게는   123
또한 매사를 자기 마음대로만 처리하려는 비사교적 특성이 있으며, 따
라서 인간은 자기가 다른 사람들에게 저항을 가하는 경향이 있음을 알
고 있는 만큼은 도처에서 다른 사람들의 저항을 받을 것도 예기하고
있기 때문인 것이다. 그런데 이 저항〔적대 관계〕이야말로 인간의 모든
힘을 환기시켜 주는 것이며, 그로 하여금 자기의 나태한 성향을 극복
하고, 명예욕이나 지배욕 또는 소유욕에 이끌려 그다지 좋아하지도 않
지만 그렇다고 버려둘 수도 없는 자기의 동료들 사이에서 하나의 지위
를 얻게 해주는 것이다. 여기에 야만 상태를 벗어나서 문화에로 나아
가는 최초의 참된 걸음이 시작되는 것이니, 문화란 본래 인간의 사회
적 가치에 있어서 성립하는 것이다. 또한 여기에 인간의 온갖 재능이

---

4) 앞의 책, VIII, 20. 〔원문에는 사교적 비사교성 gesellige Ungeselligkeit
   으로 되어 있다―역주.〕

점차 개발되고 취미가 도야되는가 하면, 또한 끊임없이 계몽을 통하여 하나의 사유 양식이 확립될 수 있는 단서가 열리며, 이러한 사유 양식으로 해서 도덕적 구별이나 하던 세련되지 않은 자연적 소질이 시간이 흐름에 따라 차츰 명확한 실천적 원리로 변하고, 정의상(情意上) 억지로 통합된 사회가 마침내 도덕적 전체에로 전환될 수 있는 것이다. 누구나 이기적인 전횡(專橫)에 빠지면 반드시 부딪치게 되는 저항은 그러한 비사교성이라는 특성에 기인하는 것인 만큼 이 비사교성은 그 자체로 보아서는 물론 호감을 살 만한 것이 못 되지만, 이 비사교성이 없다면 사람들은 완전한 융화와 만족과 상호간의 사랑 속에서 순박한 목양 생활(牧羊生活)을 할지는 모르나, 모든 재주와 슬기는 영원히 그 맹아(萌芽) 속에 잠복되어 나타나지 않을 것이다. 5)

요컨대 자연이 인간을 야만 상태로부터 문명 상태로 이끌어 가기 위하여 이용하는 것은 바로 인간성의 나쁜 측면—이것이 바로 우리가 처음 역사의 과정을 살펴볼 때 우리로 하여금 절망하게 하는 것이기도 하다—이다.

이러한 추이(推移)는 두 가지 주요한 단계를 거쳐서 일어난다. 아니 오히려(이 추이는 완결되었다고 생각할 수 없으므로) 앞으로 일어나게 될 것이다. 제1단계는 자연 상태로부터 시민 사회 상태로의 이행이다. 그러나 어떠한 형태의 시민 사회나 모두 칸트가 염두에 두고 있는 목적에 적합한 것은 아니니, 예를 들면 전제적 또는 전체주의적 사회는 마땅하지가 않을 것이다. 필요한 것은, 칸트 자신이 말하고 있듯이 "최대한의 자유가 보장되어 있고, 따라서 그 성원간의 전반적인 적대 관계가 보장되어 있으면서도 이 자유의 한계가 매우 엄격하게 규정되어 있고 확보되어 있어서 이러한 자유가 다른 사람들의 자유와 공존할 수 있는"6) 사회이다. 요컨대 필요한 것은 사적 기도(私的 企圖)가 충분히 수행되는 자유로운 사회인 것이다. 그러나 이러한

---

5) VIII, 20~22.
6) VIII, 22.

이상이 하나의 단일한 공동체 안에서 실현되는 것으로 충분한 것은
아니다. (그리하여 여기에서 우리는 추이의 제2단계로 옮아가게 된
다.) 홉스의 독자들에게는 숙지되어 있는 개인 상호간의 싸움의 상태
는, 홉스도 통찰했듯이 국제적인 범위에서 되풀이된다. 그리하여 완   124
전한 시민 사회에 도달하기 위해서는 국내의 분쟁뿐 아니라 국제적
분쟁의 조정도 필요하게 된다. 따라서 역사의 영역에서의 자연의 최
종 목적은 모든 성원을 지배하는 권위를 가진 하나의 국가 연합을 창
설하는 일이요, 사람들은 이런 국가 연합이 없기 때문에 야기되는 온
갖 고난에 시달린 나머지 종국에는 이 목적에 이르지 않을 수 없게
되리라고 우리는 생각할 수밖에 없다. 그러나 주의해야 할 것은 이러
한 고난 중에서도 가장 두드러진 것이 전쟁으로, 이러한 고난들은 그
자체가 전혀 무의미한 것은 아니라고 하는 사실이다. 오히려 전쟁은
사람들을 자극하여 전쟁이 아니었으면 불가능했을 여러 가지 노력과
발견을 하게 하고, 그렇게 하여 자연의 의도를 실현하는 데 기여하는
것이다. 그리고 하나의 국제적 권위가 세워지는 경우에도, 칸트는 분
명히 국가가 자기 동일성을 상실하고 상호 견제를 종지(終止)하는 것
이라고는 생각하지 않는다. 만일 그렇다고 한다면, 그가 지적하고 있
듯이 "인류가 가지고 있는 힘은 잠들어 버리게 될 것이다."[7]

"인류의 역사는 전체적으로 보면 자연의 은밀한 계획, 즉 내적으로
도 완전하며, 이 목적에 대해 외적으로도 완전한 국가 조직을 성취하
기 위한 계획의 수행이라고 볼 수 있다. 이때 국가 조직은 자연이 인
류에게 준 모든 소질을 완전히 계발할 수 있는 유일한 상태인 것이
다."[8] 이것이 칸트가 앞의 논의에서 이끌어 내어 역사 철학을 구성하
기 위한 실마리로서 제시한 결론이다. 이 결론에 이르기까지의 논의
가 대부분 선험적이라고 하는 사실을 그는 부인하려고 하지는 않는
다. 〔그렇다면〕 사건들의 현실적인 과정을 경험적으로 살펴보면, 이

---

7) VIII, 26.
8) VIII, 27.

러한 선험적 사변의 확실성이 확증될 것인가? 현명하게도 칸트는, 우리가 역사적 기록을 가지고 있는 기간이 너무나 짧아서 전체로서의 역사가 반드시 취하고 있을 일반적인 형태를 조금이라도 그 기간 안에서 찾아내려고 기대할 수는 없다는 점을 지적하면서도, 그러나 증거가 있는 한은 그 증거가 자기의 제언을 확증해 준다고 주장한다. 그러나 그는 철학적 견지에서 보편사를 쓰는 일은 자기 자신보다도 그 주제에 더 조예가 깊은 다른 사람들에게 맡기고, 다만 자신이 그런 구상을 제시하는 것은 경험적 방법에 의한 역사 연구의 실행을 헐뜯으려는 의도에서 나온 것이 결코 아니라는 점을 주의하고 있을 뿐이다. 〔그러나〕이것은 그가 제시하고 있는 역사적 사실들의 발견에 이르는 지름길이 아니요, 단지 일단 역사적 사실들이 발견되었을 때에 그 사실들을 바라보는 방법에 지나지 않을 뿐이다.

125   **3. 칸트 이론의 비판**

　칸트 이론의 개요는 이 정도로 마치고, 우리는 이제 해설에서 평가로 넘어가야 하겠다.

　나는 앞 페이지들을 읽어 온 독자들에게는 쉽사리 떠오르게 될 문제점, 즉 칸트의 역사에 대한 접근법의 외적 특성부터 먼저 고찰하고자 한다. 내가 지적하려는 것은, 그의 이론에는 과거에 관한 사실들을 발견하려는 역사가의 활동과 그 사실들의 의미를 이해할 수 있는 하나의 관점을 마련해 내려는 철학자의 활동 사이에 완전한 균열(龜裂)이 있다는 사실이다. 철학자는 역사적 변천의 상세한 과정을 전연 고려하지 않고도 역사의 원리를 만들어 낼 수 있는 것처럼 보인다. 철학자의 입장은 수많은 선험적 원리들(자연은 헛된 짓을 하는 일이 없다고 하는 것과 같은 원리들)을 인간의 행동에 관한 어떤 광범한 통칙과 결합시킴으로써 도달되는 것인데, 이 통칙이란 역사적 기록을 자세히 조사해 봄으로써 확증될 수는 있으나 역사적 탐구의 절차에 의해 반드시 도달되는 것은 아니다. 그리고 우리가 이 점에 관해서 논평을 하지 않으면 안 될 것은, 비록 칸트는 자기의 입장을 어떤 미래의 역사가가 만족스러운 보편사를 시도할 수 있도록 하기 위한 입장으로서 제시하고 있지만, 그 구상이 전문적 역사가들에게 어떤 호소력을 가지리라는 것은 결코 명백하지 않다고 하는 사실이다. 만일 우리가 역사는 일정한 유형에 합치하며 또 합치하지 않으면 안 된다는 것을 경험에 앞서서 미리 확신한다면(그리고 이 점이 어려운 점임을 알게 되겠지만, 어떤 의미에서는 우리는 그렇게 확신하고 있다), 그 유형을 경험적으로 찾아내는 힘든 일을 기도해야 할 어떠한 동기가 있는 것인가 ?

이제 우리는 이 난문에 대처할 수 있는 두 가지의 가능한 방법을 생각해 보지 않으면 안 된다.

첫째로, 칸트가 역사 철학자의 것으로 돌리고 있는 선험적 지식은 역사 철학자를 위해서는 범위가 매우 제한되어 있으며, 실증적인 역사 연구에 대한 장해(障害)가 되기는커녕 오히려 역사 연구에 대한 하나의 자극의 역할을 해야만 한다고 하는 강변이 일어날지도 모른다. 선험적 지식이 그런 역할을 한다고 하는 주장이 그럴 듯한 것인지 어떤지는 그와 대등한 경우—자연 철학의 경우—에 견주어 보면 결정될 것이다. 《순수 이성 비판》(*Critique of Pure Reason*)과 그 밖의 다른 곳에서 칸트는, 철학자들이 경험을 떠나서 자연에 관하여 주장할 수 있는 매우 일반적인 성격의 명제들이 있다는 것을 증명하려고 노력하였으며, 또한 이러한 명제들에 관한 지식이 경험적 탐구에 대한 적극적인 자극이 된다(예를 들면, 자연은 질서 정연하다고 하는 확신이 케플러를 자극하여, 용기를 잃게 하는 결과에 직면해서도 연구를 촉진하도록 했다)고 주장하였다. 마찬가지로 역사적 과정에는 일정한 유형이 있다고 하는 명제를 알고 있으면, 그것이 역사가들로 하여금 그들의 연구를 추진해 나가도록 고무해 줄 것이니, 이것은 마치 미로에서 빠져나가는 길이 있다고 하는 확신이 길 잃은 사람으로 하여금 계속해서 길을 찾도록 고무해 주는 것과 같다고 논자는 말할지도 모

126

른다.

그러나 이러한 방어선은, 우리가 앞에서 인용한 대등한 경우는 엄밀하게 정확한 것이 아니라는 사실을 알게 되면 무너지고 만다. 칸트는 《순수 이성 비판》에서 우리는 "보편적 자연 법칙"에 관한 선험적 지식을 가지고 있다고 주장하고 있거니와, 일반적 인과 법칙이 그 가장 잘 알려진 예인데, 이러한 보편적 자연 법칙들이란 모두가 형식적 원리들이다. 즉 그것들은 우리로 하여금 경험의 세부가 아니라 단지 경험의 일반적 형식만을 예측할 수 있도록 해주는 데 쓸모가 있을 뿐이다. 예를 들면 모든 사상(事象)은 원인을 가진다고 하는 원리를 안다고 해도, 우리는 개개의 특수한 사상들 사이의 인과 결합에 관해서는 아무 것도 알지 못하는 것이다. 우리는 우리가 자연의 사상과 마주칠 때에는 언제든지 원인을 찾는 것이 합리적인 일이라는 것만을 알 뿐이다. 이 점을 달리 표현하면, 모든 사상은 원인을 가진다고 하는 명제로부터는 우리가 자연 속에서 마주치게 될 특수한 인과 관계에 관해서 아무 것도 귀결되는 것이 없다. 그러나 칸트의 역사 철학이 당연한 것으로 생각하고 있는 원리는 이 점에서 전혀 다른 것이다. 왜냐하면 칸트가 생각하고 있듯이 우리가 그런 원리를 확신하고 있는 경우에, 우리가 실제로 확신하고 있는 것은 단지 역사에는 하나의 유형이 있다고 하는 것뿐만 아니라 더 나아가 그 유형이 **일정한 종류**의 유형이라고 하는 것이기 때문이다. 바꾸어 말하면 칸트의 역사 철학에서 상정되고 있는 원리는 질료적 원리요, 바로 이 때문에 이 원리와 전문적 역사가들의 주장과의 관계가 중요성을 띠게 되는 것이다.

그러므로 우리는 또 하나의 다른 방어선에로 밀려나게 되는데, 나는 여기에 얼마쯤 우회하여 접근해 보려고 한다.

라이프니츠를 좇아 참된 명제를 사실의 진리와 이성의 진리로 나누는 것은 오늘날 철학자들 사이에서 흔히 있는 일이다. 사실의 진리는 개별적 경험에 의해서 확인되거나 반증되는 것이요, 이성의 진리의 본질과 수에 관해서는 논쟁이 구구하지만, 그것은 개별적으로 일어나는 일과는 관계없이 타당하다는 데 의견이 합치되고 있다. 그렇다면 칸트의 역사 철학의 원리를 우리는 어느 부류에 넣어야 할 것인가 하는 물음이 제기될 수 있을 것이다(만일 우리가 앞의 125면에 인용된 문장을 이런 식으로 말할 수 있다면). 그 대답을 찾기는 쉬운 일이 아니다. 한편으로는, 방금 보았듯이 그 원리는 경험의 형식에 관계되는 것이 아니라 넓은 의미에서 경험의 내용에 관계되는 것이므로, 우리는 그 원리는 사실적 진리처럼 보인다고 말하지 않을 수 없다. 그러나 또 한편으로는, 칸트가 그 원리는 경험에 의한 반증을 받을 수 있다는 가능성을 보지 못하고, 그것을 선험적 근거 위에 기초를 두고 있는 것으로 보았다고 하는 것은 사리로 보아 명백한 일인 것 같다. 그리하여 이 점에서는 그 원리는 이성의 진리처럼 보인다.

127

  이로써 알 수 있듯이, 칸트의 원리의 자격과 그것에 관해서 우리가 가지고 있다고 생각하고 있는 지식은, 우리가 지금까지 해온 것보다 더 주의깊은 음미를 요하는 것이다. 그리고 그가 역사에 관해서 주장하는 것과 그의 다른 이설(理說)들 중의 어떤 것—특히 《순수 이성 비판》 변증론에의 부록에 나오는 이설들과 《판단력 비판》(*Critique of Judgment*)에 나오는 이설들—과를 비교해 보면, 우리는 그가 자신이 확립하려고 노력했던 원리에 대하여 실제로 하나의 특수한 지위를 부여하고 있다는 것을 알게 된다. 실제로 그는 그 원리를 경험적 명제로 간주하지도 않으며, 또 일반적 인과 법칙이 그에게 있어서 필연적 진리라고 하는 것과 똑같은 의미에서의 필연적 진리로 간주하지도 않는다. 오히려 그는 그것을 자신이 제 1 《비판》에서 통제적 원리 또는 발견적 원리라고 부르고 있는 것과 같은 것으로 간주하고 있는데, 이것은 경험적 연구를 수행하는 데는 유효하지만 그 자체는 도무지 증명될 수 없는 것이다. 그리고 그런 이유로 그 원리는 엄격한 의미에서는 누구에게도 "인식"되어 있는 것이 아니다. 칸트의 견해로는, 우리가 인식한다고 할 수 있는 명제는 한편으로 사실에 관한 명제와 또 한편으로 상술한 "보편적 자연 법칙"과 같은 명제뿐이다. 그런데 우리가 지금 다루고 있는 원리는 그 어느 부류에도 들어가지 않는다.

이 원리의 진리에 관해서는 우리는 주관적 확신을 가질 수는 있으나
객관적 확실성을 가질 수는 없는 것이다. 그리고 우리가 이 원리를
확신할 수 있는 것은 이 원리가 도덕적 실천과 밀접하게 관련되어 있
기 때문이지만, [9] 우리는 그 이상의 것을 주장할 수는 없다.

　이러한 미묘한 구별을 인정하면 칸트의 주장은 달리 보인다. 그러
나 그렇다 할지라도 그 입장은 전혀 분명하지가 않다. 지금 우리는
철학적인 역사가에게 지침이 되는 원리는 발견적 원리라는 것을 믿으
라는 권유를 받고 있는 셈인데, 그렇게 되면 이 원리는 예컨대 전문
적 생물학자들이 의존하지 않으면 안 된다고 칸트가 생각했던 목적론
(目的論)의 원리와 동일한 자격을 가지게 될 것이다. 우리가 목적론의
원리를 채택하는 경우에는, 우리는 적어도 자연 산물들 중의 어떤 것
에 관해서는 자연은 목적적으로 움직이고 있다고 하는 가정에 입각해
서 우리의 과학적 연구를 해나간다. 그리고 이것은 과학적 발견에 이
르는 도정(道程)에서 중요한 한 단계이다(또는 일지도 모른다). 만일
이러한 대비(對比)의 정당성이 밝혀질 수 있다면—만일 우리가 역사
가가 철학으로부터 얻는 것과 생물학자가 철학으로부터 얻는 것 사이
에 엄밀한 유비(類比)가 성립한다는 것을 밝힐 수 있다면—그 경우에
는 칸트의 주장은 어쨌던 존중할 만한 주장이다. [그러나] 불행히도
128　여기에서도 다시 상술한 대비는 엄밀한 것같이 보이지 않는다.

　문제는 칸트가, 철학자들은 전문적 역사가들에게 일반적 원리뿐만
아니라(마치 철학자들은 전문적 생물학자들에게 목적론의 일반적 원
리를 마련해 줄 수 있는 것처럼) 개별적인 성질의 특수한 원리도 마
련해 줄 수 있다고 주장하고 있다는 데 있다. 만일 내가 자연에 있어
서 목적론적 원리를 상정하는 것이 정당한 일이라면, 내가 자연에 있
어서 목적적 활동의 실례를 발견하게 되리라고 기대하는 것도 정당화
되는 일이요, 따라서 나는 나의 연구를 그에 따라 계획하는 것이다.

---

　9) *Critique of Pure Reason* 의 "사견, 지식 및 신앙에 관하여"라는 제목을
　　가진 절(B 848/A 820) 참조.

이때 내가 한 일은 목적론을 방법론적 공준(公準) 또는 작업 가설(作業假說)로서 받아들인다고 하는 것이다. 그러나 이런 종류의 가설은 자연에서 어떤 특수한 종류의 목적적 유형이 발견되리라는 것을 예기(豫期)할 수 있게 해주는 것은 아니다. 그에 반해서 칸트의 역사적 해석의 원리를 받아들인다면, 나는 역사에는 하나의 줄거리가 있다는 것뿐만 아니라 일반으로 그 줄거리가 어떤 것인가 하는 것도 경험에 의거하지 않고 말할 수 있게 된다. 그런데 앞에서 보았듯이, 칸트의 원리는 나로 하여금 경험의 형식뿐만 아니라, 중요한 범위까지는 그 내용까지도 예기할 수 있도록 해주는 것이다. 그리하여 바로 이것이 평범한 역사가들로 하여금 칸트의 설명을 의심하게 하는 점이다.

　이 점에 관해서는, 우리가 칸트를 엄격히 따른다면, 우리는 역사와의 합치를 기대할 수 있는 대체적인 줄거리를 경험에 앞서 "인식한다"고는 할 수 없다는 점을 지적한다고 해도 그것은 쓸데없는 일이다. 과연 우리는 대체적인 줄거리에 관한 과학적 지식을 가지고 있지 않은데, 이것은 우리가 다른 발견적 원리에 관한 과학적 지식을 가지고 있지 않은 것과 꼭 마찬가지의 일이다. 그러나 이 점은 우리의 문제와는 아무런 관계도 없다. 왜냐하면 칸트의 견해로는 우리가 문제의 원리를 확신하고 있다는 사실은 변함이 없기 때문이다. 우리는 그 원리를 증명할 수는 없을지 모르나, 그렇다고 해서 그것이 곧 그 원리는 의심을 받아야 한다는 것을 의미하는 것은 아니다.

　칸트의 이설은 얼핏 보기보다는 훨씬더 복잡하고 미묘하지만, 그 이설은 역사가들로서는 그 특성을 자의적인 것이라고밖에는 말하기 어려울 이설이라고 하는 것이 나의 결론이다. 이런 유의 이론에 대한 문제는, 철학적 역사에 있어서의 선험적 요소와 경험적 요소와의 관계를 설명하여 철학적 역사가는 자기 자신의 소망에 맞도록 사실을 날조하거나 선택하는 데 지나지 않는다고 하는 자칫하면 나오기 쉬운 비난을 피하는 일이다. 칸트는 물론 이 문제를 포함한 일반적 문제를 예리하게 의식하고 있었지만, 이 문제에 대한 적절한 해답을 내리고 있는 것같이 보이지는 않는다. 또한 우리가 곧 보게 되겠지만, 헤겔

의 역사 철학에 관해서도 이와 비슷한 어려움이 발견될 수 있다는 것
을 알게 된다고 해서 그것이 위안이 되는 것도 아니다.

129   위의 논평에서 나는 오로지 칸트의 역사 이론의 인식론적 측면에만
주목해 왔다. 그러나 나는 여기에서 캐리트 씨[10]와 같은 비평가가 있
다는 것을 덧붙이고자 한다. 그는 도덕적 근거에 입각해서도 칸트의
견해를 공격하여, 역사가 그 목표를 성취하는 데 다수의 무고한 희생
자를 요구한다면(칸트는 그렇게 주장하고 있는 것처럼 보인다), 역사
는 도덕적 의의를 가질 수가 없다고 몰아세운다. 그러나 이러한 비난
에 관해서는 나는 검토하지 않겠다. 왜냐하면 내 의견으로는, 이러한
비난에 대한 반박에 성공할 수 있느냐 없느냐 하는 것과는 관계없이
칸트의 이론은 실패로 돌아가는 것이기 때문이다.

4. 헤르더의 역사 철학

칸트의 저술로부터 우리가 고찰해야 할 다음의 저자인 헤르더의 저
술로 옮아간다는 것은 곧 한 시대에서 다른 시대로 옮아간다는 것을
의미한다. 물론 실제로는 헤르더의 대저(大著)《인류 역사 철학 시론》
(*Ideas for a Philosophical History of Mankind*)*의 제 1 부는 우리가 방금 검
토한〔칸트의〕논문보다 수개월 더 먼저 출간되기는 했다. 헤르더는
청년기에 칸트의 제자 중 한 사람이었다. 그러나 두 사람의 완숙한
사상과 견해는 그보다 더 대립될 수는 없었다. 1724년에 탄생한 칸
트는 계몽주의의 소산이었다. 즉 그는 기질이 냉정하고 비판적이며,
사변에는 신중하여 모든 형태의 신비주의에는 의심을 품었던 사람이
므로, 18세기 말엽에 독일인의 지적 생활에 그토록 심각한 영향을 미
쳤던 낭만주의의 소용돌이에도 경미한 감동밖에는 받지 않았다.[11] 그

---

10) E.F. Carritt, *Morals and Politics* (1947).
  * 원저작명은 *Ideen zu einer Philosophie der Geschichte der Menschheit*—역주.
11) 칸트가 낭만주의의 영향을 어느 정도는 느꼈다고 하는 것은 부정할

러나 헤르더는 20년 뒤늦게 탄생하였지만, 그는 냉정한 지성보다는 오히려 감수성을 가진 인물이었고, 그의 피 속에는 사변과 정열이 있었다. 이러한 상황에서는 그가 경험적인 것과 선험적인 것, 내용과 형식을 엄격하게 대립시키는 칸트의 방식은 물론, 칸트가 인식을 획득하는 인간 정신의 능력에 관하여 이러한 대립으로부터 이끌어 낸 모든 결론까지도 경멸하게 된 것은 거의 놀라운 일이 아니었다. 천성적으로 그는 추론적 지성보다는 오히려 직관을 신뢰하고 싶어하였다. 예상될 수 있었던 대로 그가 도달한 성과는 때로는 재기(才氣)에 차 있고 시사하는 바가 많기도 하였지만, 또 때로는 지나치게 기이한 데가 있기도 하였다.

헤르더의 걸작(무슨 일이 있어도 그것은 걸작이라고 불리어지지 않으면 안 된다)은 요약하기가 어려운 저술이다. 우선 그것은 미완성이 130 다. (계획된 25 "권" 가운데 마지막 5권은 씌어지지 않았다.) 그러나 이 점은 아마 이 저술이 지닌 어려움 가운데서도 가장 조그마한 어려움일 것이다. 주된 어려움은 헤르더가 그의 주제를 매우 광범위하게 생각하고 있다는 데 있다. 칸트와는 달리, 그는 철학적 역사를 쓰려고 계획한 것이지 단지 그 가능성을 검토하려는 것이 아니다. 그리하여 그는 차츰 이 계획을 수행해 나간다. 그러나 독자는 그 단계에 이르기 전에 먼저, 매우 다양한 논제들을 망라하고 있으며 실제로 그 자체가 하나의 철학적 논문을 이루고 있는 10권에 걸친 예비적 문제를 섭렵하지 않으면 안 되는 것이다.

헤르더는 자기가 밟은 절차를 이렇게 옹호할 것이다. 즉 우리가 인간의 역사를 이해할 수 있으려면, 우리는 먼저 우주에서의 인간의 위치를 이해하지 않으면 안 되며, 그 문제를 아주 진지하게 생각하지

수 없을 것이다. 즉 *Critique of Judgment* (특히 괴테의 관심을 크게 끌었던 목적론에 관한 논의)가 그것을 입증하는 증거이다. 그러나 그가 사변에 잠기는 경우에는, 그는 언제나 자신의 방법의 모험적인 성격을 지적하는 데 용의 주도하다. 그리고 바로 이 점에서 그는 그의 직접적인 후계자들과 다르다.

않으면 안 된다고. 그가 스스로 이 문제를 얼마나 진지하게 생각하고 있는가는 그가 지구의 물리적 특성과 지구와 다른 유성(遊星)과의 관계에 관한 연구로부터 시작하고 있다는 사실로 보아 알 수 있는 일이다. 거기에서 그는 더 나아가 인류의 고유한 특징을 밝히기 위하여 식물과 동물을 조사한다. 헤르더의 의견으로는, 이러한 특징 중에서 가장 주목을 끄는 것은 인간의 직립(直立) 자세, 즉 인간은 다른 동물과는 달리 두 다리로 걷는다고 하는 사실이니, 그는 놀랄 만큼 다양한 인간의 현상들, 즉 인간에 의한 추리력의 발달(인간의 직립 자세가 인간의 뇌에 영향을 미친다)과 언어의 사용뿐만 아니라, (무엇보다도 특히) 인간이 도덕적·종교적 능력을 가지고 있다는 것도 이 특징 때문이라고 한다. 그러나 이러한 모든 것은 한층더 광범한 사변에 대한 하나의 예비 단계에 지나지 않는다. 헤르더는 무기물의 가장 단순한 형태로부터 인간, 즉 동물 중의 가장 복잡한 형태이기 때문에 가장 높은 형태인 인간에 이르기까지에는 끊임없는 이행의 연속이 있다고 하는 사실에 감명을 받는다. 그리하여 그는 전 우주는 정신의 자유로운 출현을 도모하는 단 하나의 유기화하는 힘 또는 유기화하는 여러 힘들의 통일체에 의해 생명을 받은 것이라고 하는 가설을 제시한다. 인간은 지구상에 있어서의 이러한 생명력(그 힘은 이렇게 불리어질 수 있다)의 최고의 산물이요, 그 밖의 모든 것은 인간의 발전을 돕기 위하여 존재하는 것이다. 그러나 인간을 우주에 있어서의 유일한 정신적 피조물이라고 생각한다면 그것은 잘못일 것이다. 그와는 반대로, 모든 것이 인간은 두 세계의 중간에 서서 이 두 세계 사이를 연결하는 존재라는 것을 암시해 준다. 이 두 세계란 인간을 최고의 구성원으로 하는 동물적 존재의 세계와 인간을 최저의 구성원으로 하는 정신적 존재의 세계인 것이다.

이로써 우리는 제 V권의 끝에 이르게 된다. 도입부의 나머지 부분
131 (제 VI권~제 X권)은 지리와 기후가 역사에 미치는 영향, 인종의 차이와 같은 문제들을 포괄하고 있는데, 흥미가 덜한 반면 이 작품의 주제에 더 가깝다. 헤르더에 있어서는 역사는 두 쌍의 힘, 즉 인간의

환경을 구성하는 외적인 힘과 오로지 인간의 정신이라고 일컬을 수 있는, 또는 더 정확히 말하면 동질적인 인류가 해체됨으로써 나타난 여러 민족들의 정신이라고 일컬을 수 있는 내적인 힘과의 상호 작용의 결과인 것이다. 한 민족의 역사를 이해하기 위해서는 우리는 반드시 그 민족의 지리적·기후적 배경을 고려하지 않으면 안 된다. 그러나 우리는, 어떤 저술가들처럼 이런 측면에서 한 민족의 발전 전체를 설명하려고 기대할 수는 없다. 도리어 우리는 모든 민족은 일정한 정신에 의해서 생기를 가지게 되는 것이며, 이러한 정신은 그 민족의 구성원들이 하는 일이면 어떤 일에서나 나타난다는 것을 인식하지 않으면 안 된다.

  이러한 사상이 나타내는 표현이 생경하다고 해서 그것으로 이 사상의 중요성이 판정되어서는 안 된다. 사상을 주창함에 있어서 헤르더는 어떤 순수한 유물론적 역사 이론도 불만스럽다는 점을 지적하고 있을 뿐만 아니라, 또한 그는 그의 시대의 특징이었던 비역사적 견지에서 탈피하는 데로 중대한 일보를 내딛고 있었던 것이다. 18세기에는 인간의 본성은 불변적인 것으로, 근본적으로 변하는 것이 아니고 단지 환경에 따라 달리 나타나는 것으로 생각하는 것이 보통이었다. 인간들의 중요한 차이는 문명인과 야만인과의 차이로, 문명인은 어느 시대 어느 곳에서나 동일하다고 생각되었다. 그런데 이러한 가정은 중대한 실제적 결과를 초래하는 것이었다. 그것은 예를 들면 동방인은 인종적 편견을 떠나서 그들 나름으로 다루어져 왔음을 의미하는 것이었다. 그러나 이런 가정이 역사 연구에 대해서 가지는 관계는 그다지 좋은 것이 아니었다. 이 가정은 과거에 대해 대체로 지나치게 무비판적이고 고지식한 태도를 길러 놓았다. 만일 그리스인이 중국에서 살았고 중국인이 그리스에서 살았다면, 그리스와 중국의 역사는 실제의 역사가 밟았던 과정을 밟지는 않았으리라고 하는 헤르더의 말은[12] 오늘날에는 명백한 것처럼 생각되지만, 〔그 당시에는〕 이러한

---

12) *Ideas*, Book XIII, ch. VII.

1

182

무비판적인 사람들의 주의를 끌었으며, 또한 그렇게 주의를 끎으로써 문명이란 획일적·불변적인 것이 아니라 민족에 따라 다른 특성을 갖는 것이라고 하는 문명에 관한 현대적 개념을 가능하게 하였던 것이다.[13]

132 헤르더는 《시론》의 나머지 부분에서는 세계사의 사실들을 논술하고 있는데, 우리는 그 상세한 점을 고찰할 필요는 없다. 다만 그가 자료를 조직적으로 엮어 가는 방식이 그 후 하나의 모범이 되어, 헤겔도 이에 따랐던 것같이 보인다는 점만은 주의해 둘 만하다. 더욱 흥미를 끄는 것은 그가 일정한 간격을 두고 자기의 서술에 끼워 넣은 일반적 성찰이다. 바로 이 일반적 성찰에서 그 자신이 역사의 철학적 교훈이라고 생각하고 있는 것이 드러나기 때문이다. 이러한 구절들에서 판단하건대, 그는 하나의 역사 철학을 추구하면서 두 가지 일을 하고 있었던 것으로 보인다. 첫째로, 그는 역사적 사건들이 무법칙적인 것이 아니라 자연적 사건과 꼭 마찬가지로 법칙에 따라 일어난다는 것을 밝히려고 하였다. 이러한 목적을 위해 그는 어떤 역사적 상황에 대해서나 그 이해의 관건은 그 상황이 일어난 환경(상술한 내적 환경을 포함하여) 속에서 찾아져야 한다는 주장을 항상 되풀이한다. 즉 우리는 일이 실제로 일어났던 그대로 일어날 수밖에 없었다는 것을 이해하기 위해서는, 그러한 환경들을 매거하여 거기에 작용하고 있는 힘을 발견해 내기만 하면 되는 것이다. 헤르더에게 있어서 한 문명의 개화(開花)는 장미의 개화와 마찬가지로 자연적인 것이요, 따라서 장미꽃의 경우에 기적적인 것의 개념에 호소할 필요가 없는 것과 마찬가지로 문명의 경우에도 그럴 필요가 없다. 그리고 둘째로, 그는 역사에 있어서의 어떤 일반적 목적, 즉 역사적 과정 전체의 지점(支點)이 되는 어떤 것을 발견하려고 하였다. 그와 같은 목적이 인간에게 대해서는 외적인 어떤 것이라고 생각해서는 만족스러울 수가 없다고

13) 실제로 Herder는 문명 그 자체라는 관념과는 대립되는 **어느 하나의** 문명이라는 관념을 창안하였다고 말할 수 있다. 그 대신에 우리는 국민적 성격이라는 관념도 그에게서 비롯되었다고 할 수 있을 것이다.

그는 주장한다. [14] (여기에서 또다시 우리는 사변적 역사 철학의 도덕적 왜곡에 부딪치는 것이다.) 즉 인간의 운명은 인간 자신의 잠재력 가운데 있지 않으면 안 되는 것이다. 다소 막연한 이야기이지만, 헤르더는 역사의 목적은 인간성에 도달하는 것, 다시 말해 (추측하건 대) 인간이 가장 참되게 인간 자신인 그런 사태에 도달하는 것이라고 선언한다. 그리고 그는 때때로 마치 이러한 것은 인간이 그 실현을 의도적으로 촉진할 수도 있는 목적인 것처럼 이야기하지만, 일이 실제로 일어나는 그대로 일어날 수밖에 없다고 한다면, 그러한 목적이 어떻게 해서 촉진될 수 있을 것인가 하는 것은 명확하지가 않다.

　헤르더 자신은 칸트와의 비교를 좋아하지 않았겠지만, 헤르더의 결론은 그처럼 칸트의 결론과 실질적으로 다른 것이 아니다. 칸트의 이론에 대한 그의 반발은 칸트의 이론을 선험적인 것이라고 힐난하는데, 즉 오늘날과 같이 그 당시에도 평판이 나빴다고 생각되는 형이상학이라는 말이 가지는 어떤 의미에서 하나의 형이상학이라고 힐난하는 데 있을 것이다. 그에 반해서, 그 자신의 견해는 사실들의 면밀한 조사에 입각한 것이라고 주장한다. 그러나 이 문제에 관해서는 헤르더가 어쩌면 지나치게 낙관적이지나 않은가 하는 물음이 당연히 나올 수 있다. 사변적 기질을 가진 다른 저술가들과 마찬가지로 그도 사실들에서부터 출발하지만, 그 사실들을 최종의 휴식처로 삼기보다는 오히려 하나의 도약판으로 사용하여, 더욱 냉철한 사람들에게 부당하다는 인상을 줄 정도로 여러 가지 유추와 대담한 가설들을 전개해 가는 것이다. 칸트가 한층더 신중할 필요가 있다고 비판했을 때, [15] 이 비판은 헤르더에게는 편협하고 상상력이 부족한 사람의 반

133

---

14) Book XV, ch. I.
15) Kant는 이런 비판을 *Ideas* 의 1, 2부에 관한 그의 논평(베를린 판, VIII, ch. I, 43~66)에서 하고 있는데, 이 논평의 회의적인 논조가 저자의 감정을 치명적으로 상하게 했던 것이다. [Kant의 이 논평은 처음에 *Jenaische Allgemeine Literaturzeitung*, 1785, Nr. 4 und Beilage 17a ~22b 및 Nr. 271, 153a~156b에 발표되었던 것으로, 제목은

발, 즉 철학적 역사 이해에 필요한 통찰력이 모자란 사람의 반발로
생각되었다. 여기에서 요구되고 있는 통찰력이 진정한 것인지 아닌지
에 따라서 헤르더에 대한 최종 판결이 내려지지 않으면 안 된다.

"Rezensionen von J.G. Herders Ideen zur Philosophie der Geschichte
der Menschheit"이다—역주.〕

1. 헤겔에로의 이행

지금의 이 논의의 목적은 사변적 역사 철학의 특성을 해명하려는 것이지 이 주제의 완전한 역사를 쓰자는 것이 아니다. 따라서 나는 여기에서 헤르더의 《인류 역사 철학 시론》(*Ideas for a Philosophical History of Mankind*)의 출간과 헤겔의 《역사 철학 강의》(*Lectures on the Philosophy of History*)의 출간 사이에는 50년의 간격이 있다는 사실을 무시하고, 셸링이나 피히테와 같은 저술가에 대해서는 일체 논급을 생략하고, 바로 헤겔의 그와 관련된 견해를 검토하고자 한다. 그러나 헤겔의 이론들은 바로 위에서 고찰한 이론들과는 연속성이 있다는 것이 쉽게 밝혀질 수 있으므로, 헤겔에로의 이러한 이행은 부당하게 당돌한 것으로 보여야 하는 것은 아니다. 과연 헤겔은 헤르더가 중시하는 정열과 상상력을 칸트가 요구하는 지성의 정확성과 결합시킴으로써[1] 이 두 선행자의 장점을 구체화했다고 주장했을지도 모를 일이다.

---

1) Hegel 에 의하면 Kant 의 철학은 과학적 오성의 견지를 구체화한 것이었지만, Herder 는 그런 견해에 반대한 사람이었으며, 이런 반대는

186

헤겔의 역사 철학을 몇 페이지로 해설하고 논평한다는 것은 약간 무모한 기도인데, 그것은 간결하게나마 반드시 전체로서의 헤겔 철학을 개관해야만 하기 때문이다. 제6장의 첫머리에서 지적한 대로, 역사란 헤겔이 합리적으로 "파악"하고자 하는 분야들 중 하나에 지나지 135 않으며, 우리가 밝히고자 시도하지 않으면 안 되는 것은 바로 이러한 활동의 배후에 있는 일반적 원리와 아울러서 그 원리의 개별적인 적용인 것이다. 그러나 이러한 절차를 따르기 전에, 우리는 하나의 중대한 단서(但書)를 달아두지 않으면 안 된다. 헤겔의 완성된 체계에 있어서는 역사의 행정(行程)은 변증법적 진전으로서 설명되며, 변증법을 이해하기 위해서는 우리는 모든 철학 과목 중에서 가장 추상적인 과목, 즉 논리학을 참고하지 않으면 안 된다. 이것은 우리가 칸트에 대해서 그러했듯이, 헤겔에 대해서도 그가 역사에 대하여 취하는 입장은 외면적 입장이라는 이유로 즉각적으로 반대할 수 있다는 것을 암시하는 일일지도 모른다. 그리고 이러한 비판은 실제로 어느 정도까지는 성립하는 것임에 틀림없다. 그러나 헤겔의 저작의 논리적 순서가 그 자신의 철학적 발전의 역사적 순서와 일치하지 않는다는 사실을 알아 둔다는 것은 중요한 일이다. 모든 것으로 미루어 알 수 있듯이, 그의 사상이 성숙되어 가고 있던 시기에 그가 몰두했던 문제들은 추상적인 논리학과 형이상학의 문제가 아니라 훨씬더 구체적인 문제, 특히 종교의 본질과 종교사를 철학적으로 해석하는 문제였다.[2] 그러므로 헤겔이 먼저 변증법을 선험적으로 만들어 내놓고, 그 다음에 그것을 프로크루스테스*처럼 〔무리하게〕 경험적 사실의 영역에 적

낭만주의의 감정 철학에 표현되었다. Hegel 자신의 철학은 이 두 가지를 새로운 입장, 즉 사변적 이성의 입장에서 종합하려고 하였다. 그 다음의 서술을 참조.

2) 1795~1800년의 기간에 나온 저술들(이것은 Hegel 자신에 의해서 公刊되지는 않았다)을 참조. 이 저술들은 T. M. Knox 와 R. Kroner 에 의해 *Hegel's Early Theological Writings* 에 번역되어 있다. 〔원문은 Nohl, *Hegels Theologische Jugendschriften* (Tübingen, 1907)에서 볼 수 있다─역주.〕

* 이 책 56면의 역주를 참조 ─ 역주.

용하였다고 생각하는 것은 잘못이다. 다른 분야에서는 이 문제의 진실 여부가 어떠하든, 역사의 경우에서는 사실들에 대한 참된 관심이 사실들의 변증법적 관련의 발견에 선행했던 것이 아주 분명하다.

2. 변증법과 정신 철학

사실이 이러하다 하더라도, 헤겔의 역사 철학은 더 넓은 맥락 안에 정위되는 경우에만 이해될 수 있다. 따라서 우리는 그러한 맥락을 약간 설명하는 데서부터 시작하지 않으면 안 된다. 헤겔이 말하는 철학적 학은 두 주요 부문으로 이루어져 있다. 즉 논리학 또는 이념의 학과 자연 및 정신의 철학, 곧 이념의 구체적 실현의 학이 그것이다. 논리학은 순수 이성의 개념들을 형식적으로 분석하여 그 연관을 밝히는 것인데, 이 개념들은 개별적인 사물들이나 사물들의 유(類)에 대해서가 아니라 전체로서의 실재에 대해서 술어(述語)가 될 수 있다(고 헤겔은 생각하였다). 가령 "현존"(現存)이나 "계량"(計量)과 같은 술어들(이 말의 넓은 의미에서)이 있는데, 이 술어들은 존재하는 것이면 무엇에나 적용되며, 또는 적용된다고 생각되는 것이다. 그리하여 논리학은 이러한 관점에서 전통적인 형식 논리학과는 전혀 달리 이해되어, 결국 이러한 중요한 술어들에 관한 연구라고 한다. 따라서 논리학의 목적은, 어떤 개념들이 이러한 특수한 유에 속하는가 하는 것과 개념들의 전체적 관련은 어떠한 것인가 하는 것을 확증하려는 것이다(라고 헤겔은 생각하였다). 136

헤겔의 견해로는, 이 두 문제는 사유의 변증법적 본성 때문에 해결될 수 있었던 것이다. 이 문맥에서 "변증법"이 무엇을 의미하는 것인지를 독자가 약간 알아 둔다는 것은 극히 중요한 일이다. 이 매우 어려운 문제에 접근해 가는 하나의 방법은, 어떻게 하여 순수 이성의 개념들이 단순히 하나의 계열이 아니라 하나의 자기 산출적 계열을 이루고 있다고 주장되는가를 고찰해 보는 것이다. 우리가 문제의 개념들 중 하나를 사용해서 전체로서의 실재에 관하여 만족한 진술을 하려고 노력한다고 해보자. 즉 예를 들어, 우리가 실재적인 것은 계량할 수 있는 것이라는 판단을 내린다고 해보자. 그 경우에, 이 문제에 충분한 주의를 경주하여 여기에서 사용되고 있는 개념을 반성해 보면, 거기에 어떤 불충분성 혹은 모순이 있음을 알게 될 것이다. 그리하여 이 때문에 우리는 실재적인 것은 계량할 수 있는 것이라고 하는 판단을 버리게 될 뿐만 아니라 반대의 관점, 즉 계량이라는 개념은 실재에는 전혀 타당하게 적용될 수가 없다고 하는 관점을 공언하게 될 것이다. 우리가 이 입장에 도달하게 되는 것은, 우리가 예컨대 어떤 것을 계량하려면 반드시 그것을 개개의 부분으로 분해해야 한다고 주장하는 경우이겠지만, 그러나 한편 우리가 우리의 직접적 경험으로부터 알고 있듯이, 실재가 가지고 있는 하나의 특징은 연속성인 것이다.

그러나 새 판단도 우리가 그것을 주의해서 살펴보면 결국 먼저의 판단과 마찬가지로 만족한 것이 아님이 판명된다. 즉 이 새 판단에도 난점과 모순이 따르는 것이다. 실재는 계량을 넘어서 있다고 말하는 것은, 실재는 본질적으로 계량이 가능하다고 말하는 것과 마찬가지로 잘못된 것이다. 진리는 우리가 이 양자를 동시에 주장하려고 한다는 것이다. 그러므로 우리는 실재의 특성을 새롭게 진술하여, 두 주장의 장점을 공평하게 인정하고, 두 주장의 오류를 피하게 된다. 만일 우리가 이러한 새로운 관점에 도달한다면(헤겔은 이러한 관점에의 도달은 원리상 언제나 가능하다고 주장한다), 사유는 뚜렷하게 전진을 한 셈이다. 그러나 그렇다고 해서 사유가 영원한 만족에 도달하였다고 하는 것은 아니다. 오히려 이러한 전 과정이 반복될 것이며, 그리하여 그 결과로서 나오는 개념이 비판적으로 음미될 때 새로운 관념들이 나오게 될 것이다.

순수 이성의 개념들 즉 범주들, 또는 헤겔이 불렀던 대로 사유 규정들(Denkbestimmungen)이 변증법적 관계를 가지고 있다고 말하는 것은, 곧 이 개념들이 가지고 있는 상호 산출이라는 이러한 고유한 성질에 대하여 주의를 환기하는 것이 된다. 그런데 이것은 곧 개념들은 본성상 정립(定立), 반정립(反定立), 종합(綜合)의 삼지 조직(三肢組織)이 되며, 각 삼지 조직의 종합의 개념은 새로운 삼지 조직의 정립 137
의 개념이 된다는 것이 이 개념들의 내용이라고 하는 주장이다. 그리고 이와 관련해서, 이 관계가 우선 사실들 또는 사건들 사이에 성립하는 것이 아니라 개념들 또는 관념들 사이에 성립한다고 하는 것은 아마도 주의해 둘 만한 일일 것이다. 오늘날의 정치에 있어서 우리는 이른바 자본주의의 "모순"이라는 말을 많이 듣는데, 이러한 말투는 헤겔의 논리학에까지 거슬러 올라가지 않으면 안 되겠지만, 변증법이 본래 적용된 것은 전혀 이와 같은 영역이 아니었다.

　헤겔이 생각하는 논리학의 과제는 변증법을 그 결말에까지 추구해 가는 것이요, 이것이 수행될 수 있는 것은 사유가 본성상 통과해 가는 개념의 계열에 상위의 한계와 하위의 한계를 정해 놓을 수가 있기 때문이다. 순수유(純粹有)라는 관념보다 더 단순한 관념은 있을 수 없다. 또 사유자가 최고의 범주라고 불리어지는 절대적 이념이라는 개념에 도달하면, 논리학의 분야에는 그가 더 밟고 나갈 단계는 없다.

　그러나 여기에서 "논리학의 분야에는"이라는 말이 강조되지 않으면 안 된다. 논리학자가 마지막으로 절대적 이념이라는 개념에 도달하면, 그는 논리학자로서의 자기에게 요구되는 모든 일을 다 마친 것이다. 즉 그는 범주의 변증법적 과정을 끝까지 추구한 것이요, 그 이상의 모순에 마주치지는 않는다. 그러나 헤겔은 논리학자의 만족은 그래도 완전하지는 않을 것이라고 주장한다. 왜냐하면 그는 논리학이 연구한 **모든** 관념들의 추상적 성격에 곤혹을 느끼게 될 것이기 때문이다. 그는 이 관념들의 내용이 단지 어떤 종류의 플라톤적 천계(天界)에만 존립하는 것이 아니라, 정당하게도 사실의 세계에도 현존한다는 것을 밝히고 싶어할 것이다. 그리하여 그는 실제로 자연과 정신의 철학의 문제, 즉 이념의 구체적 또는 "현상적" 실현의 문제에 직면하게 될 것이다.

　이 이상하게 들리는 〔이념이라는〕 개념의 배후에 무엇이 있는가를 적어도 대체로나마 파악한다는 것은 역사에 대한 헤겔의 태도를 이해하는 데에는 극히 중요한 일이다. 아마도 우리는 다음의 고찰에 의해서 이것을 명백히, 또는 보다더 명백히 할 수 있을 것이다.

헤겔에 있어서 실재는 정신이다. 즉 우주는 어떤 의미에서는 정신의 산물이요, 따라서 정신이 이해할 수 있는 것이다. 그리하여 헤겔의 철학은 "합리주의적"이라는 어구로 올바로 특징지어진다. 그러나 정신이 세계를 사유하려고 할 때 정신이 인지하는 것이 **무엇인가**를 우리는 묻지 않을 수 없다. 논리학에 관한 한, 정신이 파악하는 것으로 보이는 것은 모두가 일련의 순수한 일반적 특성들, 단순한 가능적 술어들이요, 이러한 술어들을 구체적 상황에 적용해 보았자 그 적용은 전혀 우연적이다. 그리하여 논리학이 우리에게 보여준다고 생각되는 것은, 브래들리의 아름다운 말을 빈다면, "핏기 없는 범주들의 유령 같은 춤"이다. 그와 같은 결과는 브래들리 이외의 다른 사람들에게도 사기요 협잡이라는 느낌을 주었는데, 그 가운데에는 헤겔 자신도 포함되어 있었다. 젊었을 때 헤겔은 칸트와 (일반적으로) 칸트 이전의 합리주의자들이 옹호한 이성의 추상적 개념이 어떻게 여러 가지의 감정 철학들과 대립되었는가를 보았다. 그리하여 그는 이 감정 철학들에 적의를 가지고 있었지만, 그 자신이 이 감정 철학들이 실현하고 있다고 여겼던 진리를 자기 자신의 체계 속에 통합하고 싶어하였다. 바로 이러한 목적을 위해서 그는 하나의 새로운 형태의 합리주의를 창안하려고 노력했던 것이니, 그것은 곧 특정의 이성적 개념들을 공허한 추상 이상의 어떤 것이라고 보는 합리주의요, 관념들을 구체적으로 발전해 갈 수 있는 씨를 어느 정도 내포하고 있는 것으로 간주하는 합리주의였던 것이다. 만일 그와 같은 입장이 정당화될 수 있다면, 범주 속에 피가 통하고 있다는 것이 결국 밝혀질 수 있을 것이며, 감정 철학자들의 비난에도 응수할 수 있게 될 것이다.

헤겔이 지금 우리가 설명하려고 하는 단계를 밟게 된 것은, 이처럼 추상적 합리주의를 피할 필요가 있기 때문이었다. 지금까지 우리는 마치 변증법이 논리학의 영역에만 한정된 것처럼 이야기해 왔다. 과연 논리학의 영역이 변증법의 본향(本鄕)이었다. 그러나 이제 우리는 논리학 내부의 모든 삼지 조직 외에 하나의 고차적 삼지 조직이 있어서, 논리 즉 이념은 그 자체가 이 고차적 삼지 조직의 일부요, 자연은 그것의 반정립이며, 정신(정신 생활)은 그것의 종합이라는 것을 알게 된다. 이념은 완전히 이념 자신이 되기 위해서는 구체적 실현을 요구하는데, 이념은 자연으로서 자기 자신을 "외화"하고, 다시 구체적 정신으로서 자기 자신에로 "귀환"함으로써 이러한 구체적 실현을 찾는 것이다.

여기에서, 자연계이건 정신계이건 경험적 사실들을 철학적으로 이해하기 위한 관건은 헤겔에게서는 그의 논리학의 범주들에서 발견될 수 있고, 이 범주들의 변증법적 추이는 그와 대등한 짝을 경험적 사실들 속에서 찾게 된다고 하는 귀결이 나온다. 그러나 이 관계는 오해되어서는 안 된다. 헤겔은 바로 위의 말을 아마 받아들이기는 하겠지만, 자신을 사실의 세계는 지성적 관념의 세계의 희미한 반영에 지나지 않는다고 주장하는 사람으로 그려 놓으려는 어떠한 시도에 대해서도 맹렬히 항의할 것이다. 그런 유의 견해는, 예를 들면 플라톤과 같은 그 이전의 철학자들이 주장했던 것이며, 헤겔도 그런 철학자들과 어떤 유사성을 가지고는 있다. 그러나 그것은 결단코 헤겔의 견해는 아니었다. 헤겔에 있어서는 자연과 정신은 이론적 이념의 한갓된 모사(模寫)가 아니라 그것의 전개였다. 그리고 이것은 자연과 정신을 이해하기 위해서는 이념의 인식 이상의 것이 필요하다는 것을 의미하는 것이었다. 바꾸어 말하면, 헤겔에 있어서는 그 밖의 우리들에게 있어서와 마찬가지로, 철학자들은 경험적 진리를 선험적으로 연역할 수 있다고 하는 생각은 터무니없는 것이었다. 논리가 철학자에게 경험의 미로를 뚫고 나갈 길잡이가 되어 줄 수는 있었으나 경험 그 자체를 대신해 줄 수는 없었던 것이다. 139

3. 헤겔의 역사 철학

독자는 이제 헤겔이 역사를 어떻게 다루었는가를 어느 정도 상세히 고찰할 수 있게 되었을 것이다.

헤겔에 있어서 역사 철학은 정신 철학의 일부요, 따라서 역사 철학의 해설자가 당면한 문제는 하나의 특수한 경험적 영역에서의 이성의 작용을 추적하는 문제이다. 이성이 역사에서 작용하고 있다는 것—이 영역에 있어서도 다른 영역에서와 마찬가지로 현실적인 것은 이성적이라는 것—은 철학적 역사가가 입증하거나 음미하려고 기도하지 않는 명제이다. 즉 그는 이 명제를 논리학—아니 차라리 형이상학이라고 말하는 것이 더 좋을 것이다—에 의해 이미 증명된 것으로 생각한다. 그의 과제는 이 원리를 적용하여 사실들을 이 원리에 맞추어서 설명할 수 있다는 것을 밝히는 것이다.

이것이 철학적 역사가 경험적 또는 일상적 역사와 다른 점이다. 보통의 역사가들은, 투키데스나 율리우스 케사르와 같이 대부분이 당대의 사건들을 서술하는 데 그치고 마는 "근원적" 저술가들이든 리비우스*와 같은 보다 폭넓은 묘사를 하는 "반성적" 역사가들이든, 그들의 첫째 임무는 사실들을 정확하게 기술하는 것이라고 생각한다. 그들은 그들의 서술을 다른 관점에서 펼쳐 보임으로써 그것을 광채있게 할 수도 있고 그들의 서술에 시사적(時事的)인 관심의 반성을 가미할 수도 있을 것이다. 그러나 개개의 사실들이 그들의 최고의 관심임에는 변함이 없다. 그에 반해서, 철학적 역사가는 이렇게 해서 도달된 성과가 단편적이며 논리적 일관성을 결하고 있다는 데 충격을 받고 보다더 나은 것을 찾는다. 이보다 더 나은 것이란 역사적 과정 전체의 의미와 핵심을 예견하는 것, 즉 역사의 영역에서의 이성의 작용을 현시(顯示)하는 것이다. 이러한 과제를 수행하기 위해서는 철학자는 경험적 역사의 성과를 자료로 삼지 않으면 안 되지만, 철학자는 단지 그것을 재생하는 것만으로는 만족하지 않을 것이다. 철학자는 그가 가지고 있는 이념의 인식, 즉 이성의 형식적 분절(分節)을 역사와 관련시킴으로써 역사를 조명하고, 헤겔이 다른 곳에서3) 사용하고 있는

---

* Livius: 《로마사》를 쓴 로마의 역사가—역주.

3) *Encyclopaedia*, § 12 (*The Logic of Hegel*, trans. by W. Wallace, p. 19).

어구를 빈다면, 경험적 내용을 필연적 진리의 위치로 끌어올리려고
노력하지 않으면 안 된다.

이러한 것은 엄청나면서도 고무적인 기획인 것처럼 들린다. 그러나
우리는 그것을 검토하려고 하기에 앞서 헤겔의 이론을 좀더 상세히   140
개관해 보지 않으면 안 된다.

헤겔의 견해로는, 역사에의 실마리는 자유의 관념에서 발견될 수
있다. 그의 강의에 나오는 말을 빌면, "세계사는 자유의 의식, 자유
의 정신의 발전과 그와 같은 의식에서 일어나는 〔자유의〕 실현의 과
정을 현시한다."[4] 이 원리는 추상적·논리적 증명도 가능하고, 경험
적 확증도 가능한 것이다. 주지하는 바와 같이, 역사적 현상은 자연
과는 대립되는 정신의 현현(顯現)이다(비록 헤겔은 인간의 행위에 대
한 자연적 배경의 중요성을 간과하지는 않지만). 그리하여 그는 다음
과 같이 말한다.

> 자유가 정신의 유일의 진리라는 것이야말로 사변 철학의 〔인식의〕 성
> 과이다. 물질은 중심점을 향한 충동인 한에 있어서 무게를 가진다. 물
> 질은 본질적으로 복합체요 상호 배제적인 부분으로 되어 있으나 자기
> 의 통일을 추구하고, 따라서 자기 자신을 지양하려고 하며 자기의 반
> 대〔통일〕를 추구한다. 그러나 만일 물질이 이것을 성취한다면 그것은
> 이미 물질이 아니며 소멸되어 버릴 것이다. 물질은 관념성을 추구하는
> 것이다. 왜냐하면 물질은 통일에 있어서는 관념적이기 때문이다. 그에
> 반해서 정신은 바로 중심점을 자신 안에 가지고 있는 것이다. 정신은
> 통일을 자기의 외부에 가지고 있는 것이 아니라, 이미 그것을 〔자기의
> 내부에서〕 찾은 것이다. 정신은 자기 자신 안에서 자기 자신에 의거하
> 고 있다. 물질은 그것의 실체를 자기의 외부에 가지고 있으나, 정신은
> 자기 자신에 의거하고 있는 존재이다.[5]

---

4) *Lectures on the Philosophy of History,* trans. by J. Sibree (Bohn's Libra-
ries), p. 66 〔Hegel, *Werke* (Suhrkamp Verlag), Bd. 12, S. 86 — 역주〕.

5) 같은 책, p. 18 〔*Werke,* Bd. 12, S. 30 — 역주〕.

역사적 사건들의 현실적 과정을 일별하면 이러한 추상적 고찰이 확증된다. 동양 세계(중국, 바빌로니아 및 이집트의 문명)에서는 전제 정치와 노예제가 지배하였다. 즉 자유는 군주 한 사람에게만 국한되어 있었다. 그러나 그리스-로마 세계는 노예제를 지속하고 있었지만, 자유의 범위를 넓혀서 자유는 모든 개인의 권리는 아니지만 시민들의 권리라고 주장하였다. 이 과정은 근대 유럽의 게르만 민족들에 의해서 완성되었는데, 이들은 개인이 개인으로서 무한한 가치를 가진다고 하는 기독교의 원리를 받아들였으며, 그리하여 자유의 관념을 공공연히 채용하였던 것이다. 그러나 헤겔이 지적하고 있듯이, 이것은 게르만 민족들이 그들의 제도에 있어서 자유를 완전히 실현하였다는 것을 의미하는 것은 아니다.

이러한 설명에서 "자유"가 어떤 의미로 이해되어야 하는가를 결정하는 일은 아직 남아 있는 문제이다. 그러나 헤겔의 태도의 주요한 141 방향은 이미 명백해졌다. 칸트나 계몽주의 철학자들과 마찬가지로, 헤겔은 진보의 개념으로 역사의 "의미를 이해"하려고 하고 있다. 헤겔이 그들과 다른 것은, 다만 변증법을 끌어들여 그 이론에 대하여 선험적 기초를 부여한다고 공언하는 점뿐이다.

우리는 이제 헤겔이 역사를 이루고 있다고 생각하는 진보의 단계들을 검토하지 않으면 안 되겠다. 이 점에서도 그가 두 사람의 주요한 선행자로부터 영향을 받았다고 하는 표적이 나타난다. 칸트로부터 그는 철학적 역사는 개인들보다 더 큰 어떤 단위를 다루지 않으면 안 된다고 하는 견해를 물려받고, 헤르더를 좇아 이 단위를 여러 민족이나 국민이라고 본다. 모든 민족은 그 나름의 독특한 원리 혹은 특질을 가지고 있어서, 이것이 각 민족과 관련된 모든 현상에 있어서, 즉 "그 종교, 그 정체(政體), 그 인륜(人倫), 그 법체계, 그 습속(習俗), 더욱이 그 학문과 예술과 기술적 재능"[6]에 있어서조차도 반영되는 것이다. 그리고 모든 민족은 차례가 되면 세계사의 진보에 공헌하도록

---

6) 같은 책, pp. 66~67 [*Werke*, Bd. 12, S. 87 — 역주].

정해진 대로의 특유한 공헌을 하는 것이다. 일단 한 민족의 전성기가
돌아오면—그것은 단 한번밖에 돌아오지 않지만—다른 모든 민족은
그 민족에게 길을 비켜 주지 않으면 안 된다. 왜냐하면 그러한 특정
한 시기에는 다른 모든 민족을 제외한 그 민족만이 세계 정신의 선택
된 담지자(擔持者)이기 때문이다.[7]

　그리하여 우리는 역사에의 철학적 접근에 의하여 (1) 역사의 내용을
이루고 있는 희곡의 **주제와**, (2) 이 희곡이 여러 막으로 나누어진다고
하는 사실을 파악하게 된다. 우리가 여기서 더 나아갈 수 있을까?
여기에서 헤겔은 잠시 신중을 기하여 이렇게 말한다.[8] "일정한 특수
성이 실제로 한 민족의 특유한 원리를 이루고 있다는 것은, 경험적으
로 파악되고 역사적으로 증명되지 않으면 안 되는 측면이다." 앞에서
보았듯이 철학은 경험의 세부를 예측할 수 있다고 공언하는 것은 아
니다. 그러나 철학은 그래도 역시 경험의 세부에 관해서 우리에게 알
려 줄 것이 있는 것 같다. 왜냐하면 뒤의 구절은 바로 이렇게 이어지
기 때문이다. "이러한 목적을 수행하기 위해서는, 숙련된 추상의 능
력뿐만 아니라 이미 이념의 숙지가 전제된다." 그리고 《법철학》(*Philo-
sophy of Right*)[9]에서는 《강의》의 내용이 요약된 형태로 선취(先取)되어
있는데, 그곳에는 역사적 과정의 주요 단계가 수로 넷이 아니면 안
된다(경험적 탐구가 확증하는 "세계사"의 네 영역, 즉 동양, 그리스,
로마, 게르만의 영역에 상응하여)는 것을 밝힐 뿐만 아니라, 더 나아   142
가서 각 단계의 주요한 특징을 선험적으로 연역하려고 하는 논의가
제시되어 있다.

　헤겔의 역사 철학에는 간략하게나마 설명하지 않으면 안 될 또 하
나의 특징이 있다. 즉 역사적 변천에 있어서의 원동력에 관한 그의
이설이 그것이다. 이 이설에 있어서도 그는 예기치 않게 칸트의 은혜
를 입고 있는 것으로 보인다. 칸트가 섭리는 역사에 있어서 그 목적

---

7) *Philosophy of Right*, § 347 참조.
8) *Lectures*, p. 67〔*Werke*, Bd. 12, S. 87—역주〕.
9) *Philosophy of Right*, § 352~353.

을 완수하기 위하여 인간성의 악한 면을 이용한다고 주장했던 것과 꼭 마찬가지로(이 책 123면 참조), 헤겔은 이성의 위대한 의도는 인간의 정열의 협력을 얻어서만 수행될 수 있다고 주장한다. 어떤 개인들, 즉 케사르나 알렉산더(Alexander)와 같은 위인들은 운명의 선택된 도구인 것이다. 그들은 각기 자기의 개인적 만족을 찾아서 그들의 목적을 추구하지만, 그렇게 할 때 그들은 그들 스스로가 예견할 수 없었던 막중한 결과를 낳는 것이다. 역사의 계획이 실현되자면, 그와 같은 인물들은 불가결하다. 왜냐하면 이념들은 의지력의 지원을 받을 때까지는 무력하기 때문이다. 헤겔은 그와 같은 인물들은 따라서 보통의 도덕적 기준에 의해서 평가되어서는 안 된다고 부언한다.

> 그와 같은 인물들은 다른 중대한 관심사를, 아니 신성한 관심사조차도 경솔하게 다루는 경우도 있다. 이러한 태도는 물론 도덕적 비난을 받게 마련이다. 그러나 그와 같은 위인은 그가 나아가는 길에서 많은 무구(無垢)한 꽃들을 짓밟고, 많은 사물을 파괴하지 않을 수 없는 것이다. [10]

적어도 이러한 위인들의 경우에는, 그들 스스로가 충분히 의식하지 못하고 있는 목적이 다른 경우라면 반대해야 할 수단을 정당화해 주는 것이다.

헤겔의 이설의 이러한 결론과 또 다른 부분들이 보여주는 냉소적인 성질은, 이런 식으로 생각한 역사 철학이 과연 도덕적 이성의 호감을 살 수 있는가 하는 문제를 불러일으킨다. 이것은 헤겔 자신이 매우 민감하게 생각했던 점이다. 왜냐하면 그에게도 다른 사람들과 마찬가지로 역사의 합리성을 증명한다는 것은 사건의 과정을 지적으로 설명하는 것일 뿐만 아니라, 그것을 도덕적으로 정당화하는 것이기도 하기 때문이다. 그가 이러한 난문을 다룬 또는 다루고자 시도한 주된

---

10) *Lectures*, p. 34 [*Werke*, Bd. 12, S. 49—역주].

방법은 참된 인륜적 단위는 고립된 개인이 아니라 "도덕적 유기체",
즉 개인이 그 안에서 성장한 국가 혹은 사회라는 점과, 또 국가의 요
구가 개인의 요구에 우선하지 않으면 안 된다고 하는 점을 입증하는
것이었다. 개인은 "전체"의 이익을 위하여 죽어야 한다는 것은 그에
게는 도덕적으로 무도(無道)하다고는 생각되지 않는다. 그리고 만일
이로써 양심이 가책을 받는 많은 일들도 결국 용서를 받는다고 하는
말이 나오면, 그는 개인의 양심이 이러한 문제에 있어서의 최고의 공
소원(控訴院)이라는 것은 자명한 일은 아니라고 대답한다. 양심의 도
덕은 사회의 복리 위에 기초를 둔 인륜과 실제로 대치되지 않으면 안
된다. 그리하여 우리가 그러한 인륜의 입장을 채용하여 사상(事象)을
긴 안목으로 본다면, 전에는 비난할 만한 것으로 보였던 많은 일이
꼭 적절한 일로 보이게 될 것이다.[11]

143

　헤겔의 자유의 개념은 이러한 "인륜성"의 이설에 비추어서 해석되
지 않으면 안 된다는 것을 부언해 두는 것이 좋을 것이다. 현저하게
반자유주의적인 정치적 견해를 가졌던 사람이 자유의 실현을 향한 진
보를 역사의 목표로 삼았었다는 것은 확실히 역설적인 일이다. 그러
나 헤겔의 "자유"가 한갓된 속박의 결여를 의미했던 것은 분명히 아
니다. 즉 그는 자연권의 이설을 강력히 거부했던 것이다. 140면에
인용된 난해한 구절은 자유로운 것을 자제적(自制的)인 것이나 자족적
인 것과 동일시하려는 그의 경향을 보여주고 있거니와, 그는 이러한
조건이 개인에 있어서가 아니라 사회에 있어서 충족된다는 것을 알았
던 것이다. 그러므로 역사의 움직임의 목표가 되었던 자유는 전체로

---

11) Hegel은 인륜에 관한 이러한 견해를 그의 철학적 경력의 초기에 전
　　개하였다. 1802년에 Schelling의 *Critical Journal of Philosophy*에 기
　　고한 자연법에 관한 논문을 참조. Bradley는 *Ethical Studies*(1876)에
　　수록된 "My Station and its Duties"라는 그의 유명한 논의를 위하여
　　이 논문에 광범하게 의지하였다. 〔문제의 논문은 Hegel이 *Kritisches
　　Journal der Philosophie*에 기고했던 Über die wissenschaftlichen Behan-
　　dlungsarten des Naturrechts, seine Stelle in der praktischen Philosophie
　　und sein Verhätnis zu den positiven Rechtswissenschaften이다—역
　　주.〕

서의 공동체의 자유였고, 따라서 그러한 자유의 요건은 개개의 시민
들에게는 외적으로 강요된 것이라고 하는 인상을 줄 수도 있었다(물
론 그래서는 안 되지만). 그러나 헤겔의 경우 개인과 사회와의 대립
을 너무 지나치게 강조한다면, 그것은 잘못일 것이다. 그 성원들에게
행동의 단조로운 획일성을 강요하는 사회는 완전한 방종이 판치는 사
회보다 더 나을 것이 없다고 헤겔에게는 생각되었을 것이기 때문이
다. 여기에서도 다른 곳에서와 마찬가지로, 그의 이상은 다양 속에서
의 통일이요, 그 성원들 속에서 자기를 실현한 전체, 그 성원들로부
터 유리된 것으로 생각될 수 없는 하나의 전체였던 것이다.

4. 헤겔 이론의 비판

　이러한 견해들 중의 어떤 것은 오늘날에도 놀랄 만한 파문을 던지
고 있어서 그 이론 전체의 공평한 비판을 쉽지 않게 만든다. 그럼에
도 불구하고 우리는 오늘날에도 헤겔의 이름을 감싸고 있는 감동의
안개를 뚫고 나아가서, 그의 견해를 그 공과(功過)에 따라 평가하려
고 시도하지 않을 수 없다.

　헤겔 자신이 역사의 연구에 실질적 공헌을 했다는 것은 의심의 여
144　지가 없다. 그는 철학사를 맨 먼저 쓴 사람들 중의 한 사람이었으며,
이와 관련된 그의 저술은 그의 후계자들에게 강력한 영향을 미쳤다.
더욱이 그는 그의 저술의 곳곳에서 현재를 이해하기 위해서는 과거가
중요하다는 것을 일깨워 주고 있거니와, 이러한 현재의 이해는 대부
분의 18세기 철학자의 사상에는 전적으로 혹은 대체로 결여되어 있는
것이다. 비록 헤겔 학파는 19세기 동안 자연 과학의 발전에는 거의
또는 전혀 영향을 주지 못했지만, 그 시기의 사회 연구의 수행에는
상당한 자극을 주었던 것이 확실하다.

　그러나 설사 헤겔이 역사 철학을 주제로 아무 것도 쓰지 않았더라
도, 이러한 모든 일은 성립했을지도 모른다. 과연 이 분야의 그의 저

작이 하겠다고 한 일을, 다시 말하면 역사가 전에는 이해 가능하게
된 일이 없었으므로 이제 역사를 이해 가능하게 만든다고 하는 일을
실제로 했다고 주장할 수 있을 것인가?

　전문적인 역사가들의 반응으로 판단한다면, 이 물음에 대한 알맞는
대답은 "아니오"라고 생각될 것이다. 그들에게는 헤겔류의 역사 철학
은, 그리고 역사 철학에 관해서라면, 모든 종류의 사변적 역사 철학
은 거의 또는 전혀 흥미가 없는 것이다. 그들은 그와 같은 저서를 주
목하는 경우라도, 그것들을 현실적인 사건 과정에 미리 생각해 둔 유
형을 뒤집어 씌우려고 하는 경박한 시도라고 간주한다. 그들 자신이
역사에서 찾고자 하는 이해 가능성은 이러한 이론들이 제시한다고 공
언하는 유의 이해 가능성이 아닌 것이다.

　그러나 이런 의견이 문제를 아주 쉽게 해결하는 것으로 생각한다
면, 그것은 헤겔 자신이 그런 반대는 어느 정도까지는 예상했었다는
이유만으로도 부당한 일일 것이다. 앞에서 보았듯이, 헤겔은 역사 철
학을 구성하려는 자신의 기도를 과거에 관한 사실들을 확증하려는 보
통의 역사가들의 기도와는 구별하려고 하였고, 따라서 그는 자신의
목적이 역사가들에게 그다지 호소력을 가지지 못한다는 말을 들어도
놀라움을 표시하지는 않았을 것이다. 오히려 그는 현실적 사건 과정
위에 미리 마련된 유형을 뒤집어 씌우려고 한다는 비난을 틀림없이
물리치고, 자기의 이론에는 선험적 요소와 경험적 요소가 모두 들어
있으며, 이것들은 어느 하나가 다른 것을 대신할 수 없는 것이라고
주장하였을 것이다.

　우리는 이제 이러한 항변이 타당한가를 따져 보지 않으면 안 된다.
첫째 점에 관해서는 이 항변은 틀림없이 성공적이다. 나는 이 장과
바로 앞 장을 통해 시종 사변적 역사 철학은 형이상학적·도덕적 맥
락 안에서 일어났고 추구되었다는 것을 강조하려고 노력하였다. 앞에
서도 보았듯이, 이러한 연구에 종사하는 사람들은 전체로서의 역사적
과정의 배후에 숨어 있는 의미나 핵심 또는 그 합리성을 점쳐 알아내
려고 몰두하였으며, 따라서 그들이 이 문제를 다루게 된 것은 주로

145

이 문제가 형이상학과 관련을 가지기 때문이었다. 그리고 그들이 "의미"나 "핵심" 등 막연한 말로 그 밖의 무엇을 의도했든, 그들은 반드시 그 말의 내포 속에 도덕적 요소를 포함시켰던 것이다. 역사는 이해 가능하다는 것이 밝혀져야 한다고 요구할 때, 그들은 역사를 숙고해 보면 우리는 도덕적으로도 만족하게 되어야 한다든가, 또는 적어도 도덕적으로도 불만스럽지는 않게 되어야 한다는 것을 요구하고 있는 것이다. 이것은 분명히 평범한 역사가들에게는 매우 소원한 목표요, 평범한 역사가가 역사가로서 전혀 관여하지 않는 목표인 것이다.

그러나 이 점에 동의한다고 해도, 대부분의 전문적 역사가들에게는 사변적 역사 철학에 관한 그들의 의심이 사라지지 않을 것이다. 그들은 여전히 헤겔과 같은 저술가를 의심스럽게 볼 것이며, 그의 저작에는 근본적으로 잘못된 어떤 것, 그 저작이 보여주고 있는 도덕적·형이상학적 왜곡을 전혀 떠나서도 역사가들과는 소원한 어떤 것이 있다고 생각할 것이다. 역사가들은 그들의 염려가 정당하다는 것을 입증해 보라는 요구를 받게 되면, 그들은 아마도 다시 "이해 가능한"과 같은 말이 애매하다는 점을 붙잡고 늘어질 것이다. 상상하건대 역사가들은 이렇게 주장할 것이다. "사변적 역사 철학자들은 역사가 이해 가능한 과정임을 밝히려고 하면서, 우리들 역사가들과는 무관한 어떤 도덕적 요구를 하고 있었을 뿐만 아니라, 그들은 역사에 있어서 우리들 경험적 탐구자들이 탐지할 수 없는 유형이나 율동을 발견한다고 공언하고 있었던 것이다. 그러나 그들의 공언은 사실은 기만이었다. 왜냐하면 그들은 추상적 논리의 고찰들에, 즉 그들의 고유한 영역에서는 타당할 수도 있고 타당하지 않을 수도 있으나 역사 그 자체와는 분명히 아무 관련도 없는 고찰들에 의지함으로써 소기의 목적을 달성한 것처럼 보일 수 있었던 데 지나지 않기 때문이다."

여기에서 우리는 헤겔의 입장과 같은 입장의 중심적 곤란성에 부딪치게 되는 것이다. 《강의》의 첫머리 부근의 한 구절은 이러하다.

철학이 가지고 있는 유일한 사상은 이성이 세계를 지배한다고 하는,

따라서 세계사도 이성적 과정이라고 하는 단순한 이성의 사상이다. [12]

그러나 여기에서 "이성적 과정"이란 무엇을 의미하는 것인가? 우리는 그와 같은 과정을 이성이 설명할 수 있거나 이해 가능하게 할 수 있는 과정이라는 뜻으로 해석하는 데 동의할지도 모른다. 그러나 그 경우에는 역사에 있어서 설명한다거나 또는 이해 가능하게 한다는 것이 무엇인가 하는 의문이 일어난다. 헤겔과 그의 비판자들은 이 의문에 달리 대답하고 있는 것같이 보인다. 146

전문적 역사가가 역사적 과정을 설명한다거나 이해 가능하게 한다고 말하는 경우 그가 염두에 두고 있는 것은, 우리가 앞 장에서 분석하려고 했던 절차들—역사적 과정을 이루는 사건들을 "적절한 개념들"에 의해서 "총괄"하는 것, 역사적 과정에 있어서 일반적 법칙들(심리학, 사회학 등의 법칙들이든 또는 더욱 잘 알려져 있는 상식의 통칙들이든)의 작용을 조사하는 것 등—인 것이다. 만일 문제의 과정이 이러한 절차들이나 논박을 잘하는 역사가들이 시인하는 다른 어떤 절차들에 맞아 들어가는 것이 판명되면, 그 과정은 설명될 수 있고 이해될 수 있게 된다고 하는 것이다. 일단 이러한 절차들이 적용되고 나서도 질문자가 역사가에게 그 이상의 설명을 요구한다면, 그 질문자는 단지 같은 말을 되풀이해서 듣게 될 것이다. 즉 그 과정의 근원이 더 철저히 추구될 것이며, 그 세부가 더욱 상세히 탐구될 것이다. 어느 경우에나 역사가가 자신은 우리가 앞에서 문제의 사건들의 유의미한 이야기라고 불렀던 것을 구성할 수 있다고 생각하는 때에 그 과정은 설명되었다고 말할 수 있게 될 것이다.

그런데 헤겔이 세계사는 이성적 과정이라고 말할 경우에는, 그는 틀림없이 이 과정을 이루고 있는 사건들에 관해서 유의미한 이야기(토막난 연대기와는 다른)를 구성한다는 것은 가능한 일일 것이라고 하는 의미를 함축하고 있는 것이다. 그러나 그는 그 이상의 것도, 즉

---

12) *Dass es also auch in der Weltgeschichte vernünftig zugegangen sei*: Sibree 의 번역본, p. 9 〔*Werke*, Bd. 12, S. 20— 역주〕.

우리는 적어도 원리적으로는 일어난 일의 **원인**에 관해서뿐만 아니라 그 근거에 관해서도 무엇인가를 말할 수 있으리라고 하는 것도 함축하고 있는 듯이 보인다. 우리가 역사적 사건 속에서 작용하고 있는 여러 가지 인과적 요인들을 가려내서 그 중요성을 평가할 경우에 우리는 그 역사적 사건을 설명하는 것이라고 하는 생각은, 그에게는 만족을 주지 못할 것이다. 즉 그는 그 이상의 설명을 원했던 것이다. 그리고 이 맥락에서 "그 이상"이라고 하는 것은 먼저와 똑같은 종류의 더 많은 설명을 뜻하는 것은 아니었다. 그를 안타깝게 만든 것은 전문적 역사가들이 하는 이야기가 불완전하다는 것이 아니라, 그 이야기가 본질적으로 피상적이라고 하는 점이었다. 진정한 의미에서 역사를 이해하기 위해서는 우리는 경험적 입장을 전적으로 넘어서서, 전혀 다른 방법으로 역사에 접근할 필요가 있었던 것이다.

만일 우리가 헤겔은 전문적 역사가들이 묻는 것과는 다른 의미에서 역사에 관하여 "왜?"라는 물음을 묻고 있다고 말한다면, 아니 오히려 그는 먼저 뚜렷한 역사적 의미 또는 의미들에서 "왜?"를 묻고 나서, 다음에 자기 나름의 그 이상의 의미에서 또 묻는다고 말한다면, 이 점은 아마 더욱 명확해질 것이다. 그가 그렇게 묻는다는 것은, 역 147 사적 현상의 표면의 배후로 뚫고 들어가 역사적 현상의 밑바닥에 놓여 있다고 그가 확신하고 있는 실재를 간파하려는 그의 욕망과 결부될 수 있는 일이다. 이것은 우리가 보통의 역사가들에게서는 기대할 수 없는 업적이니, 그들의 사유는, 헤겔의 상투어를 빈다면 "오성의 수준에서 움직이는 것이다." 그러나 이것은 분명히 철학자의 직분에 속하는 것이므로 철학자는 이념의 인식을 자유로이 사용하여 사실들에 대한 통찰을 심화하는 것이다.

그러나 이것이 바로 헤겔이 추구하고 있는 것이라면, 어떻게 해서 그는 구체적 성과에 도달하려고 시도할 수 있었는가? 내가 아는 한, 그에게는 두 가지 길만이 열려 있었다. 하나는 역사의 세부를 그의 논리학의 범주들로부터 연역해 보는 것이다. 만일 역사가 추상적인 이념의 변증법에 의해서 한정된다는 것이 밝혀질 수 있다면, 역사는 헤겔이 사용한 그 말의 강한 의미에 있어서 하나의 이성적 과정일 것이다. 그러나 우리가 이미 보았듯이, 헤겔 자신이 그와 같은 연역을 수행할 수 있다는 가능성을 망상하고 있지는 않았었다. 그러므로 그는 다른 방도를 택했는데, 이 방도는 역사의 세부가 아니라 그 개요, 즉 그 기간(基幹)이 되는 줄거리만을 순수한 철학적 전제로부터 연역하려고 하는 것이었다.

그러나 이러한 대안을 선택할 때에, 그는 그가 그다지도 맹렬하게 거부하려고 하는 선험주의라는 바로 그 비난을 자신이 받게 되는 것이 아닌가? 그리고 실제로 그는 이 비난에 대하여 납득이 가는 대답을 할 수가 있는가? 헤겔은 어떤 역사적 사실도 알기 이전에, 자신이 해명하고 있듯이, 역사가 밟지 않으면 안 되는 과정에 관해서 많은 것을 알고 있다는 것은 확실한 일이 아닌가? 예를 들면 그는 역사가 자유의 점차적 실현임에 틀림없다는 것을 알고, 이 과정이 네 개의 다른 단계를 거쳐서 완성되지 않으면 안 된다는 것까지도 알고 있다. 만일 필요하다면, 그는 이러한 명제들을 철학적으로 증명하기도 했을 것이다. 이러한 것이 경험을 떠나서 역사의 과정을 규정하는 것이 아니라면 그것이 무엇인지 알기는 어려운 일이다.

헤겔은 이 비판은 잘못 생각된 것이라고, 즉 이 비판은 "오성"의 입장을 취하여 단지 추론적일 뿐만 아니라 직관력도 가지고 있는 능력인 철학적 이성의 특수한 성질을 고려하지 못하는 것이라고 답변할지도 모른다. 그러나 우리가 다시 묻건대, 이러한 직관력은 어떻게 그리고 어디에서 발휘된다고 생각되는 것인가? 철학자는 경험적 사실들을 지성을 가지고 조사해 봄으로써 이 경험적 사실들과 필연적으로 합치하는 유형을 인지할 수 있다고 생각되는 것인가? (예를 들면 헤르더가 그렇게 생각했음직하다.) 만일 그렇다면, 왜 전문적 역사가들도 그런 유형을 인지하지 못하는가 하는 문제가 발생한다. 그리고 만일 이에 대해 역사가들은 헤겔의 논리학을 알고 있지 못하기 때문이라고 하는 대답이 나온다면, 우리는 논리학은 그 외관으로 보아 그 비판자들이 주장하는 대로 거의 **부자연스러운 해결책**(deus ex machina) 148

204

인 것처럼 보인다고 논평하지 않을 수 없다.

이와 관련해서 좀더 고려해 둘 만한 점이 있다. 역사는 헤겔 자신
이 봉직했던 프러시아 국가에서 절정에 달했기 때문에, 헤겔은 역사
를 이성적 과정이라고 생각하였다고 하는 말을 때때로 듣게 된다. 이
것은 조롱치고는 값싼 조롱이요, 헤겔의 결함에 들어가지도 않는 편
협한 지방색을 그에게 귀속시키는 짓이다. 13) 그러나 하나의 중대한
난점이 이 비판의 배후에 숨어 있다. 헤겔은 세계사의 줄거리를 우리
에게 이야기해 준다고 공언하며, 이 문제에 관한 그의 설명이 나쁜
의미에서 사변적이라는 것을 부인한다. 그러나 역사는 완결되지 않은
과정인데 어떻게 하여 역사의 전체에 걸친 줄거리가 경험적으로 발견
될 수 있다는 것인가? 기껏해야 우리는, 칸트와 더불어 가능한 한에
있어서의 경험만이 순수 이성이 시사하는 역사의 해석을 확증한다고
말할 수 있을 것이다. 그러나 우리가 그렇게 말한다면 우리는 역사의
목표를 미래에 밀어 둘 줄 알아야 할 것이며, 헤겔이 한 것처럼 역사
를 현재에서 완결되는 것으로 보아서는 안 될 것이다. 헤겔 자신이
《강의》의 한 구절에서 다음과 같이 말하고 있다는 것을 주의해 둔다는
것은 흥미있는 일이다. "아메리카는 미래의 나라요, 그곳에서는 앞으
로 다가올 시대에 세계사적 중요성이 드러나게 될 것이다."14) 그러나
어떻게 하여 이 시대가 그의 계획에 맞아 들어갈 것인가는 분명치가
않다.

이 점에서 헤겔의 역사 철학은 칸트의 역사 철학과 거의 같은 반대
를 받고 있는 것 같다. 또 과연 냉소적인 사람은, 헤겔의 역사 철학
이 제시하는 것은 칸트의 명제를 정교하게 다듬고, 그것을 훨씬더 심
오하게 보이도록 만드는 이론적 장치로 꾸민 것이나 거의 다름없다고
말할지도 모른다. 헤겔은 확실히 칸트보다는 훨씬더 역사적 기질을

---

13) 그에게 있어서 세계사의 네째 단계를 이루는 것이 게르만의 세계
(die germanische Welt)요, 독일의 세계 (die deutsche Welt)가 아니
라고 하는 것은 주의해야 한다.
14) Sibree, p. 90 〔Werke, Bd. 12, S. 114—역주〕.

지닌 사람이었으며, 《역사 철학》(*Philosophy of History*)은 틀림없이 칸트가 그 주제에 관해서 쓸 수 있었던 어떤 저서보다도 더 흥미있는 저서이다. 그러나 두 사람은 원리적으로는 여전히 일치한다. 우리는 이 두 사람에 관해서, 그들은 철학이 역사의 이해에 대해서 기여할 수 있는 것이 무엇이라고 생각하는가 하는 물음을 묻게 된다. 그리고 우리는 그 누구로부터도 만족한 대답을 얻지 못한다. 우리가 철학이 역사에 미치는 직접적인 영향을 주의해서 보면, 단지 두 가지 대답만이 가능한 것같이 보인다. 그 하나는 너무나 명백해서 흥미가 없고, 다른 하나는 너무나 엉뚱해서 믿어지지가 않는다. 첫째 대답은, 철학은 역사가들에게 만일 그들이 충분히 오래 그리고 힘껏 노력하여 다행히도 적절한 증거를 발견하면, 그들은 마침내 어떤 역사적 상황의 의미를 이해하게 될 것이라고 하는 것을 확신시켜 준다고 하는 것이다. 149 이것은 철학이 역사가들에게 말해 주거나 말해 주지 않거나 모든 역사가들이 받아들이는 "진리"이다. 둘째 대답은, 우리가 역사의 사실들을 조사해 보면, 그 사실들이 순수 이성이 모든 경험을 떠나서 만들어 낼 수 있는 유형에 합치한다는 것을 우리는 알게 될 것이라고 하는 것이다. 이것은 어떠한 진정한 역사가도 믿지 않을 제언이다. 칸트도 헤겔도 셋째의 어떤 다른 대답을 분명히 밝히지는 않고 있다.

  문제를 이런 식으로 이야기하는 것은 잘못된 일이다. 왜냐하면 그것은 필연적으로 사변적 역사 철학에 대한 연구 전체는 적어도 이론적 관점에서 보면 환상적인 시간 낭비였으니, 예를 들면 이집트의 대(大) 피라밋을 측정함으로써 미래를 예언하려는 노력과 똑같은 수준에 있었다는 것을 의미하는 것으로 이해될 것이기 때문이다. 그러나 역사 철학의 연구는 결코 그런 것이 아니었다. 엄격한 이분법은 고지식한 사람들이 잘 받아들이는 것인데, 온건한 사람들이 해나가는 과학이라고 하는 유용한 활동과 사기한들과 바보들이 해나가는 형이상학이라고 하는 무용한 활동을 나누는 엄격한 이분법은, 다른 곳에서와 마찬가지로 여기에서도 그대로 적용될 수가 없다. 사실은 우리가 검토해 온 사변이 간접적으로 역사의 연구에 유익한 영향을 주었던 것이다. 역사적 사실들을 하나의 조리있고 이해 가능한 전체로서 나타내어야 할 필요를 강조함으로써, 사변은 18세기말에는 아직 대체로 역사로 통용되고 있던 엉성한 연대기와 공허한 도덕적 해석에 대한 불만을 불러일으켰으며, 그리하여 19세기 동안에는 역사 문제의 장족의 발전에 실질적으로 공헌하여, 이때 우리가 오늘날 역사학이라고 알고 있는 복잡하고도 비판적인 연구가 드디어 형성되었던 것이다. 그리고 사변적 역사 철학자들의, 특히 헤겔의 사상 중 어떤 것은 깊은 통찰을 보여주었고, 그 후의 역사가들은 그것을 이용하게 되었다. 단 하나의 예만을 든다면, 어떤 특정한 시대의 특정한 국민의 역사를 연구할 때, 우리가 하나의 국민 정신이라는 개념에서 전에는 완전히 유리되어 있다고 생각했던 현상들을 결합시켜 주는 연결체를 발견할 수 있다고 하는 착상은, 경험적 가설의 근원이 얼마나 풍요한 것인가를 입증하는 것이었으며, 그리하여 역사의 어두운 곳에 참된 빛을 던져 주었다고 할 수 있을 것이다.

따라서 사변적 역사 철학에 대한 우리의 판결은 착잡한 것일 수밖에 없다. 어떤 점에서는, 우리는 사변적 역사 철학을 전적으로 잘못 생각된 것이라고 특징짓지 않을 수 없으니, 이는 그 기획이 역사를 외부로부터 이해하려는 시도와 다름없기 때문이다. 그러나 이것은 크로체가 오래 전에 천명한 것처럼,[15] 전문적 역사가들에게는 아무런 호소력도 가질 수 없는 시도이다. 그 반면 우리가 방금 밝히려고 한 것처럼 사변적 역사 철학의 가장 유명한 대표자들은 확실히 역사 연구의 발전에 중요한 간접적 공헌을 하였던 것이다. 이러한 유형의 철학적 사유에도 어떤 미래가 있는가 어떤가 하는 것은 별개의 문제요, 그것은 역사가 밟아 온 과정을 누군가가 그럴 듯하게 도덕적으로 정당화할 수 있는 어떠한 기회가 있는가의 여부에 좌우되는 문제인 것 같이 보일 것이다. 이 점에 관해서는 우리는 다만, 비록 그와 같은 정당화를 꾀하려는 종래의 모든 시도—예를 들면 칸트의 시도나 헤

---

15) *Theory and History of Historiography*, 제 IV 장.

겔의 시도—는 특수한 변명의 사례들이라고 하는 혹평을 받아 오기
는 했지만, 이러한 혹평이 일반적 계획을 포기하게 하지는 않았다는
것만을 말해 둘 수 있을 뿐이다. 이런 유의 역사 철학은 계속해서 나
타날 것이며, 악이 형이상학적 문제를 구성하는 것으로 간주되는 한
아마도 도움이 될 것이다.

이 마지막 장에서 나는 헤겔 이후의 세 저술가에 관하여 간략하게 해설하려고 하는데, 그들의 이론은 우리가 방금 검토한 이론들과 다소 유사한 데가 있다. 문제의 저술가들이란 오귀스트 콩트, 칼 마르크스, 아놀드 토인비이다. 나는 이 세 사람 사이에 매우 밀접한 어떤 관계가 있다고는 주장하지 않으며, 따라서 다음의 절(節)들은 어느 정도 맥락이 없어 보일지도 모른다. 그런 경우에는 독자는 다음 절들을 실제로 있는 그대로, 즉 이 책의 후반부에 대한 일련의 독립된 부록으로 취급하는 것이 좋을 것이다.

1. 콩트와 실증주의 운동

우리는 제 7 장에서, 헤겔이 어떻게 하여 자기의 철학을 계몽주의의 추상적 합리주의—과학적 세계관—와 이에 대립하여 전개된 낭만주의적 감정 철학을 종합하는 것으로 생각했는가를 보았다. 1831년 헤겔이 죽자 매우 짧은 기간 동안에 이 종합은 붕괴되고, 이로 인해 18

세기의 과학 만능에 대한 신뢰가 부활되었으며, 특히 과학적 방법을 인간사(人間事)의 연구에 적용하려는 요구가 되살아났다. 새로운 과학적 철학은 실증주의라는 이름으로 세상에 나타났는데, 실증주의의 명백한 목적은 단순한 미신이나 근거없는 추측으로부터 진정한 지식을 분리해 내고, 종래 형이상학적 사변의 영역이라고 여겨졌던 주제152 들을 건전한 과학적 토대 위에서 진술하는 방법을 제시하는 데 있었다. 19세기의 역사 서술에 주목할 만한 영향을 미친 이 철학의 주요한 설계가는 프랑스의 저술가 오귀스트 콩트였다.

실증주의자들과 사변적 역사 철학자들은 "경험적" 역사로 만족하지 않는다는 점과, 역사의 단편적이고 지리 멸렬한 사실들의 "의미"가 이해되어야 한다고 요구한다는 점에서 일치하였다. 그러나 그들은 다음의 점에서는 의견이 갈라졌다. 즉 역사에의 실마리는 헤겔과 같은 저술가에게는 이념의 변증법에서 찾아져야 했던 데 반해, 실증주의자들에게는 역사적 변화를 지배하는 법칙들을 발견하는 데 있었고, 이러한 발견은 콩트가 "사회 역학"(社會力學)이라고 불렀던 새로운 과학을 만들어 냄으로써 달성될 수 있었다. 이러한 성과에 도달하기 위해 따라야 할 방법은 경험적이라고 공언되었다. 즉 우리는 여러 가지 역사적 상황들을 연구함으로써 그 상황들이 예증하는 일반적 법칙을 찾아내게 되는 것이다. 그러나 초기의 실증주의자들의 정신 속에서 선험적 이론화가 이러한 경험적 접근법과 얼마나 많이 혼합되었는가 하는 것은 콩트 자신의 경우가 잘 예시해 주고 있다.

1822년, 24세의 젊은 나이였던 콩트는 자기에게는 획기적이라고 여겨진 발견을 하였다. 즉 인간 정신은 현상을 성찰할 때 세 단계를 자연스럽게 통과하고 있다는 것이다. 첫째 단계, 즉 "신학적" 단계에서는 인간 정신은 사건들을 여러 통제적 신령(統制的 神靈)들 혹은 단 하나의 통제적 신령의 작용에 귀속시켜 설명한다. 둘째의 "형이상학적" 단계에서는 인간 정신은 이 신령들을 중력과 같은 추상적 힘으로 바꾸어 놓고 신을 비인격적 자연으로 대치한다. 셋째의 "실증적" 혹은 "과학적" 단계에서는 이러한 허구들은 사라지고, 사람들은 현상들을 일어나는 그대로 기록하고, 현상들의 결합의 법칙을 진술하는 것으로 만족한다.

콩트가 역사의 사실들의 "의미를 이해"하려고 할 때 의지한 것은, 바로 이 3단계의 법칙이라고 불리어지는 것이었다. 역사가 이해 가능한 것은, 우리가 역사에서 이 3단계의 법칙을 뚜렷하게 발견하기 때문이라고 그는 믿었다.

따라서 알고 보면 콩트는 인간의 역사(그보다는 오히려 유럽의 역사)를 이 3단계가 분명히 추적될 수 있는 하나의 과정으로서 제시하고 있는 것이다. 처음에 오는 것은 장구한 신학적 시대인데, 이것은 원시적 야만 시대는 물론이요 그리스-로마 문명과 중세기까지 포괄하며, 주물 숭배(物活論)로부터 다신교를 거쳐 일신교로의 점진적 이행을 특징으로 한다. 다음에 문예 부흥, 과학의 발흥 및 산업의 발달과 더불어 형이상학적 단계가 따랐다. 이것은 구제도의 붕괴로 특징지어지고, 프랑스 혁명에서 절정에 달한 비판주의와 부정적 사고의 시대이다. 마지막으로 우리는 실증주의의 시대로 옮겨 오는데, 이 시대는 아직도 중세 그리스도교의 많은 특징을 되살리려고 하는 단지 부분적으로만 완성된 시대이지만, 그러나 이 시대가 의존하는 것은 과학이요 미신이 아니며, 이 시대의 최고 사제는 교황이 아니라 오귀스트 콩트라고 하는 중요한 차이가 있다.

이 이상의 설명을 늘어 놓을 필요는 없다. 콩트에 있어서는, 적어도 헤겔에 있어서와 마찬가지로, 역사의 과정이 역사 외적 이유에 의해 결정된다는 것을 주의하는 것으로 충분하다. 사실들이 하나의 고정된 틀에 억지로 맞추어지고 있는데, 이 틀은 과학적이라기보다는 오히려 형이상학적이라고 부르는 것이 마땅하며, 또 콩트의 개인적 편견을 조정하기 위해서 만들어졌다는 것을 어렵지 않게 알 수 있다. 이러한 것이 전문적 역사가들에게 전혀 호소력을 가질 수 없음은, 가장 형이상학적인 종류의 사변적 역사 철학과 다를 바가 없다.

그럼에도 불구하고, 이미 지적한 바와 같이 실증주의 운동은 비록 이 운동의 창시자에게는 그다지 환영받지 못한 방향에서이기는 했지만, 19세기의 역사 연구의 발전에 실질적인 영향을 미쳤다. 이러한 영향은 이 운동이 역사적 기록의 조사와 역사적 자료의 축적을 촉진한 데 있었으며, 이것이 19세기 역사 서술의 매우 뚜렷한 하나의 특징이었다. 역사를 과학화한다는 실증주의의 이상에 감명을 받아, 역사가들은 이 이상의 성취를 향한 제일보라고 생각되었던 일, 즉 일어난 일을 정밀하게 확인하는 일에 큰 흥미를 가지고 착수하였다. 그리고 이것은 결국 많은 원천적 자료(예를 들면 라틴과 그리스의 비명(碑銘)의 수집), 비판적으로 편찬된 원전들, 그 밖에 그들의 후계자들에게 굉장히 가치있게 된 기본 자료들을 풍부하게 수집해서 쌓아 놓는 것으로 끝났다. 실증주의자들에게는 불행한 일이지만 나머지 계획, 즉 사실들로부터 사회적 변화를 지배하는 일반적 법칙들을 이끌어 내려는 계획은 오늘날까지도 자기 연구에 문을 걸어 잠그고 있는 역사가들에게는 거의 또는 전혀 매력이 없었다.[1]

크로체가 주의한 바와 같이, 역사에 있어서의 실증주의의 운동은 형이상학적 운동을 뒤집어 놓은 것이었다. 어느 경우에 있어서나 그 기초에는 건전한 것이 있었다. 즉 개별적인 사실들에 관한 단순하고 "비과학적"인 이야기를 넘어서, 그 사실들을 서로 관련짓고 이해할 수 있게 설명하려고 하는 충동은 어디까지나 건전한 것이었다. 또 앞에서 논의한 바와 같이, 실증주의자들이 역사의 이해를 인간의 본성 일반의 이해라고 하는 보다 넓은 주제와 관련시키려고 한 것은 잘못이 아니었다. 그들이 잘못된 점은, 첫째 인간의 본성에 관한 연구를 과학적 기초 위에 놓는 일이 어렵다는 것을 지나치게 과소 평가했다는 점, 둘째 인간의 본성에 관한 연구와 다른 연구와의 관련에 관한 견해가 전체적으로 너무 단순했다는 점, 셋째 역사가들로 하여금 그들 자신의 연구를 포기하고 사회 과학자로 변신하도록 할 수 있다고 생각했다는 점이다. 그리고 그들이 이 마지막 과오를 범한 것은, 그들이 형이상학자들과 마찬가지로 역사가 하나의 자율적 학문이라는

---

1) Toynbee 교수가 다시 하나의 예외가 된다. 다음의 제3절 참조.

것을 간과하였기 때문인데, 자율적 학문은 확실히 학문의 다른 분야와 관계를 가지지만, 그렇다고 해서 그 분야들 중 어느 하나에로 해소될 수는 없는 것이다.

2. 마르크스와 사적 유물론

오늘날 콩트의 이름이 대체로 잊혀졌다면, 마르크스의 이름은 도처에서 격정을 불러일으키고 있다. 한편으로는 열렬한 동조가 있는가 하면, 다른 한편으로는 격렬한 반감이 일어나고 있어서, 그의 견해를 온당하게 평가하려는 우리의 기도는 방해받고 있다. 사실 그의 견해를 온당하게 평가한다는 것은 어느 경우에 있어서나 결코 쉬운 일이 아닌데, 이는 마르크스의 저작들이 갖는 비체계적인 성격 때문이며, 또한 그의 목표가 지적으로 견실한 이론을 만들어 내기보다는 오히려 정치적 활동을 위해 유효한 기초를 마련하는 것이었다는 사실 때문이다. 가령 칸트와 헤겔이 철학자였다고 하는 의미에서 마르크스가 철학자였다고 하는 것은 단지 부수적인 것이다. 그러나 그의 견해는 지적 도전과 아울러 도덕적 도전을 야기하는 것이니, 확실히 이 책과 같은 저술에서 논급하지 않고 남겨둘 수는 없을 것이다.

그러나 여기에서 나는 마르크스의 역사 이론에 관한 완전한 진술과 비판 따위를 기도하려고 하지는 않는다. 나는 그의 역사 이론에 대한 찬반(贊反)의 최종적 결정은 철학자에 의해서는 내려질 수 없다는 것을 밝힐 목적으로, 당시 통용되었던 다른 견해들과 그의 역사 이론과의 관계를 명시하고, 그의 역사 이론의 주장의 일반적 성격을 검토하고자 할 따름이다.

마르크스에 관한 논의는, 아무리 간략하게 한다 하더라도 헤겔과의 관계를 고찰하는 데서부터 시작하지 않으면 안 된다. 마르크스는 헤겔이 권위의 정상에 있었던 1818년에 출생하였고, 1836년에 베를린 대학에 입학하였는데, 그때는 헤겔 철학의 공적에 관한 논쟁이 아직도 맹렬하게 일고 있을 때였다. 그리하여 그가 후에는 헤겔적 관점으로부터 제아무리 떨어지게 되었다 할지라도, 헤겔주의의 어떤 요소들이 그의 사상을 항구적으로 지배하고 있었다는 것은 여전히 진실이며, 따라서 그의 사상은 헤겔주의의 요소들을 언급하지 않고서는 이해될 수가 없다.

우리는 마르크스의 역사 이론에서 특히 중요한 헤겔의 두 가지 이설(理說)에 관해서 언급하고자 한다. 첫째는 변증법이다. 여기에는 분간이 필요하다. 마르크스는 처음부터 헤겔의 형이상학의 관념론적 혹은 (보다 적절한 용어로는) 합리주의적 성격에, 즉 정확히 말해 우주가 정신의 자기 표현이라는 견해에 반대하였다. 그런 설명은 그에게는 전혀 납득되지 않았다. 그가 말하는 바로는, 헤겔은 사실들의 진상을 정확하게 뒤집어 놓았으니, 왜냐하면 (과학이 보여주었듯이) 물질이 정신에 우선하지 정신이 물질에 우선하지는 않기 때문이다.[2] 그러나 이렇게 정신의 우의를 거부했다고 해서 변증법을 거부(그것이 마땅한 일이었지만)한 것은 아니었다. 마르크스는 헤겔과 마찬가지로 변증법에 집착하였다. 실재는 정신의 자기 표현이 아니요, 사실들 속에서는 어디서나 꼭같이 변증법적 유형의 관계들이 추적될 수 있다. 변증법이 중요한 것은 그것이 사유의 본성에 부합되기 때문이 아니라 사물의 본성에 부합되기 때문이다.

둘째로, 마르크스는 비록 자기 나름으로 특이하게 견강부회하기는 했지만, 어느 한 시대의 사회 생활의 여러 국면은 유기적으로 연관되어 있다고 하는 견해를 헤겔로부터 받아들였다. 우리가 보았듯이 헤겔은 어느 한 시대에 있어서 예컨대 한 국민의 정치적·경제적 혹은 문화적 생활 사이에는 부단한 상호 작용이 있다고 주장하려고 하였다. 그리하여 그는 여러 다른 분야에서 표현되는 하나의 국민 정신 혹은 국민의 자질을 요청함으로써 이 상호 작용을 설명하였다. 여기

_____

2) 형이상학에 있어서는 Marx는 단순한 유물론자가 아니라 창발적 진화론(創發的 進化論)의 지지자이다. 창발적 진화론에 의하면 의식적 생명은 처음에는 완전히 물질적이었던 상태로부터 발전하였다.

에서 또 한번 마르크스는 헤겔의 전제는 떼어 버리고 그 결론만을 받아들였다. 헤겔이 말하는 유기적 관련은, 마르크스가 보기에는 하나의 현실적 연관이다. 그러나 우리는 이것을 설명하기 위해 국민 정신이라는 신비에 호소할 필요는 없다. 만일 우리가 사회 생활의 한 국면, 즉 경제적 국면은 그 밖의 모든 국면에 반영되는 경향을 가지고 있을 만큼 중요하며, 따라서 모든 사태는 경제에 의해서 궁극적으로 이해되지 않으면 안 된다는 것을 알게 된다면, 사회 생활의 유기적 관련은 훨씬더 설득력있게 설명된다는 것이다.

마르크스가 자기 나름으로 받아들인 헤겔의 이러한 두 가지 이설은 마르크스의 역사 이론의 본질을 형성한다. 어느 한 시대의 사회 생활의 어떤 분야의 상황을 알 수 있도록 분석하기 위해서는, 우리는 그 사회에 지배적인 경제적 조건을 참조하지 않으면 안 된다. 그리고 이 경제적 조건이 왜 이렇게 되었는가를 이해하기 위해서는, 우리는 그 것의 변증법적 발전을 고찰하지 않으면 안 된다. 일정한 생산 문제는 그 자체가 한 사회가 가질 수 있는 생산력의 상태에 의해서 제기되거 156 니와, 우리는 이러한 생산 문제를 해결해야 할 필요에 상응해서 그 사회의 경제 기구 혹은 계급 구조가 어떻게 발전하는가를 살펴보지 않으면 안 되며, 또한 생산력의 발전이 어떻게 기존의 경제 기구— "생산 관계"—를 앞질러 나가고, 그렇게 하여 근본적인 사회 변혁의 필요성을 유발하는가를 관찰하지 않으면 안 된다.

우리는 마르크스의 역사 철학을 헤겔 역사 철학의 수정판이라고 표현할 수 있으며, 양자 사이에는 확실히 표면상 많은 공통점이 있다. 헤겔은 역사를 자유의 실현을 향한 변증법적 진보라고 묘사하였으며, 그것은 또 자기 시대의 서구 문명에서 어느 정도 달성되었다고 자부하였다. 이 진보 과정에서 여러 국민들은 잇달아 등장하여, 각기 궁극 목적에 제나름의 공헌을 한다. 마르크스 역시 역사를 도덕적으로 소망스러운 목표, 즉 사실상 진정으로 자유로운 사회가 될 계급 없는 공산 사회를 향한 변증법적 진보라고 생각하였다. 물론 그는 이러한 행복한 상태의 획득을 현재보다는 오히려 그다지 멀지 않은 미래에 두기는 하였다. 그리고 역사의 무대 위의 주역은, 그가 보기로는 민중이나 국민이 아니라 경제적 계급이다. 물론 여기에서도 모두가 제각기 특별한 공헌을 했지만.

이러한 해석에서 보면 마르크스는 바로 역사의 "의미를 이해"하려는 당시의 충동에 자극되고, 앞에서 고찰한 사변 철학을 낳은 윤리적 편견에 지배되었던 그의 시대의 소산으로 생각된다. 이것이 전적으로 그릇된 해석이 아니라고 하는 것을 나는 이미 밝혔다고 믿는다. 즉 이 문제에 있어서 마르크스와 그의 선행자들 사이에는 진정한 연속성이 있다. 그렇지만 만일 이러한 연속성이 이 문제에 관한 완전한 설명이 되는 것으로 제시된다면, 이 연속성도 역시 매우 오해를 일으키기 쉬운 것이다.

왜냐하면 비록 마르크스는 중요한 여러 가지 점에서 확실히 헤겔의 계승자이기는 하지만, 그도 역시 매우 상이한 사상의 전통과 많은 것을 공유하고 있기 때문이다. 나는 실천적 문제에 있어서는 벤덤 학파에 의해서 대표되고, 이론의 영역에서는 콩트와 실증주의자들에 의해 대표되는 18세기의 백과 전서파의 과학적 전통을 두고 하는 말이다. 마르크스 자신은 이 두 파를 모두 경멸하기만 했지만, 이것이 그들에 대한 마르크스의 친근성(나는 이것을 그가 입은 은혜라고는 말하지 않는다)을 숨길 수 있는 것은 아닐 것이다. 콩트와 마찬가지로 그는 역사의 연구를 과학적 기초 위에 놓고자 했는데, 이것은 그에게 있어서도 역사의 현상을 신비적이고 형이상학적이 아닌 용어로 설명하는 것을 의미하였다. 그리고 그가 이 일을 하는 데 열심이었던 것은, 벤덤과 마찬가지로 그가 실천적 개혁에 대한 정열에 고취되어 있었기 때문인데, 이러한 정열은 그의 유명한 논평(이 논평은 벤덤을 편리하게도 잊고 있다), 즉 "종래의 철학자들은 세계를 이해하려고 노력하였을 뿐이지만, 그러나 문제는 세계를 변혁하는 것이다"라고 하는 논평 속에 구체적으로 표현되어 있다.

이러한 점은 마르크스의 역사 이론을 보는 또 하나의 다른 방법을 시사해 준다. 마르크스의 역사 이론을 전체로서의 역사적 과정 속에서 통일성과 이해 가능성을 찾으려고 시도하는 또 하나의 다른 사변적 유형의 철학으로 간주하는 대신에, 우리는 그것을 오히려 특수한 역사적 상황의 해명에 관계되는 역사적 해석의 한 이론으로 취급할 수가 있다. 이렇게 보면, 우리는 마르크스의 역사 이론은 역사가들에게 그들이 설명해야 할 사건들을 다루는 하나의 방법을 추천하고 있는 것이라고 말할 수 있다. 우리는 마르크스가 이렇게 말하고 있다고 생각할 수 있을 것이다. "역사에 있어서의 어떤 변화 과정을 이해하기 위해서는 그 변화가 일어나게 된 경제적 배경을 주의하여 보고, 나의 이론이 제공하는 개념들에 의해 그 배경을 분석하라. 오직 이러한 방법으로만 그 변화 과정은 이해 가능하게 되는데, 왜냐하면 오직 이러한 방법으로만 여러분은 기본적인 문제에 착수하게 될 것이기 때문이다."

마르크스의 역사 이론에 관한 이러한 해석은 확실히 그 이론에 대한 그 자신의 태도와 일치한다. 그의 관심은 압도적으로 실천적이어서, 그가 그 이론을 필요로 한 것은 그 이론의 사변적 내용 때문이라기보다는 그 이론의 예언적 특성 때문이었다. 그가 바랐던 것은 당시의 사건들의 숲을 헤치고 나올 자기 나름의 길을 발견하는 것이었고, 전체로서의 역사의 의미를 이해하려는 것이 아니라 당시에 일어났던 일과 비교적 가까운 과거에 일어났던 일을 이해하려는 것이었다. 그 이론이 자본주의 발흥 이래의 근대 유럽 역사라는 시대를 위하여 공헌해야 한다는 것은, 그에게 있어서는 그 이론이 먼 시대와 그 사람들에게는 적용하기 어려우리라는 것보다도 훨씬더 중요하였다. 마르크스는 강한 사변적 경향을 가지고 있기 때문에, 만일 누군가가 그의 이론은 그처럼 먼 어떤 시대에는 적용될 수가 없다는 것을 증명했다면, 그는 반드시 화를 냈을 것이다. 그러나 그의 이론의 유효성이 최근세사에 있어서 도전받지 않고 있는 한, 그는 그래도 역시 그 점을 침착하게 받아들일 수 있었을 것이다.

전문적 역사가들이 보인 마르크스주의에 대한 관심도 역시, 그 이론이 특수한 역사적 상황을 해석하는 데 하나의 지침으로서, 즉 경험

적 가설을 만들어 내기 위한 일종의 처방으로서 이바지한다는 것과
관련되어 있다고 덧붙여 말할 수 있을 것이다. 마르크스 자신이 공언
하는 바에 의하면, 그는 선행자들과는 달리 실제의 역사 연구에 이용

158 될 수 있는 것을 만들어 내었다는 것이요, 이런 공언은 분명히 틀린
것은 아니다. 따라서 마르크스주의의 이론에 대한 보통의 역사가의
태도는, 그 이론의 궁극적 확실성에 관해서 가지는 견해야 어떠하든
간에, 우리가 앞에서 논의한 저술가들에 대한 그들의 태도와는 전혀
달랐다. 그리고 그 이유는, 그 저술가들의 이론은 역사 연구를 위한
이러한 경험적 측면을 가지고 있지 않은 데[3] 반하여, 마르크스의 이
론은 그것을 가지고 있다고 하는 것이다.

이제 우리는 마르크스의 견해의 진위(眞僞)에 대하여 철학자들은
어떤 조명을 할 것으로 기대할 수 있는가를 묻지 않으면 안 된다. 나
는 철학자들이 그의 견해에 관하여 어떤 유용한 논평을 할 수 있다는
것을 부정하고 싶지는 않다. 왜냐하면 결국 우리가 제시한 해석에서
보면, 마르크스는 역사가들에게 **이유 있는** 권고를 하고 있다고 공언하
기 때문이다. 즉 그의 말대로 한다면, 그의 이론은 "과학적" 기초를
가지고 있다는 점에서 동류의 여타의 견해(예컨대 사적 유물론에 관
한 다른 이설들)와 다르다. 그런데 이 과학적 기초는 분명히 철학적
으로 세밀히 검토해 볼 가치가 있다. 왜냐하면 이 과학적 기초를 이
루고 있는 명제들의 정확한 성격이 결코 분명하지 않기 때문이다.

실례를 들어서, 마르크스가 설명하는 변증법의 기능을 간단히 고찰
해 보자. 마르크스가 헤겔의 변증법을 지탱했던 철학적 논의들을 거
부하면서도 어떻게 그의 변증법은 받아들였는가 하는 것은 우리가 이
미 살펴보았다. 마르크스의 견해로는, 사유가 변증법적으로 진행해야
한다는 것은, 사물들에는 변증법적 연관이 있다는 것에 근거하는 것
이었다. 그리고 그러한 변증법적 연관이 있다는 것을, 그리고 참으로
그러한 연관이 도처에 편재한다는 것을 그는 명백한 사실로서 받아들

---

3) 또는 가지고 있다고 보이지 않는다. 그러나 이 책 p. 149의 Hegel에
   관한 논평을 참조하라.

였다. 그러나 우리는 이 모든 것이 마르크스의 이론의 합리적 기초에 대하여 함의(含意)하고 있는 것이 무엇인가를 묻지 않을 수 없다. 즉 모든 사물이 변증법적으로 연관되어 있다고 하는 명제가 마르크스주의자의 설명에서 차지하고 있는 위치는 무엇인가? 헤겔은 이 명제를 이성에 의해서 증명될 수 있는 필연적 진리라고 주장할 수 있었는데, 이는 그가 사실들은 사유의 변증법적 성격을 반영하며, 이러한 성격은 이성이 이성 자신의 본성을 통찰함으로써 보증된다고 믿었기 때문이다. 그러나 이러한 관념론의 이설(異說)을 내던진 마르크스는 그러한 주장을 할 수가 없었다. 자기 일관성을 견지하면서 그가 말할 수 있는 것은, 우리는 사물들이 변증법적으로 연관되어 있음을 경험적으로 안다는 것, 다시 말해 문제의 명제는 경험적 진리라는 것뿐이었다. 하지만 이것을 용인해야 한다는 것은 그에게는 틀림없이 거북한 일이다. 왜냐하면 그의 태도가 변증법적 도식이 적용되지 않는 상황이 일어날지도 모른다고 하는 가능성을 전혀 배제하는 데 입각하고 있는 경우에, 그것을 용인한다는 것은 이런 가능성을 개방해 두는 것이 되기 때문이다.

　상술한 논평으로도 아마 마르크스주의 이론 가운데 있는 중대한 애매성을 지적해 내기에는 충분할 것이다. 우리가 보았듯이 변증법은 마르크스주의 이론의 불가결한 구성 요소이어서, 마르크스주의자는 누구든지 역사에의 자기의 접근법을 옹호해 보라고 하면 필경 변증법에 의지할 것이다. 그러나 변증법이 마르크스가 그 위에 놓은 무게를 지탱할 것인가 하는 문제가 생긴다. 만일 변증법이 전적으로 과거의 경험에 의존하는 것이면, 변증법은 그 무게를 지탱하지 못할 것이 확실하다. 즉 사물들이 변증법적으로 연관되어 있다는 일반화가 아무리 확고 부동한 것이라고 하더라도, 그러한 일반화가 모든 미래의 경험에 대하여 의심의 여지없이 유효하다고 간주될 수는 없다. 그리고 만일 마르크스가 그것은 경험적 진리가 아니라 선험적 명제라고 말한다면, 그는 그에 관한 철학적 정당화를 시도하지 않으면 안 된다. 그런데 그는 이것을 전혀 하지 못하고 있는 것이다.

마르크스주의 이론 속에는 철학자들이 주의해 두면 도움이 될 수 있을 다른 요소들이 있다. 즉 생산력이 "발전"한다(마르크스에게는 매우 중요한 문제이다)고 할 때의 그 의미가 하나의 예요, 사회 생활의 여러 국면들은 한 구성 요소가 압도적으로 우세함에도 불구하고 하나의 유기적 전체를 형성한다고 주장할 때의 그 의미가 또 하나의 다른 예이다. 나는 이 두 가지 점 모두에 관해서 마르크스는 곤경에 처해 있거나 적어도 불분명하다는 것을 밝힐 수 있다고 생각한다. 그러나 여기에서 그러한 시도를 할 생각은 없다.

하지만 철학적 비판이 마르크스주의 이론에 대하여 어떠한 타격을 가할 수 있든간에, 철학적 비판이 그 이론을 아주 뒤집어엎을 수 없다는 것은 여전히 참이다. 그 이유를 찾아보기는 어렵지 않을 것이다. 이 이론은 (적어도 이 이론에 관한 우리의 해석으로는) 역사가들에게 경험적 상황을 다루는 하나의 절차를 권유하는데, 이 절차에 대한 궁극적 시험은 그것이 실제로 효과적인 절차인가 어떤가 하는 것이 아니면 안 된다. 이것은 선험적으로 선언할 수가 없는 것이다. 즉 그것은 실제로 그 권유에 따르고, 어떤 일이 일어나는가를 봄으로써만 결정될 수 있다. 따라서 역사에 대한 마르크스주의의 접근법에 찬성하느냐 반대하느냐를 최종적으로 결정하는 것은, 그것을 따르려고 하는 역사가들의 책임일 수밖에 없다. 그 접근법이 문제를 해명해 주는 접근법임이 분명한지, 그 접근법을 천거하는 것이 유용한 일임이 아주 명확한지, 그 접근법의 어떤 명백하게 불합리한 점들(위인들이나 국민 감정 등에 관한 난점들)이 만족스럽게 대처될 수 있는 것인지에 대해 우리는 역사가들에게 물어 보지 않으면 안 된다. 그러나 이러한 물음들은, 비역사가들은 스스로 대답하기를 기대할 수가 없는 물음들이다. 결국 백문이 불여일견(不如一見)이요, 마르크스주의라는 푸딩의 음미는 먹어 보는 데 있는데, 마르크스가 그의 요리를 맛보라고 초대하는 사람은 철학자들이 아닌 것이다.

바로 이러한 이유 때문에 나는 제 1 장(28면)에서, 마르크스가 역사의 이해를 위해서 해야 했던 주요한 공헌은, 정확히 말하면 역사 철학을 위해서 한 것이 전연 아니었는지도 모른다고 말했던 것이다. 마르크스의 이론은 확실히 철학자들이 검토해 보면 유용한 것일 수가 160 있는 가정들을 내포하고 있다. 우리가 그가 살았던 시대와 그가 저술했던 배경을 회고해 볼 때 만일 그렇지가 않다고 한다면, 그것은 참으로 기이한 일일 것이다. 그러나 설령 그가 이러한 가정들의 하나하나를 만드는 데 잘못이 있었다고 하는 것이 밝혀질 수 있다고 할지라도, 그로 인해 그 이론의 타당성이 파기되지는 않을 것이요, 단지 마르크스가 그 이론에 대하여 제시한 이유들이 불신을 받는 데 그칠 것이다. 결국, 설령 마르크스가 그 견해를 뒷받침하여 주장한 모든 것이 거짓이라고 할지라도, 경제적 원인이 모든 역사적 상황을 이해하는 데에는 기본적이라고 하는 것은 사실일 것이다.

3. 토인비의 역사 연구

보편사를 쓴 현대 저술가의 한 사람에 대한 이야기가 남아 있는데, 그의 저작은 매우 광범한 관심과 논의의 주제가 되어 왔다. 그는 바로 토인비 교수인데, 그의 10권의 《역사 연구》(*Study of History*)는 1934년에 출판되기 시작하여 20년 후에 완성되었다. [4]

토인비에 관한 첫째의 난점은 그의 저작을 받아들이는 방법을 아는 것이다. 원래는 그는 여러 문명의 발생, 성장, 쇠망의 비교 연구 이상의 것은 염두에 두지 않는 것으로 보였다. 그는 한 문명이 역사적 연구의 유일의 이해 가능한 단위라는 논의에서 시작해서, 과거와 현재의 21개 문명을 확인하는 데로 나아갔으며, 계속해서 그가 각 문명의 역사 속에 반복하는 특징들이라고 생각한 것을 구분해 냈다. 이때

---

4) [제 VII~X권이 1954년에 출판되어서 본래의 저술을 완결한다. 제 XI권은 역사 부도(歷史附圖)와 지명 사전(地名辭典)이다. 1961년에 출판된 제 XII권은 비평가들에 대한 변명과 대답을 싣고 있는데, 두 가지가 모두 길게 서술되고 있다. 나는 그 철학적 측면을 "Toynbee Reconsidered", *Philosophy* (1963)에서 논의하였다.]

그의 태도는, 그 자신이 천명하는 바에 의하면 엄밀하게 경험적이었다. 특히 그는 이 점에 있어서 자신이 독일의 저술가 오스발트 슈펭글러와 대조가 되기를 열망하였는데, 슈펭글러의 《서양의 몰락》(*Decline of the West*, 1918)은 그 목표에 있어서는 비슷하지만, 하나의 "철학적 밀교 해설자(密敎解說者)"의 저술이라는 인상을 그에게 주었다. 그러나 경험적 방법에 관한 토인비의 개념이 좀 특이하다는 것이 곧 드러났다. 확실히 그는 역사적 사실들에 관하여 광범한, 참으로 백과 사전적인 지식을 가지고 있었으며, 자기의 이론을 뒷받침하는 증거를 인용하는 데 시종 열중하였다. 그러나 그는 그다지 냉정하지 못한 하나의 확신을 가지고 자기의 이론을 고수하였으며(그의 저작은 처음부터 강렬한 개인적 분위기를 가지고 있었다), 제 1 권에서조차 신화적 혹은 시적 관념에 의해 자기의 이론을 뒷받침했는데, 이것은 보다 냉정한 연구자들을 불안하게 만들었다. 특수한 역사적 상황에 관한 그의 상세한 해석들도 언제나 그 분야에 정통한 사람들의 호감을 사지는 못하였다. 즉 그는 자기의 이론에 맞추기 위하여, 정도의 차이는 있지만 사실들을 왜곡하였다는 말을 흔히 들었다. 그리하여 토인비의 《역사 연구》는 원래 콩트의 열망을 되살리는 방향에서 구상되었지만, 그것은 확실히 시종 일관 과학적 태도로 수행되지는 않았다.

이렇게 말한다고 해서, 그것이 반드시 토인비를 당장에 비난하는 것은 아니다. 왜냐하면 이 분야에는 그 방법 절차는 개인적인 것이었지만, 그럼에도 불구하고 혁혁한 성과를 성취한 다른 저술가들도 있었기 때문이다. 하나는 슈펭글러 자신인데, 그의 극히 인상주의적인 연구는 지나치게 도식적이고 역사의 세부 사항에 주의하지 않는다고 하는 흠은 있지만, 아직도 많은 독자들을 가지고 있다. 또 다른 한 사람은 18세기 초엽의 이탈리아 철학자 쟘바티스타 비코이다. 토인비는 몇 가지 중요한 점에서 비코와 비슷하다.[5] 즉 첫째 비코가 "이

161

---

5) 그러나 *A Study of History*에서 그를 충분히 언급하지 않고 있는 것은 이상한 일이다. [Vico는 제 XII 권에서 여러 차례에 걸쳐 언급되고 있다. 이에 대해서는 앞의 주를 참조.]

상적 인류사", 즉 모든 진보된 사회가 반드시 통과해야 하는 일종의 생명 주기(生命週期)라고 부르는 것을 추적하고자 한다는 점에서, 둘째 고대의 고전적 세계의 역사라고 하는 단순한 경우를 주의깊게 성찰함으로써 자기의 문제에 접근한다는 점에서, 마지막으로 고도로 상상적인 결론을 밀고 나가기 위해 대담한 유추적 논증과 보다더 인습적인 연구가들이 그다지 고려하지 않은 자료들에 의존한다는 점에서, 토인비는 비코와 비슷하다. 개인적으로는 나는 토인비가 비코의 천재적 자질 같은 것을 좀 가지고 있는지 매우 의심하는 바이지만, 그러나 적어도 비코의 경우는, 그처럼 광범하고 비정형적인 주제를 다룸에 있어서 통찰력과 풍부한 가설이 단순한 과학적 정밀성보다 훨씬 중요한 요인이 될 수 있다는 것을 보여주고 있다. 토인비가 때로 사실들을 왜곡했다 하더라도, 우리는 그 점을 너무 현학적으로 강조해서는 안 된다. 왜냐하면 역사의 영역에 있어서는 적어도 사람은 세부사항에서는 잘못이 있더라도 본질에서는 건전할 수 있기 때문이다.

이러한 변호가 적중하든 않든, 토인비가 이러한 변호에 전적으로 의지할 수 없었다는 것은 분명하다. 내가 이렇게 말하는 것은, 저자의 관심의 현저한 변화가 그의 저작의 뒷부분에 와서 분명해졌기 때문이다. 이미 지적한 바와 같이 최초에는 그의 접근법은 넓게 말해서 사회학자의 접근법이었다. 즉 그는 여러 문명들의 발생과 쇠퇴를 지배하는 요인들에 대한 경험적 탐구를 기도하고 있는 것처럼 보였다. 그러나 마지막의 몇 권에서는 그가 스스로 한 역할은 훨씬더 예언자의 역할이다. 우리는 여기에서 그가 실제로, 우리가 위에서 그들의 연구를 분석한 바 있는 사변적 역사 철학자들이 따랐던 방법을 엄밀 162 하게 상기시켜 주는 방법으로 역사의 의미를 성찰하고 있음을 본다. 즉 그들과 마찬가지로, 그가 던지는 물음은 역사는 전체로서 의미가 있는가 어떤가 하는 것이며, 또한 그들과 마찬가지로 그도, 만일 역사가 도덕적으로 만족스러운 목표를 향해 전진하고 있다고 생각할 만한 충분한 이유가 있기만 하다면, 위의 물음에 대해 긍정적 대답이 주어질 수 있다고 믿는다. 토인비가 이러한 긍정적 대답을 할 수 있

다고 확신한 것은, 과거에 문명인들을 덮친 많은 재앙의 배후에 있
는, 그 자신의 용어로 말해 "존재 이유"(raison d'être)[6]를 자기가 발
견했다고 생각하기 때문이다. 즉 대재난들의 목적은 분명히 네 가지
"고등 종교"의 장차의 종합을 준비하는 것이다. 그 종합이란 아직은
미래에 속하는 것이지만, 이를 예기(豫期)하여 토인비는 그의 《역사
연구》의 바로 마지막 몇 페이지에서[7] 많은 기도문의 표본을 작성하였다.

　역사에 있어서의 유형과 법칙에 관심을 가졌던 사람들 가운데에서
그처럼 사회학에서 형이상학에로 옮겨간 사람이 토인비 한 사람뿐인
것은 결코 아니다. 비코도 자기의 반복적 주기 이론을 섭리(攝理)에
대한 정통적 그리스도교 신앙과 조화시키려고 했을 때 동일한 전이
(轉移)를 겪었으며, 헤르더(토인비는 다른 점에서도, 예를 들어 역사
의 과정을 생물학에서 끌어 온 술어로 이해하기를 좋아하는 점에서도
헤르더를 상기시킨다)도 또한 자기의 사상에 대하여 의사 과학적(疑
似科學的)인 면, 보다 솔직히 말한다면 사변적인 면을 가지고 있다.
이러한 물에서 낚시하는 사람들이 기묘한 포획물에 따라간다고 하는
것은 아마 전혀 놀라운 일이 아닐 것이다. 놀라운 일은, 현대의 어부
(漁夫)는 자기의 선행자들의 경험을 거의 알지 못하고 있으며, 자기가
기도하는 일의 어려움에 대해서는 말할 것도 없고 그 일의 색다른 성
격에 대해서도 고통스러울 만큼 의식하지 않고 있다는 것이다. 토인
비가 그 거작(巨作)의 끝부분에서 중요한 새 진리를 만들어 냈다고 우
리를 설득하겠다는 어떤 희망을 가지고 있다면, 그 희망은 거기에서
주장되고 있는 것의 성격을 분명히 인식하는 데 의거하지 않으면 안
된다. 그러나 많은 비판에도 불구하고, 토인비 자신은 여전히 이 점
을 전혀 알지 못하고 있음이 분명하다.

　이제까지 지적한 것보다 더 나쁜 것은 실로 그의 혼동이다. 왜냐하
면 그는 역사에 있어서 유형을 발견하는 것과 전체로서의 역사의 과
정의 줄거리를 꾸미는 것과의 차이를 알지 못하는 것처럼 보일 뿐만

---

6) *A Study of History*, VII, 422.
7) 같은 책, X, 143~144.

아니라, 양자를 **단도직입적으로**(sans phrase) 역사를 연구하는 것과 동 163
일시하기 때문이다. 《역사 연구》의 저자는 부단히 그의 독자에게 하나
의 **역사가**로서, 즉 일어났던 일을 보고 분명한 사실들을 적어 내려가
는 과거 연구의 단순한 학도로서 모습을 나타낸다. 그러나 사실은 이
보다 더 부적절한 말은 있을 수 없을 것이다. 토인비는 그의 저작의
앞부분에서는, 즉 그가 역사적 변천을 지배하는 법칙을 발견하려고
했을 때는 역사가가 아니었다. 왜냐하면 그때의 그의 관심은 개별적
사건에 있지 않고 반복되는 유형에 있었기 때문이다. 역사 법칙을 탐
구하는 것은 통상적 의미에 있어서 역사를 연구하는 것과 동일하지
않고, 오히려 후자를 전제하는 것이다. 즉 통상적 역사가 먼저 있지
않으면 그런 탐구는 기도될 수 없다. 토인비는 아마 지극히 명백한
이 점을 주의하지 못하고 있는데, 이는 그 자신이 역사학적으로 공헌
한 바 있는 스파르타사와 같은 영역들도 있기 때문이다. 그러나 예를
들어 중남미의 문명들에 관해서 그가 다루고 있는 것을 보면, 역사
법칙의 탐구가 통상적 의미의 역사를 전제한다는 것은 명약 관화해진
다. 중남미의 문명들을 다룸에 있어서 그가 이 문화들을 직접 연구한
학도들이 이룩해 놓은 성과들에 의존하고 있음은 명백한 것이다. 또
한 토인비가 그의 책의 끝부분에서 제기하고 있는 문제들은 진정한
역사학적 문제들이 아니다. 그가 그곳에서 개별적 사건의 과정에 관
여하고 있는 것은 사실이지만, 그러나 역사가들이 관여하고 있는 것
과 같이 관여하고 있는 것은 아니다. 〔통상적 의미의〕역사가들은 과
거에 일어났던 일을 발견하고 이해하는 데 그친다. 역사가가 어떤 것
의 "의미를 이해하는 것"을 목표로 하는 한에 있어서, 그것은 공간과
시간에서 제한되어 있고, 지금은 이미 끝나서 처리되어 버린 일련의
사건들이다. 이와 반대로 토인비는 전 역사를 자기의 영토(領土)로
삼을 뿐만 아니라, 자기의 탐구를 과거로부터 미래에로 확대하여,
"서구 문명의 전망"에 관해서 발언하려고 한다. 독자들이 왜 진정한
역사가들의 저작은 그와 똑같은 자극적인 성질을 가질 수 없는가 하
고 의아해 한다면, 그러한 독자들을 가진 진정한 역사가들에게는 원

통한 일이지만, 토인비의 책이 그토록 많은 주의를 끄는 것은 틀림없이 이러한 확대 때문인 것이다. 그러나 이러한 확대도 역시 혼동의 결과요, 혼동을 눈감아 줄 이유가 되는 것은 아니다.

《역사 연구》에서 토인비는 역사가가 아닐 뿐만이 아니다. [8] 그는 이 사실이 인정됨으로써 더 돋보일 수 있는 온갖 매력을 가지고 있다. 왜냐하면 그의 저작에 대하여 퍼부은 많은 비난은 역사적 기질을 가진 비평가들로부터 나온 것인데, 그들은 토인비 자신이 그랬던 것과 마찬가지로 토인비가 기도하고 있는 것에 관해서 분명히 알지 못하고 있었기 때문이다. 그러면 왜 그는 〔역사의〕 기술을 단념하기를 그렇게 싫어하는가? 아마 이 물음에 대한 해답은 토인비가 제 X권(특히 91~98면)에 삽입한, 자기의 저작의 내력에 대한 자서전적(自敍傳的) 설명에서 발견될 수 있을 것이다. 이 설명에서, 토인비는 자기 자신이 어떤 점에서는 기본의 저작을 다시 한번 고쳐 쓰고 있다고 생각한다는 것뿐만 아니라, 또한 그의 원래의 의도는 그리스-로마 문명의 쇠퇴와 서구 문명의 쇠퇴와의 비교사(比較史)를 쓰는 것에 지나지 않았다고 하는 것도 분명해진다. 그가 이 일에 착수하자, 그의 지평이 갑자기 확대되기 시작했던 것도 틀림없다. 즉 그는 이러한 "원래의 쌍안적(雙眼的) 역사관"[9]으로부터 분명히 다안적(多眼的) 역사관으로 급속하게 옮겨갔으며, 그 결과로 그다지 오래지 않아서 그는 로마 제국의 쇠퇴와 멸망뿐만 아니라 태양 아래 있는 모든 제국의 쇠퇴와 멸망을, 그것도 그들 제국의 발생에 관해서도 상당한 분량으로 설명을 곁들여서 기술하게 되었다. 여기에서 그는 우리가 위에서 주장했듯이, 어떤 종류의 역사든 그 범위를 벗어나서 그 밖으로 옮아갔었다. 즉 기본의 외투가 콩트의 외투로 바뀌었던 것이다. 그러나 이러한 전이가 여러 단계로 일어났다고 하는 사실과, 고대의 고전적 세계가 멸망한 참된 원인의 문제가 여전히 그가 주로 몰두한 문제의 하나로 남

(164)

---

8) 이 점은 왜 그의 저작이 앞의 제2장과 제3장에서 제기된 문제, 즉 역사와 과학과의 관계에 관한 문제와는 무관한가를 설명해 준다.
9) 앞의 책, X, 97.

아 있었다고 하는 사실은, 적어도 그때까지는 다른 점에서는 날카로웠던 이 "근대 이후의 서양사 학도"에게 그러한 전이가 있었다는 것을 숨기는 데 이바지하였다.

《역사 연구》를 50년의 생애 동안 읽을 사람이 누가 있을까? 이 책은 대부분 언제나 크게 흥미로운 것도 아닌 저자의 개인적 견해와 편견의 산물이요, 적어도 그 뒷부분은 놀랄 정도로 졸작이어서, 많은 사람이 읽을지 의심스럽다. 이 점에서 토인비는 많은 자부심을 가졌던 또 하나의 종합 철학자인 허버트 스펜서와 운명을 같이하게 될 것처럼 보인다. 그러나 그렇다 하더라도, 그의 관념들은 그 나름의 효과를 가지고 있다. 문명 비교학(文明比較學)에 대한 그의 세세한 공헌이 결국 큰 의의를 가지지 못하는 것으로 판명된다고 하더라도—비평가들이 지적한 것처럼 도전(挑戰)과 응전(應戰), 위축(萎縮)과 복귀(復歸)와 같은 많은 그의 주도적 관념들은 기대에 어긋날 만큼 부정확하다—그로 인하여, 이 관념을 초안하고 그것을 완성하는 데 첫걸음을 내디딘 업적이 줄어들지는 않을 것이다. 토인비는 자기 자신을 선구자로 생각한 것처럼 보이지만, 물론 그가 생각했던 것만큼 선구자는 아니다. 하지만 그는 여전히 선구적이라고 인정할 만하다. 어쨌든 이 점에서 그가 이룬 성과는 내가 보기에는 그가 사변적 역사 철학자로서 성취한 어떤 것보다도 더 본질적임이 판명될 것 같은데, 그럴 경우에 그가 생생한 상상력을 가지고 있다는 이점(利點)은 유달리 혼미한 지성을 가지고 있다는 약점보다 더 나을 것이 없다. 그러나 그의 저작이 보통은 무시되고 있는 연구 주제 전체에 주의를 환기함으로써 전문적 역사가들의 편협성을 타파할 것으로 기대할 수 있는 한에서는, 그의 주요한 공헌은 아마도 역사 그 자체에 대한 공헌이 될 165 것이다. 토인비에 관해서 무슨 말을 하든지간에, 적어도 그는 과거를 진정으로 알 만한 가치가 있는 것으로 생각하고, 단지 일련의 기술적 숙달을 발휘하기 위한 자료로 생각하지는 않는다. 전문적 역사가들이 그를 비판하는 것은 때로는 옳지만, 그러나 그들 중의 많은 사람들이 그의 원대한 정신을 얼마쯤은 가졌으면 싶다.

부 록

내가 논의하고자 하는 문제는 역사가 과학인가, 또는 과학일 수 있
는가 하는 오래된 문제이다. 이것은 많은 저서에서 다루어진 논제이
지만, 내가 보기에는 아직도 많은 혼란이 남아 있는 것 같다. 이제
나는 금세기초에 케임브리지의 역사가인 **J. B.** 뷰어리와 **G. M.** 트레벨
럔이 벌였던 과학적 역사학에 관한 논쟁의 어떤 국면들을 논평함으로
써 이 문제에 접근하고자 한다. 이것이 비교적 오래된 것임에도 불구
하고 내가 이 쟁점에 관하여 이러한 언명을 하기로 하는 것은, 이 언
명에 앞으로 해결되어야 할 주요한 논점들이 아주 명확하게 드러난다
고 생각하기 때문이다. 또한 역사와 관련되는 문제들이 참견하기 좋
아하는 철학자들의 고안물(考案物)이 아니라, 역사가들의 주제에 관
한 지적 반성에서 자연히 일어난다는 것을 역사가들이 알아야만 한다
는 것은 매우 중요한 일이라고 생각한다. 그리고 만일 어떤 역사가가
역사학은 1903년 이래로 진척되었다고 나에게 확신시키려고 한다면
나는 그러했다고 승인하겠지만, 그러나 미안하지만 뷰어리-트레벨럔
의 논쟁을 도외시할 만큼 충분한 시간이 경과하였는가 하는 의문을
제기하겠다. 트레보어-로퍼 교수의 취임 강연, 《전문가의 역사와 비

전문가의 역사》(*History, Professional and Lay,* Oxford, 1958)를 훑어 보면, 시간이 충분히 경과하지 않았다는 것을 확실하게 알게 될 것이다. [1]

그러면 우리는 "역사는 과학이요, 그 이하도 그 이상도 아니다"라는 뷰어리의 유명한 선언이 무엇을 의미하였는가 하는 물음을 제기하는 데서부터 시작하기로 하자. 나는 먼저 뷰어리가 역사는 일반적인 결론에서 결말을 짓거나 또는 지을 수도 있다고 주장할 의도가 없었다는 것을 명백한 것으로 받아들이며, 또 그러한 가능성을 여기에서는 고찰에서 배제하고자 한다. 그가 염두에 두었던 주안점은 나에게 170 는 다음과 같은 것들이라고 보여진다. 첫째로 그의 세대 이전의 세 세대에 걸쳐 이루어진 역사적 증거의 발견과 발굴 기술의 엄청난 진보로 인하여, 역사가들은 드디어 그들의 성과에 대하여 과학적 지위를 요구할 수 있는 위치에 서게 되었다. 즉 과거에 관해서 결정적으로 참된 언명을 할 수 있는 능력을 주장할 수 있게 되었다. 그리고 둘째로 역사가가 그러한 종류의 성과에 도달했을 때에는 그의 과제는 끝난 것이다. 즉 그의 관심은 진리에 있었고, 진리 이외의 아무 것에도 있지 않았다. 첫째 점은 뷰어리가 역사는 과학 "이하가 아니다"라고 말한 이유를 설명해 주는 것이고, 둘째 점은 그가 역사는 과학 "이상이 아니다"라고 덧붙여 말한 이유를 설명해 주는 것이다. 이 문맥이 충분히 밝혀 주고 있는 것처럼, 뷰어리는 여기에서 그가 과거의 위대한 아마추어 역사가들의 것으로 돌렸던 가정, 즉 역사는 과거에 참으로 일어났던 것의 단순한 설명 이상의 것이어야 한다고 하는 가정에 반대하고 있었던 것이다. 즉 그는 역사는 엄밀하게 문제되는 사건들의 의미에 관한 철학적 성찰은 아니지만, 적어도 관계된 역사가의 개인적 특성이나 견해가 충분히 드러난, 그 사건들의 극적이고 문학적인 표현이어야 한다는 가정에 반대하고 있었던 것이다. 그 가정

---

1) Bury 의 견해에 대해서는 그의 *Selected Essays*(1927)에 재수록된 그의 취임 강연 "The Science of History"를 참조. Trevelyan 의 답변 "Clio, a Muse"는 *Independent Review*(1903년 12월)에 처음 수록되었다. 나는 이 필자들의 견해를 위의 저술에 표현되어 있는 한에서만 논의한다는 점을 밝혀 두어야만 하겠다.

에 반대하여 뷰어리는 역사를 문학으로부터 분리시키고 역사가의 개성을 배제하여야 할 시기가 도래하였다고 말하고 싶었던 것이다. 역사의 본무(本務)는 오로지 진리를 발견하는 것이며, 진리의 발견은 다른 과학에서와 마찬가지로 역사에서도 협동적일 때에 가장 잘 수행될 수 있는 사업이다〔라고 뷰어리는 말하고 싶었던 것이다〕.

이러한 점들을 제시하면서 뷰어리는 주로 사실에 입각한 논의에 의거하였다. 19세기 후반에 역사학이 일변하여, 역사가 아마추어를 위한 일에서 그 자체의 엄밀한 기준을 가진 전문적인 학과목으로 발전한 것은 사실이었다. 역사는 대학의 과목이 되면서(비록 뷰어리는 그 문제의 이러한 측면을 강조하지는 않았지만), 고고학이 금세기 동안에 그 지위를 바꾸어 놓은 것만큼이나 그 지위를 바꾸어 놓았다. 그것은 이미 추측의 작업이 아니라, 날마다 확실한 지식에 도달하는 하나의 분야였다. 하지만 이러한 낙관론에도 불구하고 뷰어리는 그가 공언한 혁명의 불완전한 성격에 관해서 착각하지 않았다. 역사가들의 다양한 학파의 존재가 보여주듯이, 혁명의 발상지인 독일에서조차 혁명은 전혀 완전한 것이 아니었다. 그리고 역사가들이 우리는 과거의 모든 시대를 **구원의 상 아래에서**(sub specie perennitatis) 보지 않으면 안 된다는 것을 깨닫고 그리하여 그들의 선행자들의 연구를 손상시켰던 편협한 견해를 포기하는 매우 중요한 발걸음을 내디뎠다는 것은 사실일지 모르지만, 그러나 그들이 이 문제에 대한 뷰어리의 견해에서 볼 때, 그들의 종국적 목적이 아닐 수 없는 과거의 사건들의 일치된 상(像)을 구성한 것은 분명히 아니었다. 실제로 뷰어리 자신은 이러한 정황을 자신이 본 대로 매우 겸손하게 말하였다. 즉 역사 연구 분야의 그의 동료들에게 그가 제시할 수 있는 최선의 것은, 그들의 "꾸준한 고역"과 "미시적(微視的) 연구"를 하나의 신념의 행위로서─(그 자신의 말을 인용한다면) "인간 역사의 가장 작은 사실들이라도 이를 완전히 모으면 결국에는 진실이 밝혀지리라는 신념에서"[2]─계속해 나가야 한다는 것뿐이었다.

171

2) *Selected Essays*, p. 17.

그리하여 역사는 과학이라고 하는 뷰어리의 선언은 하나의 주장, 즉 역사는 하나의 과학이 되어 가는 도상에 있다고 하는 주장으로 표현되었다면 더 적절했을지도 모른다. 그러나 우리는 여기에서 뷰어리 자신은 어느 모로 보나 알지 못했던 하나의 중요한 애매성에 직면한다. 이미 지적한 바와 같이 뷰어리를 가장 감동시킨 점은, 그의 시대의 역사는 이를테면 한 세기 이전의 역사와는 달리 어떤 결론들을 확실하게 확립할 수 있다고 하는 명백한 사실이었다. 역사는 발전된 기술을 가지고 있다는 점에서 과학과 같았는데, 그 기술은 재능이 있는 소수의 개인만이 소유하는 특별한 것이 아니라, 적절한 훈련을 받은 지식인이 일반적으로 공유하고 실행할 수 있는 것이었다. 그리고 이 기술이 적용되었을 때는, 도달된 결과는 적어도 유리한 경우에는 심각한 논쟁이 없이 받아들여질 수 있는 것이었다. 이것은 앞에서 말한 바와 같이 역사가들이 과거에 관한 결정적인 진리들에 도달할 수 있다는 것을 의미하였다. 그러나 결정적 진리들에 도달한다는 것과 결정적 진리에 도달한다는 것과는 다른 것이다. 실제로 뷰어리가 자신이 지적한 사실들에 의거하여 정당하게 주장할 수 있었던 것은, 역사가들은 개별적으로 일어난 일에 관한 물음에 대답하기 위한 믿을 만하고 일치된 방법 절차를 가지고 있다는 것, 즉 그들은 어떻게 하면 어떤 문제들을 결정적으로, 즉 그 문제들을 그 이상 더 추구하는 것은 무의미하다 할 만큼 해결할 수 있는가를 알고 있다는 것뿐이었다. 만일 이 과정이 계속 진행되기만 한다면, 즉 만일 우리가 꾸준히 상의 조각들을 바로 모아 나가기만 한다면 그 전체가 정확하게 복원될 것이며, 우리는 과거에 관한 진리들을 아는 데서 진리 자체를 아는 데로 어렵지 않게 이행하게 되리라고 뷰어리는 단순하게 생각했던 것이다. 그를 에워싼 반대론자들을 무릅쓰고 그렇게 생각한 것은 가장 소박하지 않은 생각을 말한 것이었다.

트레벨량이 뷰어리에 반대하여 단지 기본적 사실들을 확증하는 문제에서만 역사는 과학적일 수 있다고 주장하였을 때, 그는 이 점을 모호하게나마 알아차리고 있었다. 트레벨량의 견해로는 역사가들은

사실들을 확증하지 않으면 안 될 뿐만 아니라, 또한 그 원인을 찾아 　172
내거나 그것을 해석하지 않으면 안 된다. 그런데 우리는 원인을 찾아
내는 이 문제는 즉시 논외로 접어 둘 수 있다고 나는 생각한다. 그
이유는 이러이러한 일이 일어났다는 것이 과학적으로 확증될 수 있다
면, 그것이 이러이러한 결과를 가져왔다는 것도 과학적으로 확증될
수 있다는 데 있다.[3] 사실들이 어떠했는가를 말하는 것과 사실들의
상호 연관을 이해하는 것과는 때로는 별개의 것이지만, 실제로는 동
떨어진 활동이 아니다. 그러나 "해석"은 또 다른 문제이다. 나는 결
코 명료하지 않은 이 용어를, 적어도 일부의 역사가들이 역사적 발전
의 한 시대나 한 시기의 상을 하나의 전체로서 제시하는 활동을 의미
하는 것으로 이해한다. 내가 보기에는 문외한들이, 전문적 역사가들
이 제공해 주기를 기대하는 것은 바로 이러한 종류의 상들이다. 그리
고 트레벨랸도 그렇게 주장한 듯이 보이지만, 사실들을 해석한다는
것(이것이 그러한 상을 만든다고 하는 것이 내포하고 있는 의미이다)
은 특수한 사건들을 확인하는 것과는 분명히 다르며, 또 그것과는 다
른 능력을 요구한다고 주장하는 것은 어쨌든 그럴 듯한 것이라고 나
는 생각한다. 뷰어리가 그렇게 설득력을 가지지 못한 것은, 그가 여
기에 어떤 문제가 있을지도 모른다고 하는 것조차 알지 못하고 있기
때문이다. 트레벨랸이 그를 아무리 졸렬하게 반대했다고 하더라도,
적어도 그는 뷰어리의 주장에는 하나의 중요한 결함이 있다는 것을
알려 주었다.

　그 결함이 정확하게 무엇인가는 다음에 지적하려고 한다. 우선은
뷰어리에 대한 트레벨랸의 비판에 들어 있는 또 하나의 다른 요소,
방금 논의한 문제와 분명히 관련이 있는 요소에, 즉 역사는 과학 이
상이 아니라고 하는 견해에 대한 그의 부정에 주목하도록 하자. 마콜리*
의 종손(從孫)이, 역사의 전 과제이며 유일의 과제는 과거에 관한

---

　3) 다소 낙관적인 이 견해에 관해서는 뒤의 논문을 참조.
　＊ T.B. Macaulay(1800~1859)는 영국의 역사가, 평론가이며 정치가이
　　다. Trevelyan은 그의 종손이다—역주.

진리를 전적으로 그 자체를 위하여 밝히는 것이라고 하는 제언을 대
수롭지 않게 생각했다는 것은 거의 놀라운 일이 아니다. 그러나 역사
가들은 트레벨란에게는 일종의 기득권이 있다고 하는 안이한 반성 때
문에 이 점에 관한 그의 주장의 본질적인 합리성을 보지 못해서는 안
된다. 우리가 금세기초에 있었고 실제로는 아직도 있는 그대로의 역
사에 의해서 판단을 내리고자 한다면, 트레벨란이 역사에는 뷰어리가
인식한 측면과는 전혀 다른 측면들이 있다고 주장한 것은 전적으로
옳았다. 동료 학자들을 위하여 학술지에 발표하고 싶은 성과들을 쌓
아 놓고 대영 박물관이나 공문서 보관소에서 소일하는 전문적 역사
학도에게는 "역사"라는 말은 그 자체를 위해서 주의를 기울일 가치가
있는 일련의 흥미있는 지적 문제 풀이 다름없다는 의미를 줄지도
모른다. 그러나 일반 대중에게는 그 말은 언제나 그 이상의 어떤 것
173 을 의미하였다. 전문적 역사가야 좋아하든 좋아하지 않든, 평범한 사
람(나는 지적인 평범한 사람을 말한다)의 역사에의 접근법은 결코 공
평 무사한 것이 아니다. 즉 그는 과거를 한가한 호기심에서 연구하는
것이 아니라(이러한 호기심이 때로는 그의 동기일 수는 있지만), 자
기 자신의 시대를 균형있게 평가하자면 과거에 대한 지식이 필요 불
가결하다는 것을 알기 때문에 과거를 연구하는 것이다. 그리하여 역
사가들이 그리는 과거의 시대의 상(G. M. 영의 초기 빅토리아 시대의
영국에 관한 논문이 명백한 실례가 될 것이다)은 일반 교육에서 강력
하고도 중요한 역할을 할 수 있다. 그리고 이러한 주장을 할 수 있다
고 해서, 우리는 누구나 여기에서 문제되고 있는 종류의 역사를 쓰는
역사가들은 자기의 직업에 불충실하다는 데 동의해야만 하는 것은 아
니다. 과거에 관한 역사가들의 견해는 그들이 생각하는 것보다 순수
하지 않을지도 모른다. (나는 이 점에 관해서는 더 자세히 논하겠
다.) 그러나 이것이 그들의 견해가 반드시 편견으로 물들어 있다는
것을 의미하는 것은 아니다. 편파적인 역사, 어떤 주의나 주장을 내
세우기 위하여 씌어진 역사는 문외한에게 그 영향을 미치지만, 훌륭
한 역사도 마찬가지이다.

　이제 여기에서 문외한이 생각하는 역사는 문제도 되지 않는다고, 즉 역사학의 교육을 받은 사람들만이 역사가 참으로 무엇인가를 안다고 말하면, 전문적 역사가는 물론 선뜻 받아들인다. 내가 국외자로서 판단하건대, 이것은 실은 역사에는 보다 넓은 측면들이 있다고 하는 트레벨랸의 주장에 대한 대부분의 영국의 전문적 역사가들의 반발이었다. 예를 들면 나의 옥스퍼드 시절의 역사학 전공의 대부분의 동료들에게는 역사란 전문가의 활동이요, 점점더 세밀하며 섬세하고 엄격하며, 진정한 의미에서 비교적(祕敎的)인 일이다. 역사란 평범한 지식인에게 인류의 내력을 이야기해 주려는 시도는 결단코 아니다. 과연 역사가를 몰아세운다면, 옥스퍼드의 역사가에게조차도 특수한 난문들을 해결하는 것이 그의 활동의 전 목적이 아니라는 것을 인정하도록 할 수가 있을 것이다. 즉 보다더 대국적인 사상가로 하여금 보다더 일반적인 상—예를 들어 1250년의 교회 상태의 상과 같이, 중세의 일반적 상보다는 그 일반성이 다소 제한된 상이기는 하지만—을 구성할 수 있게 한다면, 그러한 난문들을 해결하면 뷰어리의 말대로 "결국에는 진실이 밝혀"지리라는 은밀한 희망이 아직은 있을 것이다. 그러나 많은 전문적 역사가들에게는 그러한 완성은 바람직하기는 하지만 역시 요원한 것이다. 즉 일반적 개관은 자기를 지키기 위하여 교육상의 위급함을 구실로 내세울 수 있는 교과서의 저자들과 소수의 천재적인 사람들에게 내맡겨 두지 않으면 안 된다. 한편 보통의 겸손한 역사학도(역사가들은 대부분 겸손하며, 나의 의견으로는 지나치게 겸손하다)는 어떤 역사의 논제가 현대의 강력한 관심을 환기한다고 해서, 그것이 곧 그 논제를 다루어야 할 충분한 이유가 된다고는 보지 않을 것이다. 그리하여 19세기의 역사는 우리와 매우 가깝고 또 **174** 우리들 자신과 같은 점과 다른 점이 많기 때문에 우리의 정열을 자극하지만, 그것은 우리가 비교적 침착하게 바라볼 수 있는 14세기의 역사보다 진지하게 연구하기에는 적합하지 않을 것이다. 랑케가 말했듯이, 모든 시대는 신에게는 똑같은 거리에 있지만, 그러나 통상적으로 우리가 비교적 관심을 덜 갖는 시대는 랑케의 후계자들의 특별한 호감을 사는 것이다.

나는 이러한 말들이 전문적 역사가들에게는 불공정하다고 생각될지도 모른다는 것을 알고 있다. 중세사에 전념하는 것이 오랫동안 영국의 역사 교육의 중심적 특징이었는데, 이러한 중세사 편중은 그 밖의 다른 곳에서는(어쩌면 고대사를 제외하고는?) 사학도들에게 사료(史料)의 발견과 발굴이라는 역사학의 기초적 과정을 보다더 효율적으로 소개할 수가 없다는 이유로 정당화될 수 있으리라는 것도 알고 있다. 또한 일부의 중세학자들이 중세에 관한 상세한 지식이 없이는 우리는 오늘날의 세계를 이해하기를 바랄 수가 없다고 주장하리라는 것도 알고 있다. 비록 나는 나의 무지로 이 점에 관해서는 여전히 의문이 있다는 것을 부언해 주지 않으면 안 되겠지만, 18세기와 19세기의 정치적·사회적 발전을 연구한다면 12세기와 13세기에로 거슬러 올라가는 것보다도 현대의 세계에 관해서 더 많이 알게 되리라는 것은 명백한 일이라고 생각한다. 그러나 이러한 점들을 논외로 하더라도, 나는 그렇게도 많은 전문적 역사가들이 동의하는 것으로 보이는 역사의 본질과 그 과제에 관한 개념을 충분히 진지한 태도로 받아들이기가 어렵다. 모든 학과목 중에서 역사는 학자들만이 익힐 수 있고 이해하기를 바랄 수 있다는 것, 역사는 단지 공평한 정신에서 추구되어야 할 뿐만 아니라 그 성과가 가져올지 모를 어떠한 이익으로부터도 신중하게 벗어나서 추구되어야 한다는 것, 개개의 자연 과학자들이 그렇게 생각하듯이 가설들이 성공적이라든가 미흡하다고 생각하는 것은 다른 사람들이 아니라 바로 이 특수한 사람들이라고 하는 의미에서는 예외이지만, 역사를 연구하는 사람들의 인격은 문제시되지 않는다는 것, 이러한 명제들은 자명하기는커녕 나에게는 어느 경우에나 의문스러운 것으로 보인다. 이와 연관된 명제, 즉 역사가가 새로운 지식을 성실하게 밝혀내는 한 그가 무엇을 연구하는가는 문제가 되지 않는다고 하는 명제에 관해서도, 역사가는 《럭키 짐》* 유형의 역사가가 되어서 그것이 터무니없는 일임을 알지 않으면 안 된다고는 나는 믿지 않는

* *Lucky Jim* : Angry Young Man 계의 Amis의 작품 — 역주.

다. 나는 이러한 이론(異論)의 일부가 트레보어-로퍼 교수에 의하여
확증되어 기쁘게 생각하거니와, 역사와 일반 대중과의 관계에 관한 175
그의 논의는 반박의 여지가 없는 것으로 보이며, 역사는 중요한 점에
서 과학이기보다는 하나의 인문학이라고 하는 그의 주장은 옳다고 생
각된다. 만일 이것이 역사가들에게 어떤 위안이 된다면, 나는 지난
50년 동안 철학에도 철학자들의 그와 비슷한 그릇된 견해가 있었다는
것을 덧붙여 두겠는데, 그들도 자신을 일종의 과학자라고 생각하였
고, 그리하여 대중이 실제로 그들에게 원하고 있는 형이상학적 견해
의 구축과 비판 대신에 일종의 분석 철학을 만들어 내었으며, 나 자
신도 이러한 분석 철학밖에는 할 수가 없다.

이제 나는 역사를 "그 이하도 그 이상도 아닌" 하나의 과학이라고
부르는 것을 왜 내가 잘못이라고 생각하는가를 비교적 덜 수사학적으
로 설명하지 않으면 안 되겠다. 여기에서 나는 역사가들이 특수한 사
실들을 확증하는 데 필요한 믿을 만한 기술들을 개발하였다고 하는
뷰어리의 말을 이 논문의 목적을 위해서 모두 선뜻 받아들인다고 말
하는 것이 도움이 될 것이다. 만일 역사는 과학이라고 말하는 것이
단지 이러한 기술들에 주의를 환기시키고 그 기술들을 사용하여 훌륭
한 결과를 얻을 수 있다고 주장하는 것에 지나지 않는다면, 나는 그
명제에 대해 왈가왈부할 생각이 없다. 그러나 그 명제를 내세운 사람
들은 보통 그 명제로 훨씬더 많은 것을 의미했던 것으로 보인다.

그들이 의미했던 한 가지는, 역사는 적어도 이상적으로는 사람이
달라도 그에 관계없이 타당한 일단의 확증된 진리라고 하는 것이다.
이것은 참이면서 동시에 참이 아니라고 생각된다. 역사가가 열거하는
사실들이 충분히 확증된 것이면, 그것은 어떤 의미에서도 그의 개인
적 소유물이 아니며, 오히려 합리적인 사람이면 누구라도 그 사실들
을 탐구해 보면 동의하지 않을 수 없는 것인 한, 그 말은 참이다. 프
랑스 혁명이 1789년에 일어났다고 하는 것은 영국인들과 대립되어
있는 프랑스인들에게는 진리가 아니며, 혁명에 찬동하는 사람들에게

는 진리이지만 혁명을 혐오하는 사람들에게는 진리가 아니다. 즉 그
것은 우리가 좋아하든 좋아하지 않든 하나의 사실일 뿐이다. 그러나
우리가 개별적 사실로부터 그 사실들이 구성하는 전체에로 주의를 돌
릴 경우에는, 프랑스 혁명은 프랑스인에게나 비프랑스인에게나 똑같
은 것인가 어떤가, 또는 프랑스인 중에서도 좌파의 사람들에게나 우
파의 사람들에게나 똑같은 것인가 어떤가를 추궁해 보면 알 수 있듯
이, 개인적인 고찰에서 벗어난다는 것은 쉬운 일이 아니다.

　물론 이러한 물음들은 근본적으로 애매하다. 왜냐하면 프랑스 혁명
은 무엇인가 하는 것은 그것이 각기 다른 개인들에게 무엇을 **의미하는**
가를 포괄하는 것으로 간주될 수 있고, 또 그것이 무엇을 의미하는가
는 그것이 그들에게 무엇을 **시사하는가**, 그들은 그것에 관해서 어떻게
느끼는가 등등을 포함할 것이기 때문이다. 나는 전문적 역사가들이 전
혀 부적절하다고 생각할지도 모를 이러한 고찰을 끌어들임으로써 논
점을 절취(竊取)하고자 하는 것이 아니다. 오히려 나는 역사가가 있
었던 그대로의 프랑스 혁명을 무엇이라고 부를 것인가에 주의를 기울
이려고 한다. 내가 보기에는 과학적 역사의 옹호자들은 충분히 인식
하지 못하지만, 프랑스 혁명과 같은 것에 관해서 저술하는 것과 자연
과학의 어떤 논제에 관해서 저술하는 것 사이에는 중대한 차이가 있
는 것 같다.

　무엇보다도 먼저 프랑스 혁명을 다루는 역사가는 알릴 이야기거리
를 가지고 있는 사람이요, 그 자신은 그 이야기를 알려 주는 특수한
인물이며, 그는 반드시 어쨌든 일반적인 청중을 염두에 두고 자신의
일을 한다고 하는 것은 사실이다. 어떤 사람이 어떤 이야기를 하는
방식은 단지 그가 이야기하지 않으면 안 되는 내용에 따라서만 결정
되는 것이 아니다. 그것은 우리가 누구나 잘 알고 있는 점에서 보면
화자 자신의 관심과 선입관, 그리고 그의 이야기를 듣는 사람들의 관
심과 선입관에 따라서도 결정된다. 이것은 이야기란 돌이킬 수 없이
편향되어 있다는 것을 의미하는 것은 아니다. 이것은 단지 모든 이야
기는 특수한 관점에서 본 사실들의 설명을 내포하고 있다는 것을 의

미하는 데 지나지 않는다. 위험한 용어를 사용한다면, 어떤 이야기에
나 주관적 요소가 있다. 즉 이 점을 오해가 없도록 표현하자면, 모든
이야기는 어떤 사람이 하는 이야기이며, 더 부언하자면 어떤 상대방
에게 하는 이야기이다. 화자나 청중에 관계없이 이야기를 논한다는
것은 참으로 중요한 것을 도외시하는 것이 된다.

이 점을 더 전개하기에 앞서, 나는 이 점은 우리의 지금의 주제와
는 관계가 없다고 주장하는 두 가지 반론을 고찰하고자 한다. 첫째는
모든 역사가 반드시 이야기의 형태를 취하는 것은 아니라고 하는 반
론이다. 어떤 특수한 발전의 여러 단계로 우리를 이끌어 나가는 역사
외에도, 이를테면 한 가지 점에 집중하여 우리에게 일종의 질서 정연
한 상을 제시해 주는 역사, 같은 곳을 여러 각도에서 되풀이하여 감
싸는 역사도 있다. 알레비의 《1815년의 영국 국민사》(*History of the
English People in 1815*)와 토크빌의 《미국의 민주주의》(*Democracy in Amer-
ica*)가 보기가 될 것이다. 특히 사회사는 이러한 형태를 취하기가 쉽
다. 그러나 나는 이러한 종류의 분석적 역사가 있다고 해서 조금도
곤란에 빠지지는 않는다. 왜냐하면 그러한 분석적 역사도 단순한 이
야기와 마찬가지로 하나의 특수한 전면적 관점에서 서술된다는 것은
명백한 일로 보이기 때문이다. 이러한 역사에서도 무엇을 선택하여
강조하는가 하는 것은 다루어지는 소재의 성질에 따라 결정될 뿐만
아니라(물론 부분적으로 그리고 중요한 대목에서 소재의 성질에 따라
결정되기도 하지만), 조사를 하는 사람의 관심과 견해, 그리고 그것
을 읽는 사람들의 관심과 견해에 따라 결정되기도 한다. 여기에서는 177
우리가 엄격하게 "이야기하는 사람"이라고 말할 수 없다면 "해설자"
와 같은 보다더 총칭적인 술어가 확실히 적절할 것이다.

둘째 반론은 내가 다루고 있는 역사와 자연 과학 사이에 함축되어
있는 대비(對比)를 문제삼을 것이다. 우선 우리는 원한다면 과학적
성과를 준(準) 역사적 형태로 진술할 수 있을 것이라는 말이 나올지
도 모른다. 예를 들어 우리는 《역학 원리》(*The Principles of Mechanics*) *

---

* H.R. Hertz, *Die Prinzipien der Mechanik* (Leipzig, 1894). D.E. Jones 와 T.

의 한 장을 "완전히 평평한 경사면을 굴러 내리는 완전히 둥근 공의
생활의 하루"로 대신할 수 있을 것이다. 플라톤은 《국가》(*The Republic*)
제 VIII 권과 제 IX 권에서 지도자와 국가의 몰락을 설명하면서 사회학
적 성과를 실제로 이러한 방식으로 기술하려고 꾀하였다. [4] 그리고 물
론 이와 같은 일은 본격적으로 시행하기에는 성가시고 까다로울지 모
르나 다른 과학에서도 완전히 가능한 것이다. 그렇다 하더라도 이러
한 경우의 이야기체의 형식은 실제로는 저자로 하여금 그의 소재를
친숙한 경험과 결부시킴으로써 그의 독자들의 마음에 들 수 있도록
하는 교육학적 방편에 지나지 않는다. 알고 보면 입문서나 학교 교과
서에서만 이 방편이 사용된다는 사실이 그 점을 확인시켜 주는 것으
로 보인다. 또한 만일 어떤 특수한 논제에 관한 지식의 요지를 설명
하는 과학적 저서와 위에서 언급한 분석적 역사와의 사이에는 보다
심각한 대비가 가능하다는 말이 나온다면, 전자에서는 주로 주제에
의해서 (또는 오히려 주제에 관한 지식에 의해서) 그 내용이 결정되
는 데 반해, 후자에서는 전혀 다른 요인들도 고려된다고 하는 극히
중요한 차이가 있다고 나는 되풀이하여 말하고자 한다. 우리가 과학
의 교과서를 어떤 언어에서 다른 언어로 번역해서 그것을 바로 사용
할 수 있다—이 작업은 역사 저서의 경우에는 훨씬더 신중을 요하는
작업인데—고 하는 사실은 확실히 그 점과 어떤 관계가 있다.

　그러나 우리가 해설자의 필요 불가결함을 인정하는 경우에 역사 속
에 들어오는 것은 결국 무엇인가? 어떤 사람들은 마치 그것이 **선택**이
라는 요인인 것처럼 말한다. 이 주장에 의하면 역사란 대체로 말해서
특정한 개인이 본 과거의 이야기이며, 그 개인은 자기의 특이한 선입
관에 따라 과거의 많은 사건들 가운데서 선택을 하는 것이다. 나는
역사가들이 이 주장에 당황한 나머지 진정한 역사는 전혀 선택적이

E. Walley 에 의해 *The Principles of Mechanics*(London, 1899)로 번역되었
다—역주.
4) 이에 관해서는 나의 논문 "Plato and the Philosophy of History",
History and Theory, vol. II (1962)를 참조.

아니라고, 즉 이상적으로 말하면 역사는 인간의 전 과거의 복원을 목 178
표로 한다고 주장하는 거창한 길을 걸어 왔다는 것을 알았다. 그러나
역사는 선택을 한다는 사실이 역사는 어떤 나쁜 의미에서든 주관적이
라는 것을 의미하는 것은 결코 아니라는 것이 마땅히 분명해져야만
한다. 설령 이야기가 압축된다고 해도, 그것이 반드시 편향되는 것은
아니다. 그런 이야기는 빠뜨린 것 때문에 오해를 일으키기 쉬울지는
모르나, 비교적 사소하고 중요하지 않은 것만이 생략되는 한 생략 그
자체는 나쁜 것이 아니다. 그리고 결국 역사는 선택이 관여하는 지적
활동의 유일한 형태도 아니다. 여러 왕립 위원회의 보고서와 같은 문
서들은 말할 것도 없고, 모두는 아니지만 대부분의 과학 저서들도 역
시 선택적이다. 이 항목에 대하여 역사의 지적 품위를 반대한 데카르
트의 주장은* 아무래도 그 논거가 다소 박약하다.

　해설자가 역사에 끌어 넣는 것은 단순한 선택이 아니라 중요성의
기준에 따른 선택이다. 그리하여 역사와 과학의 차이는 결국 역사에
있어서의 중요성의 개념과 과학에 있어서의 중요성의 개념의 차이에
달린 것이다. 다소 모호한 이 선언을 분명히 밝혀 보도록 하자. 물리
학 이론의 어떤 분야의 현재의 지식 상태에 관한 요약된 진술을 편찬
하는 사람은 넣을 것과 뺄 것을 결정하지 않으면 안 되며, 그는 물론
그러한 결정을 하는 데 필요한 기준도 가지고 있지 않으면 안 된다.
그런데 어느 정도까지는(여기에서 나는 내가 처음에 했던 뚜렷한 대
조를 완화하지 않으면 안 되겠다) 이 기준은 그가 어떤 사람들을 가
르치려 하고 있는가에 달려 있다. 즉 예를 들어 그가 의학도를 위해
저술하고 있다면 물리학도에게 연설할 때와는 재료의 선택이 다를 것
이며, 그가 일단의 전공 물리학자(말하자면 실험 물리학자가 아닌 이

* "가장 충실한 역사조차도 읽혀지기 위한 품위를 높이기 위하여 사물들
　의 가치를 변경하고 증가시키지는 않지만, 적어도 극히 사소하고 현저
　하지 않은 상황은 거의 언제나 생략한다. 그리하여 나머지 부분은 있는
　그대로 나타나지 않게 된다"(R. Descartes, *Discours de la Méthode*, Pre-
　miére Partie)—역주.

론 물리학자)를 염두에 두고 있다면 선택은 다시 달라질 것이다. 그러나 그러한 사람에게 왜 어떤 논제가 참으로 중요하다고 생각하느냐고 물어 보면, 그는 사실들이 그러하다는 것을 보여준다고 항상 대답할 것이다. 이 점을 다소 거칠게 말한다면 저 요인은 인과적인 효과가 없는 데 반해 이 요인은 인과적인 효과가 있기 때문에, 저 요인은 생략될 수 있는 데 반해 이 요인은 과학의 요약 속에 넣지 않으면 안 되는 것이다. 문제를 이런 식으로 표현한다면, 자연 현상의 영역에서는 어떤 것이 중요하다고 말하는 것은, 그것의 존재나 발생이 광범한 결과를 가져온다고 말하는 것과 같다. 역사에서의 중요성에 관해서도 이와 대등한 설명을 할 수 있다고 생각하는 전문적 역사가들이 많이 있지만, 나는 그들의 생각이 옳다고는 생각하지 않는다.

여기에서 내가 독자에게, 어떤 것은 그 자체로서 중요한 것이거나 또는 그것이 다른 어떤 것을 야기시키는 원인이나 다른 어떤 것에 대한 수단이기 때문에 중요한 것일 수 있다는 것을 상기시킨다면, 나의 논지를 명확히 하는 데 도움이 될 것이다. 우리는 이 두 개념을 "좋다"는 말에 관한 그와 대등한 용법에 좇아서 본질적(本質的) 중요성과 방편적(方便的) 중요성이라고 불러도 좋을 것이다. 그런데 나의 명제는 중요성의 이 두 개념이 모두 역사에서 기능한다고 하는 형태로 표현될 수 있다. 만일 어떤 사람이 프랑스 혁명은 근세 정치사에서 가장 유의미하고 중요한 사건이었다고 말한다면, 그는 프랑스 혁명은 가장 광범위하고 가장 심각한 결과를 가져온 사건이었다는 것을 의미할 것이다. (또 어쩌면 보통 그런 것을 의미하는 것으로 여겨질 것이다.) 그러나 그의 말은 전혀 다른 의미로도 해석될 수 있으니, 그의 말의 진리는 어떠한 후속 사건의 발생 여부에도 의존하지 않는다고 하는 의미가 그것이다. 즉 그의 말은 화자가 프랑스 혁명을 그 자체에 있어서 중요한 사건이라고 생각한다는 것을 지시하는 것으로, 어쩌면 인간의 자유로운 정신의 유의미한 표명을 나타내는 것으로 해석될 수도 있을 것이다. 나는 사람들이 예수 그리스도가 십자가에 못박힌 것을 로마사에서 가장 중요한 사건이라고 말하고, 그것을 이런 식으로 해석하는 것을 들은 일이 있다.

이러한 명제는 기껏해야 세련된 회의주의와 마주치게 될 가능성이 높으므로, 나는 예를 더 드는 것이 좋겠다. 근년에 역사 서술을 사로잡았던 중요한 변화에서 유용한 예를 하나 들 수가 있을 것이다. 역사책들이 왕들과 여왕들, 서로 싸우는 귀족들과 포악한 승려들의 행적으로 채워졌던 것은 그리 오래된 일이 아니다. 역사책들은 정치적·군사적 사건들에 주의를 집중하는 경향이었다. 마르크스 이래로, 또는 더 적절히 말하자면 19세기 말엽 이래로 경제사와 사회사로 중점이 옮겨졌다. 그리하여 주요 **등장 인물들**은 이미 정치적 인물이 아니라 예를 들면 과학자들과 발명가들이요, 이야기의 주인공으로서의 성공적인 군주의 자리는 일반 대중이 차지하게 되었다. 우리가 싫증나도록 자주 들어왔듯이, 역사에서 실제로 문제가 되는 것은 뛰어난 인물들이 아니라 일반 대중이다. 이제 역사적 저작에서의 이러한 관심의 변화는, 정치적 요인보다는 경제적 요인이 역사적 변화에서 참된 결정 요소라고 하는 명제, 즉 왕과 여왕의 결정은 경제적 결정이나 발전과 대비하여 상대적으로 영향력이 없다는 의미에서 상대적으로 중요하지 않다고 하는 명제가 점차 널리 받아들여지고 있다는 데서 부분적으로 설명될 수 있다는 것을 나는 시인한다. 그러나 이것이 완전한 설명인지는 매우 의심스럽다. 일반 대중이 오늘날의 역사에서 그처럼 크게 두각을 나타내게 된 것은 어쨌든 부분적으로는 평민에 대한 우리의 평가가 달라졌기 때문이며, 일반 대중이 이미 보다더 귀족 정치적이었던 시대에서와 같은 대접을 받지는 않고 있기 때문이다. 호메로스(Homeros)는 그리스 편에서나 트로이 편에서나 보통의 군졸에 관해서는 별로 언급하지 않았다. 그러나 그가 테르시테스*에 관해 한 말로 보아서는, 그의 침묵이 전적으로 전쟁은 보통의 군졸들과는 대립되는 신들과 영웅들에 의해 결정된다고 하는 신념에 기인하

180

---

* Thersites: Homeros 의 *Ilias*에 나오는 입심 좋고 추하게 생긴 군졸—역주.

는 것은 아니었다는 것이 분명해진다. 만일 우리가 트로이 전쟁을 기술하는 데 필요한 증거를 가지고 있기만 하다면, 트로이 전쟁에 관한 현대적인 설명은 매우 다른 형태를 취했으리라고 상상할 수 있다.

가치 판단이 우리가 역사적 사실들을 보는 방법에 어떻게 영향을 미치는가에 관한 다른 사례들은 정치 제도사와 사상사에서 끌어낼 수 있는데, 정치 제도사는 (적어도 최근까지) 우리의 민주주의 제도가 어떻게 발전하였는가를 설명하는 형태를 취해야 한다고("의회의 발달"(The Evolution of Parliament) 참조) 우리는 당연히 생각하였고, 또 사상사에 있어서는 우리 자신이 유의미하다(즉 본질적으로 중요하다)고 생각하는 사상을 강조하면 그 사상의 인과적 효능과는 어울리지 않는 경우가 종종 있게 된다. (최근의 하나의 좋은 예가 스토아 학파와 중세기가 진리 함수적 논리학을 선취한 데 대해서 현대의 논리학사가(史家)들이 보인 관심일 것이다.) 여기에서 또다시 우리는 저술가의 관점에 따라 동일한 소재가 전혀 달리 표현된다는 것을 쉽게 상상할 수 있다. 또한 이러한 사실은 많은 전문적 역사가들에게 틀림없이 충격을 주는 것처럼 우리에게 충격을 주지는 않을 것이다. 왜냐하면 이 사실은 우리가 처음부터 예기(豫期)할 각오를 해온 것, 즉 역사란 보통 생각하는 것보다도 더 복잡한 것이라고 하는 것을 보여주는 것에 지나지 않기 때문이다. 내가 명백한 일을 강조해서 말해도 무방하다면, 이 사실은 역사란 어떠한 의미에서도 실제로 일어났던 일을 확증하는 데 관심을 쏟는 과학적 연구가 아니라는 것을 보여주는 것은 아니다. 이 사실은, 역사가들의 출발점인 증거에서부터 여러분이 선택하는 어떠한 구조물이라도 구성할 수 있다는 생각에 대하여 결코 어떤 구실도 주지 않는다. 내가 어떤 것들을 어떤 점에서 본질적으로 중요하다고 생각하면, 그것은 단지 나의 역사를 편향되게 할 뿐이다. 그러한 생각이 나의 역사의 세부 사항을 결정하지는 못하므로 세부 사항은 이러한 견해에서도 다른 견해에서와 마찬가지로 여전히 역사학적 천착의 주된 대상이다. 그러나 역사에는 본질적 중요성에 관한 판단이 있고 그것이 작용을 한다는 것은 내가 보기에는 부정하기 어려울 듯하다. 따라서 이 말이 옳다면 완전한 과학적 역사에 관한 이설(理說)은 버림받을 수밖에 없는데, 이는 사실들로부터 그러한 판단을 읽어낼 수 없다는 것은 아주 명백한 일이기 때문이다.

왜 전문적 역사가들은 내가 제시한 것과 같은 이설은 어떤 것도 받아들이기를 그렇게도 싫어하는 것일까? 나는 두 가지 주된 이유가 있다고 생각한다. 하나는 역사학의 사소한 세부 사항에 대한 그들의 관심인데, 이러한 관심으로 말미암아 그들의 주의는 사실들을 확증하는 데 집중되는 것이다. 이미 언급한 바와 같이, 그들 중의 많은 사람들에게는 역사의 참된 재료는, 그들이 의혹의 눈으로 보기가 일쑤요 그들이 그 목적과 필요를 잘 이해하지 못하는 좀더 일반적인 서적에서보다는, 오히려 새로운 증거에 주의를 끌거나 기존의 증거를 새로운 방법으로 발굴해 내는 학술 잡지와 조사 연구에서 발견될 수 있는 것이다. 그러나 둘째로 역사가들은 그들 자신의 가치 판단을 아주 당연한 것으로 생각하기 때문에, 그들은 역사에서의 가치 판단의 기능을 인식하지 못한다고 나는 생각한다. 어쨌든 영국에서는, 우리가 역사에 접근할 때 가지는 전제로 널리 "자유주의적"이라고 일컬어질 수 있는 전제 이외의 다른 전제들이 있을 수도 있다는 가능성은 전연 고려되지 않고 있다. 이에 대한 이유는 의심의 여지없이 자유주의적 견해를 공유하지 않고 있는 진정한 일급 역사가들이 이 나라에는 거의 없다고 하는 것이며, 이것은 우리가 살고 있는 안정된 정치적·사회적 상황을 반영하는 사실이다. 그 결과로 비동조자의 역사, 예를 들면 마르크스주의 유파의 역사는 기술적으로 조잡한 경향이 있으며 그만큼 진정한 관심을 끌지 못한다. 이러한 특이한 상황을 보고, 현대 영국의 역사가들이 과학적 이상을 성취하면서도 본질적 중요성의 개념을 가지지 않고 활동하고 있다고 주장한다면, 나에게는 그것은 위험한 일로 보인다. 이 주장은 《런던 타임즈》(*The Times*)는 독립된 신문이라고 자처하므로 내놓을 관점을 가지지 않고 있다고 단정하는 주장과 유사할 것이다.

나는 내가 제시한 주장을 전적으로 파기하지 않고도 그 주장을 반

박할 수 있는 하나의 방법—역사가들도 이 방법에는 공명할 것이다
—을 생각할 수 있다. 그리하여 나는 나의 주장의 이 부분을 요약하
기에 앞서 이 방법을 개괄하고 논의하려고 한다. 실제로 역사가들은
본질적 중요성에 관하여 판단을 내린다고 하는 것과, 단순히 사실에
의거하여 문제를 결정할 수 없으면 역사가들은 그러한 판단에 있어서
의견을 달리할 수도 있다(또는 달리한다)고 하는 것을 선뜻 시인하는
비평가를 우리는 상상할 수 있다. 그러한 비평가는 이렇게 주장할 것
이다. 즉 그렇다고 해서 우리는 그러한 판단들 중에서 합리적으로 어
느 하나로 결정을 내리기 위한 원리를 찾을 수 없다는 귀결이 나오는
것은 아니요, 만일 어떤 사건이 보다 많은 사람들에게 영향을 미치고
그 영향의 정도가 더 크다면, 그 사건은 다른 사건보다도 더 본질적
으로 중요하다고 하는 것을 우리가 잘 간직해 두면, 그러한 원리는
획득될 수 있다는 것이다. 앞으로 명백해지겠지만 이러한 다소 조잡
한 공식은 도덕상의 최대 행복의 공식과 일치한다. 이 공식이 역사가
들에게 주는 매력은, 실제로 이 공식이 이러저러한 사건에 본질적 중
요성을 부여하는 것이 합리적인가 어떤가 하는 가치의 문제를 사실의
182 문제에로, 즉 관계된 사건들이 얼마나 많은 사람들에게 영향을 주었
으며 그 영향은 얼마나 심각한 것이었는가 하는 문제에로 환원시키고
그렇게 하여 역사를 결국 과학화한다고 하는 점일 것이다.

　나는 지금 사용된 말들이 애매하다든가, 그 말들이 제기하는 문제
들은 대답하기가 어렵다든가 하는 주장은 하지 않겠다. 또한 만일 위
에서 제시된 기준이 적절하게 상술(詳述)될 수 있다면, 그것은 상식
에 대해서도 강력한 호소력을 가질 수 있는 것이라는 것도 부인하지
않겠다. 그러나 내가 강조하지 않으면 안 되는 것은, 위에 인용된 공
식은 그 자체가 과학적 품위를 요구할 수가 없을 것이라는 점, 또는
그 점에서 과학적이 아니라는 이유로 반론될 수도 없을 것이라는 점
이다. 그 공식은 가치 판단들 가운데에서 선택을 하기 위한 공식이기
때문에 그 자체는 단순한 가치 판단이 아니다. 그러나 그와 마찬가지
로, 아니 한층더 분명하게 그 공식은 사실에 관한 직접적인 진술도

아니다. 다시 말해 우리는 사물들의 현황을 알아냄으로써 그 공식의
진위(眞僞)를 확증할 수는 없다. 그 공식에 동의한다는 것은 실제로
는 일정한 도덕적 견해, 즉 공리주의자들의 도덕적 견해를 받아들이
는 것이다. 나는 이 특수한 견해가 과학자들에게, 특히 사회 과학자
들에게 자주 감명을 준다는 사실을 부인하고 싶지는 않다. 그러나 이
사실 자체가 그 견해를 과학적인 것으로 만드는 것은 아니다. 만일
어떤 사람이 이 공식을 받아들이기를 거부한다면, 그 사람의 행위는
여러 가지 이유로 반박될 수 있을지 모르지만, 그러나 그가 사실들에
정면으로 반항한다는 이유로 반박될 수는 없을 것이다. 그리고 본질
적 중요성에 관한 이러한 공리주의적 기준을 마치 거부하는 것처럼
행위하는 역사가들이 있고, 그 점에 관한 한 그러한 비역사가들도 있
다는 것은 내가 보기에는 확실한 것 같다.

　이제 내가 지금까지 확증하려고 노력해 온 것을 요약해 보도록 하
자. 첫째로 내가 말하고 싶은 것은, 역사는 특수하게 일어난 일을 판
결하기 위한 공인되고 믿을 수 있는 방법을 가지고 있는 한 하나의
과학이라고 불려질 수 있지만, 뷰어리와 최근 대부분의 전문적 역사
가들이 생각했던 것처럼, 이것이 역사가 철두 철미하게 과학적이라는
것을 의미하는 것은 아니라고 하는 점이다. 이에 대한 이유는, 역사
가들이 그 임무상 구성해야만 하는 전체상(全體像)은 특수한 사실들의
집합이나 그 함수가 아니라고 하는 것이다. 중세가 실제로 어떠했었
는가를 말하려면 여러분은 그 시대에 관하여 알려져 있는 모든 것을
열거하는 것 이상의 일을 하지 않으면 안 되며, 중세기의 생활과 연
관된 설명을 하는 것 이상의 일까지도 하지 않으면 안 된다. 여러분
이 하지 않으면 안 되는 일은 중세를 원근법적으로 전망하는 것이니,
이는 곧 여러분이 조립하는 여러 사실들의 방편적 중요성과 아울러
그 유의미성(본질적 중요성)에 관하여 여러분의 소신을 피력하는 것
이 된다. 이러한 사실은 역사는 언제나 특수한 관점에서 씌어진다고
하는 사실과 관련되는 것이요, 이때 관점이란 말은 일정한 도덕적 견
해를 받아들인다는 것도 내포하고 있다. 비록 나는 여러 가지의 가능

183 한 도덕적 견해들의 합리성에 관해서는 우리가 논의할 수도 없고, 또
그 견해들을 합리적인 근거 위에서 받아들이거나 거부할 수도 없다고
는 말하고 싶지는 않지만, 그러한 견해들을 선별하는 확실한 방법이
아직도 발견되지 않았다는 것은 여전히 사실이다. 그러한 견해의 어
느 하나를 "과학적"이라고 부르는 것은 그 견해에 편들어서 논점을
절취하는 것이다.

　위에서 언급한 단순한 상황, 즉 모든 역사가는 이른바 "해설자"라
고 하는 단순한 상황에서부터 논의를 시작하여 역사는 과학 이하이거
나 과학 이상이라는 결론에 이른다면, 그것은 옳지 않을 것이다. 역
사가는 각자 과거를 시간상의 일정한 입장에서 본다는 사실과, 역사
가는 특정한 집단의 독자들—말하자면 19세기 중반의 독일인과 반대
되는 20세기 중반의 영국인—을 위하여 저술한다는 사실은, 이 사실
들이 아니었으면 수수께끼처럼 들렸을 사실, 즉 역사는 끊임없이 다
시 쓰어지고 있다고 하는 사실을 해명하는 데 도움이 되는 한에서 확
실히 중요하다. 그러나 그 사실들 자체가, 역사에는 비과학적 요소는
없다고 생각할 이유가 되는 것은 아니다. 몸젠의 《로마사》(History of
Rome)는 오늘날 우리가 바라는 것과는 다를자도 모른다. 그러나 만일
몸젠이 그의 후계자들과 다른 것은 단지 그가 저술한 사건들을 공간
과 시간상 다른 점에서 보았다는 것뿐이라면, 과학적 역사를 옹호하
는 주장은 그대로 남을 것이니, 이는 그 주장이 현대의 로마사가들은
몸젠이 그의 《로마사》를 쓸 때 가졌던 것보다 더 많은 증거를 가지고
있다(일부분은 몸젠 자신의 노력에 의해서)는 사실 때문에 영향받지
않는 것과 꼭 마찬가지이다. 또한 과거에 대한 관심이 그 이상의 어
떤 것이 있다는 것을 알려 주는 경우는 예외이지만, 역사가가 다르면
그들이 표명하는 과거에 대한 관심도 달라진다는 데서는 아무런 중요
한 결론도 이끌어 내어질 수가 없다. 기술사(技術史)는 문학사와 공존
할 수 있고 또 물론 공존하고 있거니와, 보통은 과거에 관한 그처럼
다른 설명들이 가능하다는 사실이 우리를 괴롭히지는 않는다. 우리가
한 부문의 좁은 견해에서 벗어나 한 시대의 완벽한 상을 제시하려고

시도하는 경우에만 곤란은 일어난다. 즉 우리가 비극의 발명은 예를 들어 바퀴의 발명만큼 정말로 중요한 것이었는가를 묻고 있는 것이 그러한 경우이다. 우리가 자신에게 이러한 종류의 물음을 명시적으로 제기하거나 안 하거나간에 그 물음에 대한 대답은 역사가들이 우리에게 해주는 이야기들 속에는 암묵적으로 들어 있다고 하는 것, 역사가들이 그 이야기들을 처음부터 끝까지 왜곡하거나 채색한다는 데는 일리가 있다고 하는 것, 그리고 바로 역사의 이러한 특색에 관해서는 뷰어리와 그의 동조자들이 전혀 언급하지 않고 있다는 것이 나의 입론(立論)이다.

유의해야 할 것은, 나는 역사에는 진리와 같은 것은 없다고는 말하지 않았다는 점이다. 즉 내가 주장하고자 했던 것은 과거에 관한 진리란 대부분의 전문적 역사가들이 이해하고 있는 것보다도 더 어려운 개념이라는 것뿐이다. 물론 역사가들이 묻는 물음에는 참된 대답을 할 수 있는 물음이 있다. 즉 다른 의견과 마찬가지로 나의 의견으로도 역사가의 기술적 도구 전체는 여전히 효력이 있다. 이 점을 내가 위에서 도입한 술어로 표현한다면, 방편적으로 중요한 것에 관한 물음들은 참된 대답 또는 거짓된 대답을 용납하는데, 대부분의 역사가들은 그들의 대부분의 활동 기간 동안 이러한 물음에 사로잡혀 있다. 설령 그렇다 할지라도, 어떤 사람은 아무리 무미 건조한 연구자들이라 하더라도 보다 넓은 종합의 사상을 염두에 두고 그들의 활동을 수행한다고 생각한다. 바로 이러한 사상을 구상할 때, 또는 이러한 사상을 단순히 예시할 때 본질적으로 중요한 것이라는 개념이 작용하는 것이다. 또한 이 요인을 과학 외적(科學外的)이라고 부를 때도, 나는 이 요인이 어떤 나쁜 의미에서든 개인적 또는 주관적인 것이라는 인상을 주고 싶지는 않았다. 나는 어떤 점에서는 역사가의 개성은 극히 중요하다고 생각한다. (이것은 어떤 점에서는 소설가의 개성은 긴요하다고 하는 것과 유사하다. 그 밖의 어느 누구도 이야기할 사건을 아주 똑같이 파악하고 똑같이 통찰하지는 못한다.) 트레벨랸이 역사 연구에 있어서 상상력의 역할을 강조하면서 지적한 것은 다른 무엇보

184

다도 바로 이것이었다. 그러나 과거에 참으로 중요했던 것이 무엇인
가에 관한 어떤 선입관을 가지고 과거를 보는 것은 어떤 의미에서도
사적인 문제가 아니다. 즉 이런 종류의 태도는 큰 집단들이 공유할
수 있는 것이고, 또 실제로 공유하고 있는 것이다. 그리하여 또다시
이 태도에 대하여 찬반의 논의가 일어날 수 있으며, 이러한 논의도、
역시 흔히 일어나고 있는 것이다. 그러나 이 논의는 과학이나 역사의
논의가 아닌데, 왜냐하면 이 논의는 단순히 무엇이 사실이거나 사실
이었는가에 관한 것이 아니라, 인생에 대한 태도 전체의 타당성에 관
한 것이기 때문이다. 이러한 논의가 어떤 별개의 학문에 속한다면,
그것은 철학에 속하는 것이다.

위의 주장의 전체는 결국 다음과 같은 견해가 된다. 즉 역사가가
과거의 어떤 시기에 실제로 어떤 일이 일어났는가를, 또는 특정한 시
대가 실제로 어떠했는가를 우리에게 알려 주려고 하는 경우에, 그는
일련의 사건들을 열거하는 것 이상의 어떤 일을 하지 않으면 안 된
다. 즉 그는 더 나아가서 그의 독자들이 그 사건들을 평가하도록 도
와 주지 않으면 안 된다. 역사는 단지 기술(記述)일 뿐만 아니라 기술
이면서 평가이다. 그런데 나는 이러한 견해가 많은 전문적 역사가들
에게는 마음에 들지 않으리라는 것을 알고 있지만, 그래도 나로 하여
금 이 견해가 옳다고 생각하게끔 하는 몇 가지 점을 결론으로 언급하
고자 한다.
분명히 이 문제는 도대체 왜 우리가 역사를 연구하는가 하는 문제
와 어떤 관계가 있다. 이 문제에 대해서 내가 의도적으로 공식적 견
185 해라고 부르고자 하는 것이 무엇인가 하는 것은 아주 명백하다. 우리
가 역사를 연구하는 것은(또는 더 정확히 말해 역사가들이 역사를 연
구하는 것은), 어떤 일들을 밝혀내는 것이 재미있기 때문이다. 사람
들은 많은 것들에 대해, 그리고 특히 과거에 대해 호기심을 가지고
있다. 역사적 지식을 추구하는 동기(아니 어쩌면 하나의 고유한 동기
라고 해야 할 것이다)는 지식 그 자체를 위한 지식에서 얻는 단순한

즐거움이다. 이것이 이 문제의 참된 설명의 일부라는 것을 나는 부정하고 싶지 않다. 〔그러나〕 이것이 그 설명의 전부라는 것은 도저히 있을 수 없는 일같이 생각된다.

만일 우리가 왜 사람들은 실제로 역사에 흥미를 갖는가를 묻는다면 물론 많은 대답이 있다. 역사 연구를 하게 되는 아주 일반적인 하나의 동기는, 어떤 이유 때문에 우리의 주의를 끄는 현존하는 어떤 사태의 배후에 있는 (또는 우리가 말하는 대로 하면 그 사태를 "설명하는") 것을 밝혀내려고 하는 소망이다. 그와 같은 접근법이 이해 관계를 떠나 초연한 것이 아님은 강조할 필요가 거의 없다. 왜냐하면 그에 수반되는 호기심은 부질없는 호기심이 아니요, 그 호기심은 흔히 어떤 직접적인 실제적 목적과 결부된 것이기 때문이다. 그런데 실제적 동기를 가지고 역사 연구를 시작하여, 다음에는 연구 그 자체를 위한 연구에 흥미를 가지게 되고, 실제적 고찰이 요구하는 것보다 훨씬 세세한 데까지 역사를 추구한다는 것은 물론 가능한 일이요, 바로 이러한 사실로 인해 공식적 견해는 지금과 같이 그럴 듯하게 보이는 것이다. 그러나 내가 보기에는 이런 종류의 순수한 호기심은 현실적이기는 하지만 역사의 연구에서는 부차적인 요인에 지나지 않는 것 같다. 만일 순수한 호기심이 사람들로 하여금 과거에 흥미를 가지지 않을 수 없게 하는 유일한 동기라면, 역사는 인간의 사유에 있어서 그것이 오늘날 차지하고 있는 것과 같은 중심적 위치를 거의 차지하지 못할 것이다.

하나의 유추를 전개함으로써 보다 건실한 견해를 제시해 보도록 하자. 우리는 여러 가지 이유로 외국에 간다. 매우 일반적인 하나의 이유는 사업을 하기 위한 것이다. 즉 우리는 종종 외국인들은 어떠한가를 알 필요가 있는데, 이는 우리가 외국인들 그 자체를 위해서 외국인들에게 관심을 가지기 때문이 아니라, 그러한 지식이 우리에게 실제적으로 유용하다는 것이 판명되고 있기 때문이다. 여행자들, 특히 오늘날의 여행자들의 또 하나의 아주 일반적인 동기는 호기심이다. 즉 우리들 가운데 많은 사람들은 다른 지방의 사정을 진정으로 알고 싫어하는데, 이는 바로 우리가 그 지식이 재미있다는 것을 알기 때문이다. 사람들이 언제나 그러했듯이, 우리는 인간의 본성과 행위가 얼마나 각양 각색일 수 있는가를 보고 듣는 데서 즐거움을 느낀다. 그러나 어떤 사람이 외국의 관습과 행동에서 유사점과 차이점을 발견하고 주목하는 데 국한한다면, 그가 관심있는 나라에서 아무리 오래 지냈다 할지라도 그의 정신은 틀림없이 두드러지게 어린애와 같을 것이다. 우리들 대부분에게는 조만간에(나 자신의 경우에는 늦기는커녕

186 오히려 더 일찍이) 순전한 호기심은 퇴색되고, 우리는 자신이 주위의 사정을 둘러보고 있다는 것을 알게 되는데, 이것은 단지 그 광경이 즐겁기 때문이 아니라 비교할 필요가 있기 때문이다. 우리는 외국의 생활 양식을 봄으로써 우리 자신의 생활 양식을 생각하게 되고, 어떤 관행(慣行)이 더 견실한 것인가 하는 물음이 불가피하게 일어난다. 물론 비교가 쉽거나 간단한 일이라는 것은 아니다. 하나의 제도를, 예를 들어 프랑스나 미국의 교육 제도를 그 제도가 운용되는 맥락과 배경으로부터 떼어 내어서 그것을 그것만으로 판단할 수 있다고 생각하는 사람은 경험이 없는 여행자뿐이다. 그러나 여기에서 느끼는 어려움—정직한 관찰자라면 어려움이 있다는 것을 숨기려고 하지 않을 것이다—은 관심을 감소시키기보다는 오히려 날카롭게 하는 구실을 한다. 즉 비교를 하려는 요구, 외국의 사정과 자국의 사정을 모두 평가하려는 요구는 존속한다. 참으로 이 요구야말로 탐구에 대한 강력한 자극이다. 우리가 한 나라에 오래 머물수록 우리는 그 나라의 사실들을 찾아내려는 길고도 진지한 노력이 없이는 공정한 판단을 내릴 수 없다는 것을 더욱 실감하게 된다. 그리하여 사실의 발견과 평가는 보조를 **맞추어서**(pari passu) 진행하는 것이요, 어떤 기민한 관찰자가 외국에서의 경험을 기록하게 될 때는 발견과 평가는 불가피하게 섞여지는 것이다.

외국 여행에 대해 참인 것은 역사에 대해서도 참인 것같이 보인다. 시간에 있어서 뒤로 되돌아가는 것은 여러 면에서 공간에 있어서 밖으로 나가는 것과 비교될 수 있거니와, 여행을 하려는 사람들이 보고

와 평가를 다할 필요를 느끼는 경우에는 특히 그러하다.[5] 그들이 가
지고 돌아오는 이야기들은 단순한 기술이 아니라 편향된 기술이라고
할 수 있는 것이다. 편향되는 것은 그들이 사실들을 왜곡하거나 고의
로 빠뜨리기 때문이 아니라, 그들이 이야기하는 사람과 청중에게 관
계가 있는 어떤 선입관에 비추어서 사실들을 제시하기 때문이다. 그
러한 선입관은 우리가 보고 있는 것에 영향을 미치기(우리가 누구나
알고 있듯이, 불리한 경우에는 선입관은 역효과를 가져와서 하나의
장애물로 작용할 수도 있다)보다는 오히려 우리가 주목하게 될 대상
을 결정한다. 분별있는 사람은 누구나 알고 있듯이, 과거에 일어난
일은 누군가가 지금 생각하고 있는 일에 좌우되지 않는다. 〔그러나〕
우리가 과거에 일어난 일을 어떻게 받아들이고, 그 일을 어떻게 생각
하고 있고, 그 일에 어떤 해석을 내리는가 하는 모든 것은 단연코 지
금 생각하고 있는 것에 좌우된다. 훌륭한 역사가는 아주 노골적인 선
전원과 마찬가지로 이 사실에서 벗어날 수가 없다. 그러나 그렇다고   187
해서 이것이 다른 어떤 점에서도 역사와 선전을 혼동할 이유가 되는
것은 물론 아니다.

　이러한 거북한 진실에 직면하면, 어떤 역사가들은 그들이 생각하기
에 잘 드러나지 않는 입장에로 후퇴하고 싶어할지도 모른다. 우리는
그들이 이렇게 말한다고 상상할 수 있다. "우리가 참으로 알고 있는
것은 사실들을 입수하는 방법뿐이다. 그러니 앞으로는 사실들이 어떠
하였는가를 말하는 데 국한하고, 사실들의 판단은 비전문가들에게 맡
기자." 이것은 결국 사료, 잡지, 논문, 전공 논문의 발표를 위해서
일반 역사를 회피하자는 제안과 같은 것이다. 이에 관한 나의 이의는
두 가지이다. 첫째로 나는 전공 논문과 일반 역사가 어떻게 구별될

---

5) 이러한 견해에 관해서는 Descartes, *Discourse on Method*, part I을 참조:
　"다른 시대의 사람들과 담론을 하는 것은 말하자면 외국에 여행하는 것
　과 거의 같다. 그리고 여행은 우리에게 다른 국민들의 관습을 잘 알게
　함으로써 우리 자신의 관습을 더욱 공정하게 판단할 수 있도록 해준
　다."

수 있는지를 정확히 알지 못한다. 왜냐하면 모든 전공 논문은 (내가 추정하건대) 하나의 연관된 설명이요, 모든 그러한 설명은 보다 넓은 어떤 맥락을 염두에 두고, 즉 역사가들의 관점에 준거하여 씌어지지 않으면 안 되기 때문이다. 틀림없이 전공 논문의 저자는 일반 대중보다는 오히려 자기의 동료 전문가들을 상대로 이야기하고 있다고 생각할 수 있는데, 이것이 그의 해설에 어떤 영향을 미치게 될 것이다. 즉 그것은, 예를 들면 그가 나라의 정세를 부주의한 사람들에게는 설명하지 말라는 경고 표시를 훨씬 많이 붙였다는 결과가 될 것이다. 그러나 설령 전문가의 관심이 보통의 지성인의 관심과 다르다고 할지라도, 이것이 곧 전자가 후자를 배제한다는 것을 의미하는 것은 아니다. 즉 역사가도 결국은 인간이다. 둘째로 문제의 이와 같은 설명에 입각해서 볼 때 어떻게 해서 판단이 정확하게 내려질 수 있는지를 나는 이해하지 못한다. [이 설명에 따르면] 사실들을 그것을 모르고 있는 사람들에게—그들의 관심이야 어떠하든 아마도 모든 사실들을, 또는 적어도 입수될 수 있는 만큼의 많은 사실들을—제시하기로 하고, 그들에게 이 사실들에 관해서 좋을 대로 생각해 보라고 말해 주기로 하는 것이다. 내가 보기에는 만일 역사가들이 이렇게 한다면 그것은 중대한 책임의 포기와 같을 것이며, 이러한 책임의 포기는 그들의 학문이 경멸을 받도록 하지는 않을지라도 적어도 그들의 관록을 크게 손상시킬 것이다. 그러나 나는 여기에서 대부분의 역사가들이 여기에 약술된 그들의 제한된 역할을 결코 용인하지 않았다는 것을 생각하면 위안이 된다. 즉 그들은 사실들을 찾아냄과 아울러 사실들을 투시하려는 데 주저하지 않았으며, 그렇게 함으로써 트레벨란이 역사의 주요 과제라고 옳게 보았던 일, 즉 사람들로 하여금 자신의 시대를 다른 시대와 비교하고 대조하여 봄으로써 자신의 시대의 특성을 알도록 해주는 일을 완수하려고 도모해 온 것이다.

부록 II 역사적 인과 관계

　역사적 인과 관계의 문제에 관해서는 역사학도들과 역사 교사들이 흔히 혼란을 일으키고 있다. 그들의 혼란은 다수의 다른 수준에서 여러 곤란들이 경험된다는 데 기인하는 것이어서, 나의 첫째 과제는 이러한 곤란들에 대해서 약간의 설명을 하는 것이 될 것이다.

　우선 역사적 원인을 만족하게 확인하는 실제적 곤란이 있다. 이 문제를 아주 평이하게 말하자면, 역사가들은 무엇이 실제로 일어났는가 하는 것과 아울러 무엇이 일들을 일으켰는가 하는 것도 말할 수 있어야 한다고 생각된다. 그러나 분명히 사건의 정확한 과정을 서술하는 데서보다도 원인을 진단하는 데서 역사가들 사이의 견해차가 훨씬더 많다. 예를 들면 우리는 지금 제1차 세계 대전 직전의 유럽 열강의 외교사, 정치사, 경제사에 대해 많은 것을 알고 있으나, 무엇이 실제로 전쟁을 일으켰는가를 안다고 주장하기는 힘들 것이다. 그 나라의 애국적 역사가들이 일찍이 주장했듯이 독일 황제의 개성이 기본적 요인이었는가, 또는 그들의 보다 온건한 후계자들이 갈파했듯이 그 요인은 열강의 경제적 경쟁이었는가？ 만일 어떤 사람이 전쟁의 원인을 유럽에서의 민족주의의 창궐에 돌리고, 민족주의가 먼저 터키 제국,

다음에는 오스트리아-헝가리 제국과 러시아 제국을 위협하고, 그리하
여 전 유럽의 힘의 균형을 파괴하는 전조가 되었다고 주장한다면, 그
는 분명히 빗나간 것일까 빗나가지 않은 것일까? 이러한 종류의 물
음에는 명확하고 합치된 대답이 없다고 하는 사실이 일부의 역사학도
들을 곤혹스럽게 한다. 그리고 지금은 전문적 역사학계에서 보편화된
189 가정, 즉 역사는 진정한 지식의 한 분야요, 뷰어리가 말했듯이 하나
의 "과학"이라고 하는 가정을 받아들인다면, 역사학도들이 곤혹을 느
끼는 것은 당연한 일로 보인다. 우리가 그 말의 넓은 의미에서 과학
적이라고 지칭하는 연구를 다른 연구와 구획짓는 것은, 바로 그 연구
의 주요한 성과가 그 연구에 종사하는 모든 유능한 인사들 사이에서
일반적인 동의를 얻는다고 하는 것이다. 뷰어리가 1903년에 역사는
과학 "이하도 이상도 아니다"라고 말했을 때 그는 틀림없이, 비록 역
사학의 그리 멀지 않은 과거에는 이러한 요건이 충족되지 않았었지
만, 그 당시에는 역사학이 이 요건을 충족시켰다고 주장하고 있었던
것이다. 그러나 역사가들이 사건의 과정으로부터 그 원인에로 이행하
자, 역사가들 사이에 일반적인 의견 일치가 그다지 없다는 사실이 인
정되어야 한다면, 위의 주장은 그리 감동적이지 않아 보인다.

역사적 원인의 확인이 곤혹을 일으키거나 일으킬 수 있다는 데 관
한 둘째 논점은 이러하다. "제1차 세계 대전의 원인은 무엇이었는
가?"와 같은 물음에 대한 대답도 역사가에 따라 다르다는 것이 사실
일 뿐만 아니라, 역사적 원인으로 선별된 여러 종류의 것들이 언제나
용이하게 비교될 수 있는 것은 아니라고 하는 것도 참이다. A.J.P. 테일
러 씨가 《제2차 세계 대전의 근원》(The Origins of the Second World War)
에서 체임벌린*과 달라디에**도 히틀러와 똑같이 1939년의 전쟁 발
발에 대한 책임이 있다고 주장했을 때 판결해야 할 문제는 적어도 단

---

* A.N. Chamberlain(1869~1940): 수상직을 Churchill에게 넘겨 준 영
　국의 정치가. 파시즘에 유화 정책을 써서 비난을 받기도 했다—역주.
** E. Daladier(1884~?): 원래는 역사학 교수였으나, 1936년 급진 사회
　당 당수로 선출되어 1940년 체포되었고, 1942년 독일로 이감되었다가
　1945년 미국군에 의해 구출되었다—역주.

순한 것이었는데, 왜냐하면 우리는 히틀러가 한 일과 하지 않은 일의 결과를 다른 정치가들의 그것과 쉽게 비교할 수가 있기 때문이다. 그러나 제1차 대전의 원인을 논구하는 어느 역사가가 독일 황제의 개성은 크게 중요하지 않았고, 그 상황에서의 본질적인 결정 요인은 경제적인 것이었다는 것이 진실이라고 우리에게 가르쳐 주는 경우에는, 우리는 〔대전의 원인으로〕 제시된 것을 부인된 것과 대비하여 어떻게 평가해야 하는지 전혀 알지 못한다. 민족주의의 만연과 아프리카의 쟁탈은, **화친 협정(和親協定)** *의 성립이나 해군 증강 계획을 배가하기로 한 결정과 같은 정도로 역사에서 인과적 요인으로 작용하지는 않는다. 그에 따라서 전자의 요인을 후자에 대립되는 것으로 강조하는 설명을 받아들일 것인가도 결정하기 어려운 일이다. 또한 우리가 원인이기를 바라고 있는 것이 매우 일반적인 것이라고 인정되는 경우에도, 이 수준에서도 경합하는 것들이 있을 수 있기 때문에, 매사가 순탄해지는 것은 아니다. 민족주의적 감정과 자본주의 체제의 위기는 상당히 추상적인 인과적 요인이라는 점에서 일치한다. 그러나 그것은 양자가 일치하는 유일한 점이다. 각기 국민적 자각의 증대와 유럽의 경제적 조직에 내재하는 발전에 입각한 19세기의 유럽의 두 가지 역사를 마주하여 그 중의 하나를 선택하라고 하면, 보통의 역사학도는 선택을 할 만한 채비가 안 되었다고 생각할 것이다. 우리는 그가 두 가지의 요인이 모두 실제로 작용하였다고 항의하고, 따라서 양자를 공평하게 다루는 하나의 절충적 설명을 고안해 보리라고 생각할 수 있다. 그러나 만일 그에게 그 절충안을 개괄적으로 정당화해 보라고 요구하면, 그는 분명히 아주 당황해 할 것이다.

190

　원인을 확인할 때에 일어나는 이러한 실제적 곤란은 분명히 **역사적 원인이란 무엇인가**에 관한 역사가의 생각이 불명료하다는 것과 어떤 관계가 있다. 우리는 원인의 개념이 일상 생활로부터 역사에 도입되었

---

* Entente Cordiale: 1904년 영국과 프랑스 양군 사이에 체결된 조약— 역주.

다고 생각할 수 있는데, 이것은 역사에 있어서의 원인이란 원래 하나의 사건, 즉 그것이 아니었으면 그 후의 사건의 전 과정이 중대하게 달라졌을 뻔한 행위나 부작위(不作爲)였다는 것을 의미한다. 1890년에 비스마르크(Bismarck)를 해임한 황제 빌헬름 2세(Wilhelm II)의 결심이 그러한 원인의 한 예가 될 수 있을 것이다. 이것은 일정한 수준에 있는 시험 응시자가 "19세기말에 유럽 열강의 관계를 급격히 악화시킨 원인은 무엇이었는가?"라는 물음에 대한 해답으로 인용함직한 정도의 것이다. 그런데 이렇게 이해되는 원인은 고립되어서 작용할 수가 없다는 것은 명백하다. 즉 이러한 해석에서 보면 하나의 원인은 그것의 결과라고 일컬어지는 것의 많은 필요 조건들 중의 하나에 지나지 않으며, 다른 필요 조건들과 협력해서만 결과를 산출할 수 있는 것이다. 이러한 사실은 일상 생활에서 우리를 당혹하게 하는 것이 아니니, 일상 생활에서는 콜링우드와 또 다른 사람들이 충분히 밝혔듯이, 우리는 (1) 우리의 관심에 따라서, 그리고 (2) 적어도 많은 경우에는 무엇이 원리적으로 산출될 수 있거나 또는 방해될 수 있는 것인가에 따라서 원인을 조건과 구별한다. 그러나 역사가들은 과거에 대해 기술자들이나 의사들이 가지는 것과 같은 직접적으로 실제적인 관심을 가지지 않는다. 과연 역사가들은 역사가들인 만큼 그 어떠한 실제적 관심도 가지지 않고 "그 자체를 위하여" 과거를 연구한다고 하는 말을 우리는 흔히 듣는다. 그리고 이 말은, 같은 상황에 있던 밀에게서 의미했던 것과 같이, 역사가들은 필요 조건이라는 의미의 원인에 대해서는 즉각 의구심을 드러낸다는 것을 의미한다. 역사가들은 어떤 특정한 것—이를테면 독일 황제의 성격—을 주어진 상황에서 결정적인 것으로 선택하고, 다음에는 만일 다른 모든 것들이 사실이 아니었더라면, 즉 만일 프랑스 국민이 패배에 격분하여 복수에 열중하지 않았더라면, 그리고 만일 영국인이 제국주의의 단계를 거치지 않았더라면 등과 같이, 만일 그렇지 않았더라면 이 특정한 것도 그것이 실제로 가져온 결과를 가져오지 않을 뻔했다고 생각하려 한다. 그
191 결과 원인과 조건과의 일반적이고 매우 유용한 구별이 역사가에게는

승인할 수 없는 것으로 생각되기 시작하여, 그가 "원인"이라는 말을 이해할 때는 필요 조건에서 충분 조건에로의 변화가 일어난다. 무엇이 어떤 사태를 일으켰는가를 밝혀 보라는 권유를 받으면, 역사가는 이제 매우 다양한 요인들을 열거하고 자신의 의견으로는 이 여러 요인들이 함께 작용해야만 그 사태를 산출하는 데 충분했다고 말할 것이다. 그러나 원인으로부터 여러 원인들에로의 이러한 이동이 당면한 곤란을 해결해 주는 것처럼 보일지는 모르지만, 그것은 분명히 항구적인 지적 내지 실제적 만족을 주지는 못한다. 우리가 어떤 현상을 일으키기에 충분했던 그 현상의 선행(先行) 사건들을 기록하려 할 때, 어떤 사건들이 거기에 포함되어야 할 것인가는 결코 명백하지가 않다. 우리가 어떤 요인을 추가할 때마다 그 요인은 그 이상의 협동 요인의 추가를 요구하여, 결국 우리는 **어떤** 역사적 사건의 원인은 그 사건에 선행한 **모든** 사건들일 수밖에 없다고 말하지 않으면 안 될 지경이 된다. 어떤 주어진 역사적 사건에 대한 원인의 완벽하면서 동시에 제한된 일람표를 만든다는 것은 아무리 낮추어 어림잡아도 자못 어려운 일이다. 그리고 설령 어떤 특수한 경우에 이 문제가 해결되었다고 가정할 수 있더라도, 역사가가 실제로 문제를 거기에서 그대로 버려 두는 것으로 만족하리라는 것은 아니다. 그와는 반대로 그가 마침내 외견상 아무리 변덕스럽게 보일지라도 열거된 원인들 중에서 어느 것이 결정적이었는가, 어느 것이 결과를 야기하는 데에 기본적으로 중요했다고 말할 수 있을 것인가, 그리고 어느 것을 단순히 보조적인 것으로 보아 제쳐 놓을 수 있을 것인가를 탐구하고 있다는 것을 우리는 아마도 알 수 있을 것이다.

이제는 역사적 원인에 대해 역사가에게 일어나는 혼란의 셋째 연유, 즉 철학자가 이 주제에 대해 말하지 않으면 안 되었던 것이 무엇이었는가에 대해 언급할 차례이다. 여러 학파의 철학자들이 역사적 원인이라는 바로 이 개념의 정당성에 의문을 던져 왔거나, 또는 역사적 맥락에서는 "원인"이라는 용어는 단지 한정적으로 이해될 때만 정당하게 사용될 수 있다고 주장해 왔다. 예를 들어 콜링우드에 의하면[1] "만일 역사가들이 자연 과학의 방법과 어휘를 모방하고 있지 않다면," 그들은 "원인"을 "일으켜진 것은 의식적이고 책임있는 행위자의 자유롭고 고의적인 행위이며, 행위자로 하여금 행위를 하도록 하는 '원인이 된다'는 것은 행위자에게 그 행위를 하도록 하는 동기를 준다는 것을 뜻한다"고 하는 의미로 사용한다. 추측하건대 역사가들이 역사적 발전을 경제적 조직이나 사회적 구조에 의해서 설명하는 경우에는, 혹은 그들이 개인 심리학이나 사회 심리학의 개념들에 의존하는 경우에는, 그들은 자연 과학의 방법과 어휘를 모방하고 있다.

192 만일 그렇다면 콜링우드의 선언은 현존하는 역사책에 있는 많은 것을 금하는 것이 될 것이다. 그러나 이 문제에 대해서는 콜링우드는 오크쇼트 교수와 비교해 볼 때 아주 온건하다. 오크쇼트 교수는 실제로 역사적 사유의 전 영역에서 "원인"이라는 용어를 배제할 것을 주장하고, 마치 콜링우드에게 미리 답변이라도 하듯이, 투키디데스를 가리켜 그에게 있어서는 "개인의 성격과 동기는 일반적으로 그가 그 배후까지 뚫고 들어가지 못하는 제 1 원인이기" 때문에, 그는 "유별난 역사가일 뿐만 아니라 불완전한 역사가"[2]라고 일컫는다. 오크쇼트의 견해로는 역사적 원인을 탐구한다는 것은, 역사적 세계에서 일어나는 일을 전혀 역사적 세계의 밖에 있는 어떤 것 (예를 들면 "지리적 또는 경제적 조건과 같은 추상물")[3]에 의해 설명하려고 하는 것이거나, 역사가가 잘 알고 있듯이 하나의 통합된 전체인 역사적 세계를 비실재적인 단편들, 즉 자의적으로 그 배경으로부터 떼어 내어 독립적 존재물이라고 잘못 생각된 사건들로 해체시키는 것이다. 이 두 조처는 진정한 역사적 사유와는 관계가 먼 것인데, 전자는 자연 과학에서 들여

---

1) *An Essay on Metaphysics*(1940), pp. 285 이하와 특히 pp. 290~295.
2) *Experience and its Modes,* p. 131. 이 저술은 1933년에 출판되었다. 그러나 Oakeshott 의 더 후의 논문 "The Activity of being an Historian"은 1956년에 처음 발표되었고, *Rationalism in Politics*(1962)에 수록되었는데, 이 논문은 역사에 관한 그의 견해가 거의 변화되지 않았음을 보여준다. 다음의 논술은 이 두 논의가 함께 합쳐진 것이다.
3) 같은 책, p. 132.

온 것이고, 후자는 실제 생활에서 들여온 것이다.

　오크쇼트의 이러한 견해들은 얼핏 보기에는 전혀 역설적인 것으로 보인다. 그러나 실제로는 그 견해들은 역사적 사유와 방법적 절차에 대한 광범위하고도 날카로운 분석의 일부이다. 문제의 사유와 방법은 학술적 아마추어와는 다른 전문적 학자인 현대의 "과학적" 역사가의 사유와 방법적 절차이다. 오크쇼트가 자신의 주장을 실증하거나 예증하고자 할 때에 그가 가장 자주 전거(典據)로 삼고 있는 것은 메이틀랜드*이다. 오크쇼트는 메이틀랜드와 같은 학자들이 구체적으로 실천한 이론을 제시한다고 공언한다. 따라서 그가 제시하는 역설은 그에게는 전혀 역설이 아니라, 널리 애독되는 역사적 저술 속에 함축되어 있는 결론인 것이다. 그리고 비록 그는 역사에 있어서의 인과성에 관한 그의 견해를 그가 염두에 두고 있는 역사가들이 명시적으로 옹호한다고 주장하지는 않지만, 그는 뷰어리가 말한 "과학적" 역사에 전념하는 사람은 누구든지 역사적 인과성에 관한 자신의 견해를 재고해 보지 않으면 안 된다는 것을 어렵지 않게 알려 준다. 우리는 적어도 이와 관련된 더욱 광범위한 문제들을 일별하지 않고서는, 우리의 주제에 대해 진척을 볼 수 없음이 명백하다.

　우리가 고찰하지 않으면 안 될 명제는, 역사란 본질적으로 과거 그 　193 자체를 위한 과거의 공평한 연구라고 하는 것이다. 과거가 현재에 대하여 실제적인 관계를 가지고 있는 한에서만, 대부분의 시대의 대부분의 사람들은 과거에 관심을 가진다고 하는 것은 부인할 수 없는 일이다. 즉 과거의 사건과 상황에 대한 그들의 호기심은 그들의 현재의 관심과 포부에서부터 일어나며, 이러한 현재의 관심과 포부에 관계되는 부분의 역사에만 국한된다. 또한 역사적 사유는 수준 높은 사유일지라도, 끊임없이 실제적 고찰의 영향을 받을 위험에 놓여 있다는 것

---

* F.W. Maitland(1850~1906): 영국의 법제사가(法制史家). 그는 영국의 법제사를 영국인의 생활의 일면으로 생각하여 이것을 정치, 경제, 종교 등의 각 분야와 연결지어 그 관계를 연구하였다―역주.

도 부인할 수 없는 일이다. 오크쇼트의 말처럼[4] 우리는 역사책에서 저자의 실제적 관심을 반영하는 진술들을 자주 발견하는데, (그 자신의 예를 사용한다면) "그는 쓸데없는 전쟁을 계속하여 그의 재원을 낭비하였다"라든가, "다음날 민족 해방자*는 더블린**에서 열린 대규모 집회에서 연설하였다"와 같은 진술이 그것이다. 그러나 설사 역사가들이 정말로 실제적 사유 방식에 떨어지는 일이 종종 있다고 하더라도, 우리는 가장 훌륭한 역사란 결코 인식적(認識的)인 것이 아니라고 생각해서는 안 된다. 현대의 과학적 역사가에게 있어서는 실제적 과거, 예를 들면 애국자의 사상 속에 살아 있는 과거와 순수하게 과거 그 자체를 위해서 탐구되는 역사적 과거와의 사이에는 천양지차가 있다. 따라서 과거에 대한 진정한 역사가의 태도는 전적으로 이론적이다. 즉 진정한 역사가는 자신의 과제를 오로지 과거의 시대의 일들이 어떠했는가를 현재의 증거에 입각하여 확정하는 것이라고 본다. 그는 이 과제를 수행하면 유용한 결과가 나오리라고 믿기 때문에 이 과제를 기도한다고 생각한다면, 그것은 분명히 아주 잘못일 것이다. 즉 역사가 일련의 교훈을 가르쳐 주리라고 생각하는 것은, 가장 조잡한 형태의 실제적 태도를 용인하는 것이 된다. 사실은 오히려 역사가가 과거 그 자체를 위하여 과거에 애착을 가지는 것이요, 이것은 역사가가 과거를 그의 영향에서 벗어나 있음과 동시에 그의 현재의 생활과 전혀 관계가 없는 것으로서, 즉 살아 있는 과거로서가 아니라 죽은 과거로서 다룬다는 것을 뜻한다.

　오크쇼트는 역사의 본질에 대한 이러한 설명으로부터 여러 가지 결론을 연역하고 있는데, 특히 지금의 우리의 관심을 끄는 결론은 역사가는 실제적 관점을 반영하는 표현은 모두 피하지 않으면 안 된다고

---

4) 이 점에 대해서는 "The Activity of being an Historian", *Rationalism in Politics*, pp. 150~153, 164~167을 참조.

＊ the Liberator: 아일랜드의 해방 운동 지도자 Daniel O'Connel(1775 ~1847)을 가리킴 —역주.

＊＊ Dublin: 아일랜드의 수도 —역주.

하는 것이다. 과학적 역사 이론의 초기의 대표자들(예를 들면 버터필
드)은 도덕적 판단을 내리는 것은 역사가의 과제의 일부가 아니라고
단언하였다. 오크쇼트는 훨씬더 철저한데, 이는 그가 악한 왕들은 물
론이고 무용한 전쟁과 자원의 낭비에 관한 언급을 제거하고자 하기 　　194
때문이다. 그는 그 위에 또 어떤 역사적 상황에 어떤 사람이 "개입"
한다거나 또는 정복자 윌리엄*의 죽음은 "우연적"이라고 말하는 것은
전혀 비역사적이라고 주장한다. 진정한 역사에는 우연적인 것은 아무
것도 없으며, 그 누구도 개입하는 것이 아니다. 역사가는 오로지 일
어난 일을 밝히는 데만 관심이 있을 뿐이요, 그 일에 대해 어떤 해석
을 하는 데는 관심이 없기 때문이다. 진실로 역사가는 종국에는 무엇
이 일어났는가를 파악하고 아울러 그것이 어떤 것이었는가를 이야기
하고자 한다. 그러나 그는 이 일을 하기 위해서 그 진행의 결과에 있
어서 결정적인 개별적 사건들을 선별하거나 전혀 역사 밖에 있는 요
인에 호소하는 것이 아니라, 오크쇼트가 "변화의 완전한 설명"이라고
부르는 것[5]을 제시하는 것이다. "역사에 있어서는 '사실을 알기 위해
서는 세부 사항을 알지 않으면 안 된다'(pour savoir les choses il faut
savoir le detail)." 따라서 역사란 "중대한 간섭이 없는 한, 스스로 설
명되는 사건의 과정에 관한 이야기이다." 역사의 "통일성 내지 연속
성"이라는 이러한 원리를 받아들임으로써 우리는 역사적 변화의 설명
이란 "원인을 전제로 하는 설명과는 다른 것이며, 원인의 개념과는
뗄 수 없는 결함에서 벗어난 것[6]임을 알게 된다.
　내가 보기에는, 이러한 모든 것은 단순히 과학적 역사라는 개념의
해설일 뿐만 아니라, 그 개념의 실질적인 **귀류법**(reductio ad absur-
dum)이기도 하다. 오크쇼트는 역사란 주목할 만한 논리를 가지고 과
거를 참으로 공평 무사하게 연구하는 것이라고 하는, 일반적으로 공
언되는 견해의 결론을 완성하였던 것이다. 그러한 견해를 지지하는

＊ 영국을 정복한 Norman 공, 즉 William I(1027~1087) —역주.
5) *Experience and its Modes,* p. 143.
6) 같은 책, p. 142.

것은 실제로 이론적인 것과 실제적인 것과를 완전히 분리시키는 것이
요, 따라서 인과적 술어를 포함하여 실제적 의미를 가진 어떤 술어도
역사의 기술에서 거부하는 것이 된다. 그러나 이로부터 알 수 있는
것은, 오크쇼트가 분명하게 생각하고 있듯이 역사란 일반이 생각하는
것보다 훨씬더 이상하고 훨씬더 어려운 과목이라는 것이 아니고, 오
히려 역사란 순수한 이론적 학문이 아니라고 하는 것일 수도 있다.

　나는 다른 곳에서[7] 모든 역사(나는 현대의 전문적 역사도 모든 역
사에서 제외하는 것은 물론 아니다)는, 특정한 사람이 특정한 시간에
본, 그리고 특정한 사람이 특정한 대중에게 제공하는 과거에 대한 이
야기, 아니 오히려 과거의 어떤 부분에 대한 이야기인 한에서, 모든
역사는 과학 외적 요소를 반드시 내포한다고 주장한 바 있다. 그것을
특정성의 사실이라고 부를 수 있다면, 그러한 특정성의 사실은, 각
195　역사가는 저마다 과거의 어떤 종류의 일들이 본질적으로 중요한가에
대한 자기 나름의 사상을 가지고, 즉 자신이 독자들의 상당한 공감을
얻으리라고 추정할 수밖에 없는 사상을 가지고 과거를 재구성하고 과
거를 이해하는 자신의 임무에 접근한다는 것을 의미한다. 역사가가
과거의 사건들의 어떤 점에 주의할 것인가를 결정하는 것은 중요성에
관한 역사가의 기본적인 판단이다. 그리고 그러한 판단이 옳다고 하
는 것은 사실들을 조사함으로써 결정될 수 있는 것이 아니다. 왜냐하
면 그러한 판단들은 과거에 대해 이야기한 것이면 무엇에나 전제되어
있기 때문이다. 우리는 역사에 있어서 어떤 것이 원대하고도 광범위
한 결과를 가진다고 하는 방편적 의미에서 중요했는가를 증거에 의존
함으로써 밝힐 수가 있다. 그러나 우리는 이러한 방법으로는 예를 들
어 역사에서 참으로 중요한 것은 보통 사람의 운명이라는 것을 확증
할 수가 없다. 또한 이것을 시인한다고 해도 모든 역사는 돌이킬 수
없을 만큼 편향되어 있다고 하는 결론에 이르러야 하는 것은 아니다.
정당한 추론은 역사는 모두가 특정한 관점에서 씌어진다고 하는 것에

---

　7) 앞의 논문("과학적 역사학의 한계")을 참조.

지나지 않는다. 관점은 역사가가 제시하는 설명을 채색하거나 그 편이 좋다면 그 설명을 치우치게 하지만, 관점이 그 설명의 세부 사항을 결정하지는 않는다. (또는 결정해서는 안 된다.) 역사에 있어서 참으로 중요한 것이 보통 사람의 운명이라고 하더라도, 보통 사람이 특정한 시대에 어떻게 살아갔는가 하는 물음에 대해서는 참된 해답과 거짓된 해답이 또 있을 수 있다.

오크쇼트는 틀림없이 이것을 진정한 역사와는 무관한 실제적 요소를 억지로 끌어 넣는 것이라 하여 거부할 것이다. 그가 보는 역사는 그 어떤 관점에서 씌어지는 것도 아니다. 역사는 인물들과 독립적일 뿐만 아니라 어떠한 탐구의 생생한 맥락으로부터도 독립적인 진리로 구성되는 것이다. 뷰어리가 역사가들은 특정한 시기의 직접적 이해 관계를 고려함이 없이 과거에 일어났던 일의 어떤 세부 사항이라도 모두 연구하는 데 전념해야만 한다고 주장했을 때, 그도 같은 입장을 취했던 것이다. 그의 생각은 의견의 일치를 본 사실들을 모아 놓음으로써 우리는 종국적으로 과거가 실제로 어떠했었는가에 대한 참되고 초시간적인 설명을 이룩해 갈 수 있다고 하는 것이었다. 나는 이러한 생각이 매우 소박한 것이 아닌가 싶다. "과거가 실제로 어떠했었는가" 하는 것은, 뷰어리가 생각했듯이 단순히 역사적 증거의 함수일 뿐만 아니라 역사적 증거를 발견하는 문제에 종사하는 사람들의 의견의 함수이기도 하다. 증거는 역사에서 극히 중요하지만, 우리가 증거를 다룰 때 사용하는 용어도 중요하며, 우리가 어떤 문제의 범위 안에서 증거를 발굴하려 하고 그 증거로부터 나오는 결론을 찾아내려고 할 때의 그 문제의 대체적인 뼈대도 역시 극히 중요하다. 그리고 이러한 것들은 역사가가 전제하는 것이요(물론 정상적으로는 다른 역사가들과 합의하여), 역사가가 사실들의 연구로부터 이끌어 내는 것이 아니다.

역사란 과거에 대한 공평 무사한 탐구라고 하는 이설(理說)이 나에게는 잘못된 것으로 보이는 또 하나의 다른 점, 아마도 더욱 논쟁거 196 리가 될 만한 점이 있다. 오크쇼트와 그의 동조자들은 어떤 실제적 목적도 염두에 두지 않고 과거를 연구해야 한다는 것은 현대의 역사적 태도에는 본질적인 일이라고 주장한다. 이제 나는 진리를 발견하는 것이 역사가의 첫째의 직무라는 데는 물론 동의한다. 또한 역사가는 피할 수 있는 모든 편견과 선입관을 가능한 한 배제하고, 그의 판단을 증거가 보증하는 것에 의해 유도되도록 하지 않으면 안 된다고 하는 데도 나는 동의한다. 그러나 역사는 **오로지** 이론적 활동일 **뿐**이라는 것을 우리가 승인하지 않더라도 이 모든 것은 용인될 수 있다고 나는 생각한다. 역사적 탐구에 종사하는 우리의 궁극적 목적은 단순히 지난 시대의 일들은 어떠했었는가에 관한 진리를 밝히는 것이 아니라, 이 진리에 입각해서 현재와 어떤 비교를 하려는 것이다. 그리하여 그러한 목적은 우리의 역사적 연구에 생기를 불어넣어 주며, 우리의 역사적 연구가 중대한 의미를 가지는 경우에는 더욱 그러함에 틀림없다고 나는 믿는다. 전문적 역사가들이야 무슨 말을 하건, 역사적 탐구는 단순한 호기심만으로 이루어지는 것이 아니다. 거기에는 그 이상의 동기, 즉 과거와 현재에 대해 어떤 평가를 내릴 목적으로 과거의 시대가 어떠했었는가를 밝혀내려는 요구가 들어 있다. 과거가 우리에게 중요한 것은 외국인이 때로 우리에게 중요한 것과 같다. 즉 양자 모두 우리 자신을 반영하는 것이라고 손쉽게 생각될 수 있다. 어느 경우에나 양자가 우리 자신을 반영하는지 어떤지를 밝혀내려면, 우리는 더욱 탐구를 수행하여 그때에 무슨 일이 일어나고 있었는지, 또는 그곳에서 무슨 일이 일어나고 있는지를 더 명확하게 밝히지 않으면 안 된다. 그러나 어느 경우에도 사실의 확증, 또는 사실들 사이의 연관의 이해조차도 그러한 연구 수행의 전 목적은 아니다.

　앞의 논의에서 나의 목표는, 역사란 철두철미 과학적이기는커녕 오히려 실제적 입장에서 추구되고 중요한 점에서 실제적 관심에 의해서 이루어지는 탐구로 간주되어야 한다는 것을 밝히는 데 한정되었었다. 만일 내 생각이 옳다면, 역사적 연구의 실제적 배경을 무시하는 어떠한 역사의 설명도 틀림없이 틀린 것일 수밖에 없다. 내가 알고 있는 한, 과학적 역사의 이론은 바로 이러한 오류를 범하고 있다. 그리하여 역사에 있어서의 인과적 술어는 행위의 언어에 속한다고 하는 이유로 그러한 술어의 사용에 원리적으로 반대한다면, 그 반대는 어떤 것이나 결국 기각될 수 있게 된다. 앞으로 알게 되겠지만, 실제적 요소는 어떤 형태의 역사에서는 다른 형태의 역사에서보다도 더 크게 보인다. 즉 실제적 요소는 당연히 원시적 역사 기술이라고 불려질 수 있는 것에서는 매우 뚜렷하지만, 유식한 현대 학자의 작품에서는 대체로 덜 분명한데, 현대 학자의 야심은 역사적 사건들을 이를테면 고대 세계의 역사가들이 시도했던 것보다 훨씬 더 심각한 수준에서 설명하려는 것이다. 그러나 이 두 가지 형태의 역사적〔연구의〕활동 사이의 간극(間隙)은 일부 현대 역사가들과 역사의 변호자들이 우리에게 믿도록 한 것보다는 아마 더 넓지 않을 것이다.

여기에서 지적될 수 있는 것은, 역사가들이 그들의 주제를 다루면서 최근의 철학자들이 "행위자의 관점"이라고 불렀던 것을 채용하는 것이 역사가들의 관례라는 것을 주의하기만 했다면, 역사를 사실상 정관적(靜觀的)인 것으로 보는 오크쇼트의 견해는 보다 신속하고 보다 효과적으로 반박될 수 있었으리라는 사실이다. 이렇게 말하는 것은, 역사가란 가능하기만 하면 언제나 역사적 사건들을 말하자면 내부로부터 이야기하거나 논술하며, 적어도 처음에는 과거를 일어나고 있는 일을 인지하고 그에 따라 반응할 줄 아는 인간 존재들이 마주치는 일련의 상황과 문제로서 제시하리라고 말하는 것과 같다. 역사적 사유의 문제적 측면이라고 일컬어질 수 있는 것에 이처럼 호소한다고 해서 실제로 오크쇼트의 입장이 논박된다는 것에 그가 동의하지는 않았으리라고 나 자신은 생각한다. 왜냐하면 그는 이것은 단지 전과학적(前科學的) 역사만의 특성이라고 주장했을 것이기 때문이다. 그러나 순수한 이론적 역사의 한계가 드러났으므로 우리가 역사가의 실제적 관점의 채용을 진지하게 다루어서는 안 될 이유는 원리적으로 없는 것으로 보이는데, 이러한 진지성은 실제적 관점이 뚜렷이 드러남으로써 요구되는 것으로 생각된다. 바로 다음에서 나는, 대개의 역사는 관련된 행위자의 관점에서 사실들을 제시하려는 시도라는 것을 당연한 일로 받아들이고, 이 과제를 수행하는 데는 "원인" 또는 인과적 문제의 여러 유형들의 어떤 의미가 함축되어 있는가를 묻고자 한다.

첫째로 그리고 가장 분명하게로는, 만일 역사가가 자신이 기술하는 인물들을 콜링우드의 말을 빌어 "의식적이고 책임있는 행위자들"로 제시한다는 것이 사실이라면, 콜링우드가 주의를 환기했던 "원인"의 의미는 틀림없이 역사에 있어서 특유한 것일 것이다. 의식적이고 책임있는 행위자들에게 어떤 일을 하도록 하는 원인이 주어질 수 있다는 것은, 그 일이 어떤 상황이나 고려되어야 할 사항들과 함께 제시될 수 있고, 그 상황에 비추어서 그들은 특정한 행위를 하기로 결심한다는 의미이다. 이러한 경우의 결심은 형식상으로는 자유로운 결심인데, 이는 비록 행위자는 그가 실제로 행위하는 그대로 행위하게 되는 동기를, 그것도 어떤 경우에는 압도적으로 강력한 동기를 가지고 있지만, 그의 동기가 그로 하여금 행위하도록 강제하지는 않기 때문이다. 우리 모두가 일상 생활에서 그렇게 생각하듯이, 어떤 사람이 자기의 상황을 이러이러한 것으로 보고 있는 경우 그 사람은 자연히 이러이러한 방식으로 반응할 것으로 기대될 수 있다고 역사가는 당연히 생각할 것이다. 그러나 여기에서 **자연적인** 반응이라고 말하는 것은, 드레이 씨가 지적했듯이, 단지 행동의 확정된 규칙성을 가리키는 것이 아니다. 더욱 중요하게는 그것은 **적절하다**고 판단되는 행동을 말하는 것이다. 따라서 이 첫번째 종류의 원인은 **외부로부터의** (ab extra) 원인이 아니며, 이 원인을 용인하는 것이 인간의 존엄성이나 합리성에 대한 위협이 되는 것도 아니다.

콜링우드는 역사에서는 방금 언급된 것 이외의 다른 유형의 인과관계는 전혀 일어날 수가 없다고 생각했던 것으로 보이는데, 그러나 이 점에서 그는 분명히 역사가들의 관심은 원래 행위에 있다고 하는 자기 자신의 이설의 귀결을 생각하지 못했던 것이다. 행위자의 관점을 취할 때 역사가는 자연히 적어도 두 가지의 다른 유형의 인과적인 물음에로 나아가게 될 것이다. 하나는 그것을 가장 노골적으로 표현하면 "누가 무엇을 일으켰는가?"라는 물음인데, 여기에서 이 물음을 묻는 사람은 서로 밀접하게 연관되어 있는 두 가지 목표, 즉 책임을 지우며, 주어진 결과에 대한 행위자의 기여의 정도를 평가한다고 하는 두 가지 목표를 염두에 두고 있는 것이다. 여기에서 책임을 지운다는 것이, 대체로 옛날의 많은 역사가들은 그렇게 다루었었지만, 반드시 도덕적 문제는 아니라는 점에 주의해야 한다. 하트 씨와 오노레씨가 계발적(啓發的)인 논의에서 지적하고 있듯이, [8] 책임을 지운다는 것은 판사가 형사 법정에서 유죄 선고를 할 때보다는 오히려 민사 사건에서 채무를 배분할 때의 일에 상응한다. 그리고 비록 현대의 역사 기술에서는 관계되는 원인이 이미 언제나 개인은 아니지만, 결과를 평가한다는 것은 틀림없이 중요한 역사의 과제이다. 또한 역사가들은 운동의 결과에도 관심을 가질 수 있는데, G.M.영 씨가 자신은 "19세기 영국의 중산 계급의 산업 문명에 대하여 청교도 정신이 끼친 정확한 공헌을 결정하는 데 자주 … 난처했었다"고 기술했을 때[9] 그는 결과에 관심을 가졌던 것이니, 이 문제로 말하면 자연적 사건에서 강의 침적(沈積)과도 같은 것이다. 이 경우에 "누가 무엇을 일으켰는가?"는 "무엇이 무엇을 일으켰는가?"로 확대되지만, 그러나 이 물음은 여전히 인간의 활동이라는 배경에서 물어지고 있는 것이니, 왜냐하면 검토되고 있는 공헌의 결과는 인간의 욕구나 염오(강의 침적이 번영의 쇠퇴에 이르는 경우처럼)의 대상, 또는 적어도 인간의 관심의 대상이기 때문이다.

　역사를 내부로부터 제시하는 사람이면 누구에게나 자연히 일어나는 인과적 물음의 또 하나의 다른 유형에 관해서는 이미 서론에서 언급하였다. 어떤 사람이 실제적 문제에 직면하여 그 결과가 자신의 기대와 일치하지 않는다는 것을 알게 되면, 그는 그 상황이 그렇게 되도록 만든 원인이 무엇이었는가를 탐구하게 될 것이다. 그리고 여기에서 그가 바라게 되는 것은, 일이 잘못되기 시작한 (또는 올바로 되기

199

---

8) *Causation in the Law*. 이러한 유형의 역사적 원인에 대해서는 특히 p. 59를 참조.

9) "Puritans and Victorians", in *Victorian Essays*(1962), p. 62.

시작한) 특수한 곳을 지적해 내는 것이고, 관계된 행위자의 관점에서 볼 때 그 결과에 결정적인 영향을 준 사정을 확인하는 것이다. 이러한 의미에서의 원인은 어떤 결과의 필요 조건인데, 이 필요 조건은 임의로 만들어 낼 수도 있었고 방지할 수도 있었던 것이기 때문에, 또는 그것은 어떤 점에서는 희귀하거나 예상되지 않았던 것이기 때문에, 이 필요 조건은 나머지의 여러 조건들 중에서 선택된 것이다. 원인이라는 말의 이러한 의미에서, 기차를 놓치는 것이 어떤 사람이 일자리를 잃게 만드는 원인이 되는가 하면, 불순한 기후가 비참한 흉작을 일으키는 원인이 된다. 이것이 곧 콜링우드가 실용 과학(實用科學) 특유의 것이라고 생각했던 인과 관계의 개념인데, 그러나 이 개념은 행해야 할 어떤 일이 있는가 하는 물음이 있는 곳에는 어디에나 언제나 있는 개념이다. 우리가 이미 보았듯이, 역사가들은 이러한 인과 관계의 개념을 의심하는 경향이 있는데, 이는 한편으로는 원인이란 무엇인가에 관하여 그들이 일반적으로 혼란에 빠져 있기 때문이며, 또 한편으로는 그들이 과학적 역사 이론의 유혹을 받아, 숙고되고 달성된 목적의 견지에서 역사를 읽는 것은 언제나 잘못된 일이라고 생각하기 때문이다. 그러나 역사를, 휘그당*의 역사가들이 그렇게 했다고 공언되고 있는 것처럼 모두가 일정한 결과로 이끌어 가는 것으로 생각하는 것과, 역사를 관계된 여러 행위자들이 직면한 일련의 문제들로서 제시하는 것과는 전혀 다른 것이다. 지금의 나의 논점은, "원인"의 필요 조건의 의미가 밀접하게 관계하고 있는 것은 바로 후자의 방법적 절차라고 하는 것이다.

나는 이 모든 것을 매우 간략하게 표현하였으나 그 논점은 논의의 다음 단계를 위해서는 충분히 명확하고 확실하리라고 기대하거니와 다음 단계의 논의란, 우리는 이제 역사적 인과 관계에 관한 참된 문제가 전혀 존재하지 않는 역사의 형태를 서술할 수 있게 되었음을 시사하는 것이다.

---

* Whig: 영국 자유당의 전신인 민권당원—역주.

첫째로 역사란 오로지 개인들이나 개인의 집단들, 즉 페리클레스 (Pericles), 클레온(Cleon), "라세데몬 사람들"* 등등의 행위와 고난에 만 관심을 가진다고 생각할 수 있다―이것을 나는 투키디데스의 방 식이라고 부르고자 한다[10]―고 가정해 보자. 다음으로, 필요 조건 유형의 원인이 주어지는 때는 역사가는 언제나 자신이 어떤 관점에서   200 말하였는가를 선언하거나 그렇지 않으면 달리 밝히려 하고, 자신이 관심을 가졌던 결과를 분명히 지적하려고 한다고 가정해 보자. 마지 막으로 이미 언급된 세 가지 유형의 원인은 모두가 역사적 탐구와 관 련이 있는 것으로 인정되었고, 이 세 유형의 비교 가능성이 분명히 인지되었으며, 또한 이 분야에서는 다른 유형의 인과적 문제는 허용 되지 않았다고 생각해 보자. 그러면 내 견해로는 역사적 사실에 관한 문제들을 해결하는 데 원리적인 곤란이 없는 것과 마찬가지로, 역사 적 원인에 관한 문제들을 해결하는 데도 원리적인 곤란은 없을 것이 다. 왜냐하면 첫째로 우리는 역사에서 때로는 예를 들어 "그의 견책 이 대신(大臣)으로 하여금 한번 더 시도하도록 결심하게 하였다"와 같 은 유형의 참된 진술을 할 수 있다고 생각하기 때문이다. 다시 말하 면 우리는 원인을 콜링우드의 첫째의 의미로 정할 수 있는 것이다. 우리가 역사적 인물들에게 그들의 동기를 물을 수 없다는 사실 때문 에 우리가 모든 경우에 그 동기가 무엇이었는가를 결정하지 못하는 것은 아니다. 그 사실은 단지 증거의 원천을 우리들로부터 박탈함으 로써 그 과제를 더욱 어렵게 만들 뿐이다. 또한 둘째로, 나는 역사에 서는 일상 생활에서보다도 필요 조건 유형의 원인들을 뽑아내는 데 더 많은 문제가 있다고는 생각하지 않는다. 확신을 얻기 위해서는 우 리는 물론 그 문제에 있어서 우리가 서 있는 입장을 이미 지적된 방

---

* Lacedaemon: 고대 스파르타의 다른 이름―역주.

10) 이것은 Oakeshott 의 시사에 따른 것이다(p. 192의 인용문을 참조). 사실 Thucydides 는 개인과 집단 이외의 다른 인물들, 예를 들어 "국 민"을 알고 있다. 그리고 고대의 다른 역사가들은, 물론 다른 점에서 는 여기에서 약술한 전형에 가깝지만, "신적 요소"와 "운명의 여신"과 같은 그 밖의 외적 요인을 끌어들인다.

침대로 분명히 하지 않으면 안 된다. 즉 우리는 우리의 관점과 관심이, 예를 들어 유사한 경우의 자동차 수리공의 관점과 관심이 그러하듯이, 즉각적으로 인지되리라고 단순하게 생각할 수는 없다. 그러나 만일 우리가 이 조건을 충족시킬 수 있는 조치를 취하면, 나머지의 유일한 어려움은 우리가 인과적 진술을 할 수 있는 충분한 증거를 가지고 있는가 어떤가 하는 것뿐이요, 이것은 바로 우리가 일어난 일의 있는 그대로의 사실들을 제시하려고 할 때 직면하는 문제이기도 한 것이다. 마지막으로, 인과적 요인들의 효능을 결정하여 책임을 지우는 것은, 역사 밖에서와 마찬가지로 역사에서도 잘될 수도 있고 잘못될 수도 있는 일이다. 어떤 상황에서도 잘하기란 쉬운 일이 아닌데, 왜냐하면 그 과정은 [인과적 요인들을] 분리시키는 활동과 아울러서 특수한 것으로부터 일반적인 것에로의 이행을 내포하고 있어서, 이러한 이행에서 오류가 너무나 쉽게 일어나기 때문이다. 그리고 역사의 경우에는 어떤 요인의 영향이 어떠한 것이었는가를 결정하기 위해 그 요인을 제거하는 문제는 분명히 있을 수가 없다. 즉 〔역사의 경우에는〕 수행될 수 있는 유일한 종류의 실험은 상상 속에서의 실험뿐이다. 그러나 역사가 이 점에서 특이한 것은 아니다. 왜냐하면 우리의 일상 생활에서도 실험이 배제되지만, 그럼에도 불구하고 우리는 비교적 인과적인 효능에 대해 확신을 가지고 단언하는 경우가 많이 있기 때문이다. 예를 들면 1947년 그의 당에 미치는 영향을 판단하기 위해 애틀리(Attlee) 씨를 현실 정치에서 배제할 수는 없었다. 그러나 어떤 예리한 관찰자가 그 당시에 애틀리 없이 그들을 통합시켰다면 노동당은 상호 적대적인 집단들로 해체되었으리라고 말했다면, 그는 지금은 진실된 말을 했다고 생각될 것이다.

만일 어떤 사람이 이처럼 단순화된 형태의 역사에 있어서 역사적 사건의 **진정한** 원인을 묻는다면, 주어진 여러 원인들 이상의 원인은 없으며 그 원인들 모두가 필요한 것이고 그 원인들 중의 어느 것도 다른 것과 상충하지 않는다고 하는 것이 적절한 대답일 것이다. 의심할 여지없이 인과적 진단과 평가의 작업은 다소 세밀하게 수행될 수 있으며, 보다 불충분한 설명이 때로는 보다 충분한 설명으로 대치될 수 있다는 결과를 가져올 수 있을 것이다. 그러나 궁극적 목표는 개별적 행위자들이 보았던 대로 묘사된 상황을 재구성하고 설명하는 것이지만, 우리는 원리적으로는 여러 유형의 물음 하나하나에 대해 대답을 얻었다고 상정되는 점에 도달할 수 있을 뿐이다. 그리고 이러한 처지에서 그 이상의 대답을 요구하는 것은 분명히 불합리한 일일 것이다.

이제 역사에 있어서 우리가 차지하고 있는 입장을 드러내 보자. 내가 보기에는, 두 가지 중요한 점에서 현대의 복잡한 역사는 우리가 다루어 온 원시적 역사와 다르지만, 양자가 모두 역사적 인과 관계의 문제와 명백한 관계를 가지고 있다.

첫째로, 비록 개인과 집단은 역사의 무대에서 계속해서 중요한 역할을 하고 있지만, 원시적 역사와 대립되는 진보된 역사에서는 우리는 개인들과 개인들의 집합체로 간주되는 집단들의 행위와 수난 이상의 것을 다룬다. 마치 생명을 가지고 있기나 한 것처럼, 지금은 단일한 명칭—"영국", "유럽" 등—으로 표시되는 국가와 지역뿐만 아니라 그것의 고유한 성격과 의도, 무수한 종류의 제도와 조직들이 우리의 역사에 등장한다. 즉 상원의 관례, 동인도 회사, 봉건 제도, 중세의 교회가 대표적인 예가 될 수 있다. 그리하여 오늘날 역사의 등장 인물들은 투키디데스적 종류의 역사의 등장 인물들보다 엄청나게 수가 많고 엄청나게 더 다채롭다.

둘째로, 이러한 복잡성은 더욱 심각한 변화와 관련된 것이며, 이 변화로 말미암아 위에서 서술된 빈약한 인과적 장치가 현대의 역사가에게는 아주 불충분하게 된다. 역사에서는 다수의 개인들이 계획을 세우며, 서로서로 관계를 가지도록 강제하며, 그렇지 않으면 달라졌을지도 모르는 상황에 의해 저지를 받거나 지지를 받는다고 하는 가정 위에 그 장치는 세워진 것이다. 이러한 수준에서는 작용하는 원인의 참된 분석은 요구되지 않았는데, 이는 오크쇼트가 지적한 것처럼 역사적 변화를 설명하는 데는 개인들의 결단의 배후에까지 파고드는 것이 필요하다고는 생각되지 않았기 때문이다. 그 의도는 과거를 관련된 행위자들에게 나타났던 그대로 재구성하려는 것이었고, 그 원인을 행위자들이 보았던 그대로 제시하려는 것이었다. 그러나 현대의 역사가들의 야심은 확실히 이 점은 넘어선다. 청교도 혁명이나 미국의 남북 전쟁과 같이 끊임없이 흥미를 끄는 어떤 주제에 달려드는 전문적 역사학도는, 당시에 살아 있던 사람들이 본 그 원인을 진술함과 아울러 주요한 사건들에 관한 이야기를 하나 더 제공하는 것 이상의 일을 할 것으로 기대될 것이다. 자신의 생활에 어떤 힘의 침해를 받은 사람들은 그 힘의 중요성을 간과했거나 또는 적어도 불충분하게 인식했을지도 모르지만, 현대의 전문적 역사학도는 그러한 힘의 작용을 지적하고 제시하며, 이렇게 해서 일이 실제로 일어났던 대로 일어나게 한 요인들에 대해 상당한 분석을 제공하리라는 기대를 받게 될 것이다. 문제의 힘이란 예를 들면 어느 정도 항구적인 정치적 혹은 경제적 상황이 발휘하는 힘이거니와, 사람들은 연구되고 있는 시대에도 그러한 상황 속에서 행위하지 않으면 안 되었던 것이다. 그리고 그러한 힘을 끌어들이는 데 대한 정당화는, 만일 그 힘이 인간에게 개방된 선택의 범위를 제한함으로써만 영향을 미치는 것이라면, 그 힘은 틀림없이 인간이 하는 일에 영향을 미친다고 하는 성찰에서 발견될 수 있다. 그러나 이 문제에는 이와 관련하여 매우 중요한 또 다른 측면이 있다. 인간의 활동은 인간이 의지하여 행위하는 배경에 의해 제한될 뿐만 아니라, 그 활동은 사회적 활동이라는 사실 때문에 여러 가지 특별한 성격을 가지게 되거니와, 사회적 활동은 고립되어 행위하는 개인들이 수행하는 것이 아니라 온갖 복잡한 조직의 구성원인 인간들이 수행하는 것이요, 이러한 조직의 본질을 그 구성원은 대부분 당연한 것으로 생각하지 않으면 안 되며(이 본질은 설령 개인의 결단에 의해 바뀌어질 수 있다 하더라도 그런 일은 아주 드물다), 이 조직의 운영도 흔히 그 자체의 논리에 의해 이루어지는 것으로 보인다. 현대의 역사가들은 무엇보다도 사회적 차원의 행위를 대체로 더 많이 의식하고 있다는 점에서, 정교하지 못했던 그들의 선행자들과는 다르다. 사람들은 다양한 역할로 역사의 무대에 등장한다고 하는 극히 중요한 사실을, 그리고 그들이 예컨대 추기경이나 혁명군의 장교나 또는 유산 계급의 일원으로서 하는 일은 전혀 그들 자신이 선택한 것이 아니라, 한편으로는 널리 받아들여지고 있는 행동 방식에 의해, 또 한편으로는 그 활동에 관계되는 다른 사람들이 하는 일이나 할 것으로 예기되는 일에 의해 흔히는 매우 중대한 정도까지 규정된다고 하는 극히 중요한 사실을 현대의 역사가들은 파악하였다. 그리고 역 203
사 해석의 어떠한 부분도 이러한 사실들을 공정하게 인정하지 않으면 타당하다고 주장할 수가 없다는 것을 그들은 이해하고 있는 것이다.

　그러나 비록 현대의 역사가들은 그들의 선행자들이 거의 알지 못했던 역사에서의 힘의 작용에 그처럼 민감하다 하더라도, 그들이 이 힘이 어떤 종류의 원인인가에 대해 아주 명확한 관념을 가지고 있다고는 말할 수가 없다. 우리가 처음에 보았듯이, 그들 중 일부는 사회 구조나 국민의 열망과 같은 것들에 언급된 역사의 부분과 개인의 행위의 견지에서 씌어진 부분과의 관계에 대해 걱정스러워 한다. 또 다른 일부의 역사가들은, 역사가가 비인격적 요인들을 역사적 원인으로서 불러들이는 것은 곧 사회 과학에 그 지위를 내주고, 정상적인 역사적 태도와는 전혀 무관한 결정론에 가담하는 것이 된다는 이유로, 그처럼 비인격적 요인들을 불러들이려는 의도를 전혀 부적절하다고 생각한다. 또한 역사가는 인격적 차원에서 기능하는 것 이상의 종류의 원인에 호소하지 않으면 안 된다는 것이 용인되는 경우에도, 그러한 원인을 올바로 제시했다고 하는 주장을 평가하는 방법에 대해서는 어떠한 의견의 일치도 없는 것이다. 요컨대 역사적 인과 관계에 대한 주된 곤란은, 과학적 역사의 개념을 무비판적으로 받아들이는 데 기인하는 곤란을 제외하고는, 모두가 전통적 역사가들이 시도했던 것 이상으로 사건의 과정을 더 깊이 분석하려는 현대 역사가의 열망과 관련되어 있다. 이 곤란이 언젠가는 깨끗이 풀려야만 하는 것이라면, 이러한 방법적 절차에 대한 충분한 논의는 분명히 요청되는 것이다.

　이 논문의 나머지 부분에서는 나는 그러한 논의를 위한 약간의 예비적 주해(註解)를 할 수 있을 뿐이다. 내가 주장하고자 하는 것은, 첫째로 역사는 경제적 필연성에 의해 이루어진다거나 사회적 구조에 의해 규정된다고 말하는 것이 반드시 인격의 견지에서의 역사의 설명을 배제하는 것은 아니라고 하는 점이다. 전자와 같은 일반적 원인은 통상 특수한 원인들을 보완하는 것으로 해석되어야지 특수한 원인들을 배제하여 무시하는 것으로 해석되어서는 안 된다. 이것을 우리는 하나의 예를 들어 보면 알 수 있다. 만일 어떤 근대사학도에게 두 대전 사이에 있었던 영국의 자유당의 붕괴와 사실상의 소멸을 설명하라는 과제가 주어진다면, 그가 양당 이상이 남는 것을 불가능하게 하지는 않지만 어렵게 하는 이 나라의 선거 제도에 대해 무엇인가를 언급하고, 또 유권자들로 하여금 기존의 소유 관계를 유지하겠다고 공약하는 정당에 투표하거나 또는 그것을 근본적으로 바꿀 것을 목적으로 하는 정당에 투표하도록 몰고 간 당시의 어려운 경제적 여건에 대해

204 언급할 것으로 우리는 기대할 것이다. 우리는 그가 이러한 상황에서는 중요한 정치 세력인 자유당원들의 제거는 불가피했었다고 말하는 것조차 보게 될지도 모른다. 그러나 이것은 그가 그의 설명에서 인물들에 대한 언급을 모두 생략했다는 것을 의미하지는 않는다. 로이드 조지(Lloyd George)와 아스키드(Asquith)는 덜 복잡한 역사적 시대였다면 그들이 활동할 뻔했던 그대로 그 역사학도의 이야기에 등장할 것이다. 페리클레스와 클레온이 투키디데스의 기록의 전경(前景)을 차지했듯이 그들도 전경을 차지할지도 모른다. 차이가 있다면, 투키디데스의 경우에는 그렇지 않지만, [이 경우에는] 우리가 그러한 인물들은 자신들이 일반적으로 그러하다고 생각하듯이 완전히 독립적인 행위자가 아니라는 것을 알아야 한다는 점일 것이다. 즉 이 두 사람은 특히 그들 자신이 선택한 것이 아닌, 아니 어떤 단 한 사람이 선택한 것이 아닌 하나의 틀 안에서 행위하지 않으면 안 되었고, 이러한 틀이 있었기 때문에 그들이 스스로 설정한 여러 목표를 달성하는 데 방해를 받았다는 것을 우리는 알아야 한다. 그처럼 행위의 배경에 대하여 언급하게 됨으로써 역사가는 사건의 과정을 유의미하게 만들

어 놓은 기존의 상황을 밝히게 될 것이다. 그러나 역사가는 기존의 상황만이 유독 일어난 일에 대하여 책임이 있었다고 주장하는 것은 아닐 것이니, 왜냐하면 기존의 상황은 분명히 동력인(動力因)으로서 작용하는 것이 아니라, 단지 형상인(形相因)으로서만 작용했기 때문이다.

내가 염두에 두고 있는 종류의 인과적 요인의 중요성을 명확히 파악하면, 역사에서의 개인들의 의의에 대한 우리의 평가를 감소시키는 효과가 있으리라는 것을 나는 부인하고자 하지 않는다. 내가 보는 바로는 그러한 감소는 분명히 요구된다. 즉 우리는 너무나 오랫동안 개인의 행위를 그 행위가 일어나는 맥락에서 떼어서, 더 자세히 말하면 사회적 맥락에서 떼어서 고찰하여 왔다. 그러나 사회적 맥락이 곧 역사적 결정론에의 가담을 함축하는 것으로 생각한다면, 그것은 아주 잘못일 것이다. 그때까지는 노동 계급이 기업가 측에 대해 상대적으로 잘 조직되어 있었다고 하는 사실이 1929년에 자유당원들이 복귀하는 것을 방해했다고 말하는 것은, 벌린 경의 유명한 말을 빌어 쓰면 "거대한 비인격적 힘"에 의해 역사가 만들어진다고 주장하는 것과 같은 것이 아니다. 그러한 힘에 못마땅한 것이 있다면, 그것은 아마 인간이 그 힘을 어떻게도 할 수 없다는 것이다. 즉 그 힘은 우리가 좋아하든 좋아하지 않든 중력의 법칙의 불가항력적이라고 생각되는 필연성을 가지고 작용한다. 그러나 비록 노동 조합은 단독적인 개인들에 의해 만들어진 것도 아니고 또 그들에 의해 파괴될 수 있는 것도 아니지만, 그리고 노동 조합의 구성과 조직이 그 운영의 방식을 명령하는 한에서 노동 조합은 일단 만들어지면 사람들과는 독립해서 기능하지만, 노동 조합은 인간의 노력—비록 이 노력은 집단적인 것이 아니면 안 되지만—에 의해 바뀌어질 수 없다는 것은 물론 참이 아니다. 또한 노동 조합의 존재가 일부의 사람들이 가지고 싶어하는 특수한 자유, 즉 예를 들어 노동자들을 임의로 고용하고 해고하는 자유나 노동자들에게 기아를 면할 만큼만 급료를 지불하는 자유를 말살할지는 모르지만, 관련된 사람들로부터 **모든** 선택의 자유를 박탈한다는 것도 참이 아니다.

이 설명은 아직도 의심스럽게 보일지도 모르는데, 제도는 그 나름의 고유한 논리를 가지고 운영된다고 한 말을 감안할 때, 특히 보다 보수적인 부류의 역사가들에게는 그렇게 보일 것이다. 그리고 그 말에 함축된 분명한 의미는, 제도는 특정한 **유형**의 구조를 가짐으로써 기능하는 것인데, 이 구조에 관한 상당한 **보편적** 지식이 그러한 제도에 대해 논의하는 사람들에 있어서는 당연히 요구된다고 하는 것이다. 이것은 역사를 사회 과학의 결론에 종속시키는 것이니, 많은 역사가들은 이러한 결론은 그들의 역사 연구에 필요하기는커녕 역사 연구와는 전혀 관계가 없다고 생각한다. 이 점에 대해서는 논평할 것이 두 가지 있다. 첫째는 위에서 말한 함의(含意)는 사실은 명확한 함의가 아니라고 하는 것이다. 즉 역사가들도 만일 그들이 원한다면 특정한 사례들에 대해 계속해서 사유할 수 있을 것이고, 또 다수의 유사한 사례들을 항상 염두에 둠으로써 보편성을 획득할 수 있을 것이다. 그렇게 되면 역사가들은 경험은 넓으나 이론은 알지 못하는 의사와 같아질 것이며, 또 실제로 어쩌면 대부분이 의사와 같을 것이다. 그러나 둘째로 나는, 역사가들이 이론을 불합리할 정도로 의심해 왔으며, 그것은 적어도 부분적으로는 이론이 제공할 수 있는 것에 관한 잘못된 개념에 의한 것이라고 하는 사실을 시사해 두고자 한다. 우리는 사회 과학이 (또는 자연 과학조차도) 일어나는 모든 구체적 사례에 일의적(一義的)으로 적용될 보편적 진리를 우리에게 제공하리라고 기대해서는 안 되며, 또한 사회 과학이 이러한 요구에 부응하지 못하더라도 그것을 무가치한 것으로 물리쳐서는 안 된다. 이런 종류의 학문은, 비록 그것이 현실적 상황을 추상하고 오직 "순수한" 사례에 있어서 일어나는 것만을 고찰할지라도, 아니 바로 그러기 때문에 계발적일 수 있는 것이다. 그러한 학문의 성과는 즉각적으로 응용할 수는 없지만, 그러나 이것은 그 성과가 전혀 응용 불가능하다고 하는 말은 아니다. 그리고 그 성과가 역사의 영역에서조차도 응용될 수 있다는 것은, 경제사가들이 순수 경제학의 결론을 이용할 수 있었다고 하는 사실에 의해서 증명되는데, 순수 경제학이란 설령 그런 것이 있었다고 할지라도 하나의 추상적 학문인 것이다.

복잡한 현대적 유형의 역사적 설명들은 여러 가지의 배경적 요인을 열거하거나 거시(擧示)된 요인들을 여러 가지로 강조하고 있는데, 지금까지 나는 우리가 그러한 설명들 중 어느 것을 선택해야 할 것인가 하는 문제에 관해서는 언급하지 않았다. 나의 견해로는 이것은 나의 이 논의의 출발점이었던 역사적 인과 관계에 관한 문제들 중에서 가장 어려운 문제인데, 지금은 이 문제를 해결하기 위하여 내가 할 수 있는 일은 거의 없는 듯싶다. 만일 역사가들이 그들의 분석적 개념들을 이끌어 낸 이론에 더 정통하다면, 그들은 실제로 그 개념들을 다루는 데 더욱 자신있고 더욱 능숙할 것이며, 또 그만큼 여러 대안들 중 하나를 선택하는 일도 더 잘할 것이라고 나는 생각하고 싶다. 이론적 연구는 적어도 그와 같은 일련의 개념들 사이의 상호 연관성에 대한 통찰력을 날카롭게 해줄 수 있고, 그렇게 함으로써 역사가로 하여금 그 개념 고유의 설명력을 인식할 수 있게 해줄 것이다. 그러나 여기에서의 곤란의 일부는, 우리가 앞에서 고찰한 보다 원초적인 유형의 역사적 인과 관계가 그러했듯이, 역사는 어떤 관점에서 씌어진 것이 아닐 경우에만 훌륭하다고 하는 생각이 널리 유포된 데 기인할 수도 있다는 것도 나는 말해 두고자 한다. 19세기의 유럽 역사를 보는 온당한 방법은 국민적 열망의 견지에서 보는 것인가 또는 경제적 필연성의 견지에서 보는 것인가를 알고 싶어하는 사람에게는, 자신의 관심을 밝히라고 요구하는 것이 그 대답이 될 수도 있다. 바꾸어 말하면 두 종류의 역사는 아마도 양자 택일적이기보다는 오히려 보완적일 수 있을 것이다. 지금까지 역사가들은 일반 역사의 개념에만 의탁해 왔기 때문에 이러한 방침을 받아들이지 못했는데, 이 일반 역사란 널리 받아들여지고 있기는 하지만 그래도 역시 비판적인 검토를 시끄럽게 요구하는 것으로 보이는 개념이다. 그러나 내가 여기에서 그러한 검토를 시작하지 않더라도 양해해 주기 바란다.

1. 일반적인 것

비판적 역사 철학의 주요한 문제들은 Morton White 의 *Foundations of Historical Knowledge* 와 A.C. Danto 의 *Analytical Philosophy of History* 에서 높은 수준으로 논의되고 있는데, 이 두 책은 모두 1965년에 출판된 것이다. Danto 의 책에는 "실질적" 역사 철학, 즉 사변적 역사 철학의 개념상의 난점들을 탐구한 한 장이 들어 있다. William Dray 의 *Philosophy of History* (1964) 는 비판적 역사 철학과 사변적 역사 철학의 주제에 대한 간결하면서도 잘 짜여진 입문서이다. W.B. Gallie 의 *Philosophy and the Historical Understanding* (1964) 은 역사에 있어서의 설화적 (說話的) 요소를 흥미있게 강조하고 있다. 더 오래된 책 가운데 독자가 빼놓지 말아야 할 것은, Collingwood 의 *Idea of History* (1946, T.M. Knox 편) 인데, 이 책은 언제나 만족한 것은 아니지만 언제나 자극적이다. 독자는 또한 Dilthey 의 저술들 (이것은 H.P. Rickman 의 *Meaning in History*, 1961 에 편리하게 발췌되어 있다) 과 Croce의 저술들과 Bradley의 초기의 논문 "The Presuppositions of Critical History" (1874; *Collected Essays*, vol. I, 1935에 재수록되어 있음) 도 참고해야 한다.

Dilthey, Croce, Collingwood 의 발췌문들이 주요한 사변적 역사 철학자들이나 일부의 현대의 저술가들과 함께 P. Gardiner 의 유용한 문집인 *Theories of History*(1959)에 수록되어 있다. Fritz Stern 의 *The Varieties of History* (1956)는 역사의 본질과 방법에 대해 약간의 고전적 역사가들이 쓴 것을 발췌하고 있어서 위의 Gardiner 의 문집을 보완해 준다. 최근의 역사가들의 견해에 대해서는 특히 Marc Bloch 의 *The Historian's Craft*(E.T., 1949)와 E.H. Carr 의 활기에 넘치는 책 *What is History?*(1961)를 보라.

2. 비판적 역사 철학

　　근년에 역사적 설명이 광범하게 논의되어 왔다. 제 2 장에서 언급된 "관념
208 론적" 견해에 대한 서술은 Dilthey 와 Collingwood 의 위에 든 책에서 볼 수 있으며, Collingwood 의 입장에 대한 예리한 논의에 대해서는 A. Donagan 의 *The Later Philosophy of R.G. Collingwood*(1962)를 보라. "실증주의적" 입론의 고전적인 서술은 C. Hempel 의 "The Function of General Laws in History"(1942; Gardiner 의 *Theories of History* 에 원문이 실려 있다)인데, K.R. Popper 도 이 이론의 창안자라고 주장한다. Popper 의 견해에 대해서는 그의 *The Poverty of Historicism*(1957)을 보라. P. Gardiner 는 *The Nature of Historical Explanation*(1952)에서 실증주의적 이론의 수정된 견해를 보여주고 있고, W. Dray 는 *Laws and Explanation in History*(1957)에서 이것을 비판하며, 관념론적 견해를 재구성하고 있다. Isaiah Berlin 도 *History and Theory*(1960)에 기고한 "The Concept of Scientific History"에서 관념론에 호의를 보이고 있다. 이 논쟁에서의 그 이상의 전개에 대해서는 여러 사람들 가운데 특히 Dray 와 Hempel 이 기고했고 S. Hook 이 편집한 *Philosophy and History, a Symposium*(1963)을 참조하라.

　　역사적 객관성에 대해서는 White 와 Danto 의 위의 저서와 마찬가지로, J.W. Meiland 의 *Scepticism and Historical Knowledge*(1965)와 더불어 Hook 의 책도 참고가 될 수 있다. 역사에서의 인과 관계에 대해서는 White 의 책에 뛰어난 한 장이 들어 있고, H.L.A. Hart 와 A.M. Honoré 의 *Causation in the Law*(1959)에 약간의 간결하지만 유익한 주석이 있다.

3. 사변적 역사 철학

이 책에서 논의되었거나 언급된 고전적 저술가들에 대해서는 다음과 같은 것들이 있다. T.G. Bergin 과 M. Fisch 에 의한 영역본인 Vico 의 *New Science*; L.W. Beck 의 *Kant on History*(1963)에 수록되어 있는 Kant 의 논문 "Idea for a Universal History"; T.M. Knox 역의 Hegel 의 *Philosophy of Right*(§§ 341~360 이 관련이 있다)와 J. Sibree 역의 Hegel 의 *Lectures on the Philosophy of History*; E.S. Beesly 외 역의 Comte 의 *System of Positive Policy*, vol. III. Herder 의 *Ideas* 의 오래된 번역도 있다.

이 사변적 역사 철학의 이론화의 내력은 J.B. Bury 의 *The Idea of Progress* (1920)와 F.E. Manuel 의 *Shapes of Philosophical History*(1965)에서 찾아보면 알 수 있다. 개개의 저술가들에 대해서는 다음의 것들이 특히 도움이 될 것이다. Vico 에 대해서는 그의 *Autobiography* 에 붙인 T.G. Bergin 과 Max Fisch 의 서문; Kant 에 대해서는 Beck 의 위에 든 책 및 *Kantstudien*(1956 ~1957)에 실린 E.L. Fackenheim 의 논문; Hegel 에 대해서는 W. Kaufmann, *Hegel*(1965); Comte 에 대해서는 H.B. Acton, "Comte's Positivism and the Science of Society", *Philosophy*(1951). Acton 은 *The Illusion of the Epoch*(1955)에서 Marx 의 역사론에 관해서도 뛰어난 논의를 하고 있다. Marx 에 대한 그 이상의 해설에 관해서는 S. Hook, *Towards the Understanding of Karl Marx*(1934; Engels 가 쓴 사적 유물론에 관한 네 통의 서한을 내용으로 하는 부록이 들어 있다)와 M.M. Bober, *Karl Marx's Interpretation of History*(1927)를 보라.

Toynbee 에 대해서는 M.F. Ashley Montagu 가 *Toynbee on History*(1956)에 편집해 놓은 논문들 및 비평들과 아울러 Toynbee 의 *Study*, vol. XII, "Reconsiderations"에 들어있는 그의 비판자들에 대한 답변을 참고하라. Spengler 에 대해서는 H.S. Hughes, *Oswald Spengler*(1952)를 보라. 역사에 관한 신학적 저술가들 중에서는 다음의 저술가들이 특히 주목할 만하다. H. Butterfield, *Christianity and History*(1949); Reinhold Niebuhr, *Faith and History*(1949); R. Bultmann, *History and Eschatatology*(1957) ; 또한 일반적 주해를 위해서는 *A. Richardson, History, Sacred and Profane*(1964)도 참조하라. 역사에서 법칙을 발견하거나 유형을 추구하려는 시도들에서 일어나는

논리적 문제는 Popper의 위에 든 책과 I. Berlin, *Historical Inevitability* (1954)에서 논의되고 있다.

수정판을 내면서

이 책은 W.H. Walsh, *An Introduction to Philosophy of History*, Third (revised) edition (London: Hutchinson University Library, 1967)을 번역한 것이다.

원역자 김정선 교수는 이 책을 번역하던 중에 불치의 병을 얻어 일부분을 미완(未完)으로 남겨둔 채 1977년 주위의 기대를 저버리고 한창 나이에 애석하게도 별세하였고, 그 후 남은 부분을 소광희 교수와 본인이 보완하여 역자가 세상을 떠난 지 2년 후인 1979년에 이 책이 세상에 나오게 되었음은, 그 초판의 끝에 붙인 "이 책이 나오기까지"에서 소광희 교수가 밝힌 바 있다. 이런 과정을 겪으면서 책은 다소 불만스러운 상태로 출판되어, 미완 부분의 보완에 참여했던 본인으로서는 고인에게는 물론이고 독자에게도 죄송스럽게 생각해 왔을 뿐만 아니라, 이만한 역사 철학의 기본서라면 우리 나라의 독자에게도 널리 읽혀지기를 바라는 마음에서, 언젠가 기회가 되면 잘못을 바로잡아 보고 싶었다.

이제 초판이 나온 지 10년이 넘고 보니 시대의 추세에 맞추어 한자를 한글로 바꾸었으면 하는 서광사의 뜻도 있고 하여 이 계제에 내용에도 손을 대기로 하였으나, 역자의 수고(手稿)가 지금에 남아 있을 리도 없고 보니 처음부터 원저와 하나하나 대조해 나가는 수밖에 없었고, 어떤 부분은 새로이 번역해 넣지 않을 수 없었다. 수정의 과정이 이러하고 보면, 번역의 책임은 응당 본인에게도 지워져야 할 것이나, 그래도 원역자의 번역문의 뼈대와 그가 골라 쓴 어휘 하나하나는 그대로 살아 있는 만큼, 이 역서가 원역자인 김정선 교수의 것임은 전과 다름이 없다. 본인은 다만 이러한 수정이 교각살우(矯角殺牛)의 우가 되지 않을까 두려울 뿐이다.

이 작업을 마치면서 고인을 추모하는 마음 더욱 간절해진다.

1989년 2월
이석윤 적음

이름찾기

─────────────

*각 항의 숫자는 본문의 난외 (欄外) 좌우에 적어 놓은 원저서의 페이지
를 나타낸다.

내용찾기

―――――――――――

* 각 항의 숫자는 본문의 난외 (欄外) 좌우에 적어 놓은 원저서의 페이지
를 나타낸다.

총목록 1

총목록 2

총목록 4

총목록 6

총목록 9

총목록 10